BIBLIOTHÈQUE

DE LA

JEUNESSE FRANÇAISE

PARIS

IMPRIMERIE GÉNÉRALE A. LAHURE

9, RUE DE FLEURUS, 9

LE LIVRE D'OR

DE

LA PATRIE

PAR

LOUIS MAINARD

PRÉFACE D'ANATOLE DE LA FORGE

Député de la Seine, Président de la Ligue des Patriotes

PARIS

LIBRAIRIE CENTRALE DES PUBLICATIONS POPULAIRES

45 RUE DES SAINTS-PÈRES, 45

—

1885

Tous droits réservés

PRÉFACE

Le Livre d'Or de la Patrie ! Quel admirable titre ! Il permet de rappeler le souvenir de tous ceux qui ont servi la France. Morts illustres, vivants glorieux, héros anonymes trouveront place dans ces pages. C'est l'honneur de notre grand et cher pays d'avoir produit en abondance et dans tous les siècles, des hommes dignes de travailler et de souffrir pour lui. Quelle traînée lumineuse de gloire que celle qui va de Vercingétorix à Victor Hugo !

Un détail a frappé tous les historiens qui se sont occupés de notre Patrie : ils ont remarqué que nul pays au monde n'avait produit autant que le nôtre d'illustrations souriantes et jeunes. Jeanne d'Arc avait vingt ans quand elle mourut, Marceau en avait vingt-six. La jeunesse vaillante, c'est le Printemps éternel de la France.

Le Livre d'Or racontera à ses lecteurs les exploits épiques de Roland à Roncevaux et le dévouement des volontaires de la Révolution. Roland, c'est le héros du passé chevaleresque; les volontaires de la Révolution, c'est la chevalerie du monde moderne. Il n'y a au milieu de nous, quand il s'agit de la nation, ni roturiers ni nobles. S'il est permis d'être fier de descendre des preux du moyen âge, il l'est également de pouvoir redire qu'on est l'héritier des soldats en sabots des bataillons de la Moselle. Dans la fumée des futurs combats, si des images apparaissent aux imaginations ardentes, ces images seront à la fois celles de Jeanne d'Arc, de Du Guesclin, de Bayard, de Kléber et de Hoche. Ce que nous disons ici, les grands historiens, Michelet, Henri Martin, l'ont déjà éloquemment raconté. Après eux, des écrivains de toutes les opinions (car le patriotisme n'est pas le monopole d'un seul parti) ont rendu hommage à nos illustrations. Il est juste de rappeler à ce propos en quelle haute estime mon vénéré maître Henri Martin tenait l'histoire de France de Duruy. Combien il avait raison! Il est impossible d'écrire nos annales sans devenir un patriote. Michelet est mort de la douleur que lui inspiraient nos désastres. J'ai vu Henri Martin pleurer sur nos malheurs, et je me souviens qu'à la première nouvelle de nos défaites, l'ancien Ministre de l'Instruction publique Duruy s'enrôla comme volontaire.

Pendant que le patriotisme de nos historiens s'affirmait ainsi, nos philosophes, nos poètes et nos orateurs consacraient le meilleur de leur intelligence au relèvement de la patrie.

Victor Hugo délaissait sa couronne de poète pour le képi du garde national; le brave Lorrain Mézières, avec la triple autorité du savoir, de l'éloquence et du patriotisme, exhortait les Parisiens à la résistance; il leur racontait, avec une émotion dont les lecteurs du Livre d'Or retrouveront la trace, les malheurs et les grandeurs de son pays. François Coppée, Sully Prud'homme, de Banville, Leconte de Lisle et Paul Deroulède, l'héroïque sonneur de clairon, essayaient de donner à la Nation un peu de leur flamme et de leurs espérances.

Là-bas, en province, dans le jardin de la Préfecture de Tours, j'ai entendu les sanglots de Gambetta à la nouvelle de la Capitulation de Bazaine. Le grand tribun n'y pouvait croire. Avec l'armée de Bazaine, Paris aurait été délivré. Mais si immense que fût cette calamité, elle n'abattit point le courage de l'orateur qui s'était donné pour mission de résister à outrance. A son tour, le doux philosophe Edgar Quinet associa les élans de son espérance aux ardeurs du tribun national. Devant le péril, ces grands hommes avaient une même fierté d'âme.

Ah! puisse ce Livre d'Or de la Patrie, en faisant connaître leurs paroles et leurs exemples, leur susciter des imitateurs! Puissent les masses profondes se souvenir des glorieux faits du passé! Alors, quand viendra l'heure du péril, d'une extrémité du pays à l'autre, retentiront ces paroles vraiment nationales :

> Allons, enfants de la Patrie,
> Le jour de gloire est arrivé.....

ANATOLE DE LA FORGE
Député de Paris
Président de la Ligue des Patriotes.

I

LA FRANCE

ONTONS sur un des points élevés des Vosges, ou, si vous voulez, au Jura. Tournons le dos aux Alpes. Nous distinguerons (pourvu que notre regard puisse percer un horizon de trois cents lieues) une ligne onduleuse, qui s'étend des collines boisées du Luxembourg et des Ardennes aux ballons des Vosges ; de là, par les coteaux vineux de la Bourgogne, aux déchirements volcaniques des Cévennes, et jusqu'au mur prodigieux des Pyrénées. Cette ligne est la séparation des eaux ; du côté occidental, la Seine, la Loire et la Garonne descendent à l'Océan ; derrière s'écoulent la Meuse au nord, la Saône et le Rhône au midi. Au loin, deux espèces d'îles continentales : la Bretagne, âpre et basse, toute de quartz et de granit, grand écueil placé au coin de la France pour porter le coup des courants de la Manche ; d'autre part, la verte et rude Auvergne, vaste incendie éteint, avec ses quarante volcans.

(MICHELET.)

EUX belles mers baignent ses côtes, la Méditerranée et l'Océan.

Le plus grand charme de la Méditerranée, c'est que chaque fois qu'on la voit on la trouve différente de la veille et que, plus on la voit, moins on la connaît. Elle a des changements déterminés par le souffle du vent et par les variations du ciel, et puis elle en a qui lui sont propres et qu'on peut bien appeler ses caprices. Elle est insaisissable dans ses aspects sans nombre, dans les rapides successions des teintes que prennent ses flots mobiles ; elle nous attire et nous fuit comme ces yeux de femme tour à tour languissants ou vifs, tristes ou rieurs, éblouissants ou voilés, dont les regards sont si rapides, que vous ne pouvez ni les rencontrer, ni vous en détacher. D'où lui vient donc cette mobilité? Tandis que le ciel au-dessus d'elle est pur et sans nuages, d'où vient ce souffle qui chasse devant lui ces petits flots et les mène mourir sur le sable du rivage, souffle égal et doux comme la respiration d'un enfant qui dort? Est-ce qu'elle est avertie de tout ce qui se passe sur tous ses rivages, et en éprouve le contre-coup lointain, comme notre âme celui de toutes nos sensations ?

La première fois que je vis la Méditerranée, je fus médiocrement frappé. C'était un lac délicieux, mais c'était un lac; je ne retrouvais pas là le grand être au milieu duquel les plus vastes continents sont des îles, et dont la respiration et l'aspiration durent douze heures. Point de flux et de reflux, point de mer. A quelques pas du rivage, mes impressions avaient déjà changé. Je plongeais mes mains dans cette eau d'un bleu vert qui ne peut se peindre et où l'on voudrait se jeter. L'ombre du bateau, qui présentait son flanc au soleil, formait comme une grande barque d'émeraude. J'étais inondé de toutes les couleurs du prisme : j'avais en face le soleil qui me jetait aux yeux des milliers de paillettes d'or; devant nous, une magnifique nappe d'eau azurée, d'une couleur uniforme, paraissait déjà s'ébranler pour faire place au bateau. Derrière nous, l'eau déplacée formait comme une petite vallée peu profonde, qui se remplissait à un bout en même temps qu'elle se creusait à l'autre, et dont les deux côtés, frappés, l'un directement, l'autre par réflexion, par les rayons du soleil, ressemblaient à deux glaces opposées, dont l'une reflète la lumière affaiblie qu'elle a reçue de l'autre. Je n'avais pas assez de mes yeux pour tout cela.

Le lendemain, même calme dans l'air, même pureté dans le ciel, même souffle doux et insensible qui soulevait à peine les cheveux gris de mon vieux batelier; même soleil au haut des cieux, versant sur la mer une chaleur douce et bienfaisante ; rien de changé, ni dans ce qui m'environnait, ni dans mes dispositions, si ce n'est que j'avais bien plus d'amour que la veille pour cette mer, et cependant son sein s'était ému; elle roulait de petites vagues capricieuses qui venaient assiéger les flancs de la barque; elle était pleine de brisants qui me donnaient l'illusion des brisants de l'Océan. Elle nous balançait avec la grâce d'une mère qui berce son enfant, et ce roulis, trop faible pour soulever le cœur, l'endormait comme une boisson assoupissante. Son petit flot argentin ne gronde pas, il murmure; il ne fouille pas les cailloux du rivage et ne les remue pas avec un bruit de râle, il glisse dessus et les polit.

Le vent soufflait avec une certaine force et avait semé le ciel de nuages blancs, roses et allongés comme la laine blanche sous le peigne, ou comme une neige fraîchement balayée.

Du reste, nul trouble apparent dans l'air, et puis toujours ce beau soleil qui depuis trois mois n'avait pas fait faute un seul jour à la Provence. Oh! alors ce n'était plus un lac ni une mer aux caresses de femme : un souffle de vent avait renversé tout l'édifice de mes premières comparaisons. Ce souffle, qui courbait à peine les grands roseaux du rivage, avait suffi pour donner un aspect formidable à cette mer. J'avais devant moi un magnifique spectacle. Des voiles blanches venaient de tous les points de l'horizon ; quelques-unes vues tout entières, d'autres vues de moitié, d'autres apparaissant à l'horizon comme des points blancs ou comme de petits nuages pâles, montant d'un ciel dans un autre. J'étais debout sur un rocher ruiné par l'eau et dont la crête s'avance de plusieurs pieds dans la mer. Le bruit de la vague qui s'engouffrait sous cette roche, et qui la ronge incessamment, était plein de grandeur.

Il y a dans le grand Océan l'inconnu, l'infini des plages où l'homme n'a pas encore passé, où jamais peut-être il ne passera, à la différence de la Méditerranée, qui n'a pas dans son sein la place d'une barque où l'homme n'ait tracé un sillon ; et c'est cet inconnu qui fait le charme de l'Océan.

Et puis, l'Océan a le flux et le reflux ; c'est un être qui vit, qui se meut toujours dans son repos, comme toute créature organisée ; qui a de magnifiques calmes et d'épouvantables colères, sans que son mouvement régulier, sans que sa respiration en soit suspendue.

C'est cette vie si puissante et si majestueuse, c'est ce battement régulier du cœur du grand être qui vous fait passer sur ces rivages d'enivrantes heures.

Et si vous songez que ce grand être, qui dort sur un de ses rivages, laissant les enfants s'y jouer sans crainte dans ses flots et nager au-devant de ses marées, sur un autre est soulevé tout entier par des tempêtes qui font que les hommes s'enferment dans leurs maisons et prient Dieu pour ceux qui sont en mer ; que l'Océan reçoit dans son sein tous les cieux ; qu'il réfléchit le même jour les beaux soleils de la Méditerranée et les soleils mourants du pôle ; qu'il est tout à la fois illuminé par les astres de la nuit et rempli par l'astre du jour ; qu'il voit, dans le même moment, tous les crépuscules qui meurent et toutes les aurores qui naissent, tous les soirs pâlissants et tous les joyeux matins ; qu'il n'est donné à aucun nuage de traverser toute son immensité, ni à aucun oiseau de s'éloigner de ses rives : si vous songez à toutes ces choses, l'Océan vous fera peut-être oublier la Méditerranée, mais la Méditerranée ne peut vous faire oublier l'Océan.

(Désiré Nisard.)

i vous étiez transportés tout à coup de vingt ou trente siècles en arrière, au milieu de ce qui s'appelait alors la Gaule, vous n'y reconnaîtriez pas la France.

Les mêmes montagnes s'y élevaient, les mêmes plaines s'y étendaient, les mêmes fleuves y coulaient : rien n'est changé dans la partie physique du pays. Mais sa physionomie était bien différente : au lieu de nos champs bien cultivés et couverts de

productions variées, vous y verriez des marais inabordables, de vastes forêts point exploi-
tées, livrées aux hasards de la végétation primitive, peuplées de loups, d'ours, d'aurochs
même ou de grands bœufs sauvages et d'autres animaux qui ne se rencontrent plus que dans
les froides régions du Nord.

D'immenses troupeaux de porcs erraient dans les campagnes, presque aussi féroces que
des loups, dressés seulement à reconnaître le cor de leur gardien.

Nos meilleurs fruits, nos meilleurs légumes étaient inconnus. Ils ont été importés en
Gaule la plupart d'Asie, quelques-uns d'Afrique et des îles de la Méditerranée, d'autres, plus
tard, du nouveau monde. Les rivières gelaient presque tous les hivers, assez fort pour être
traversées par les chariots. Et trois ou quatre siècles avant l'ère chrétienne, six ou sept
millions d'hommes vivaient grossièrement, renfermés dans des maisons sombres et basses,
les meilleures bâties en bois ou en argile, couvertes en branchages et en chaume, formées
d'une seule pièce ronde, ouvertes au jour par la porte seulement, et confusément groupées
derrière un rempart assez habilement construit en poutres, en terre et en pierres, qui entourait ce qu'on appelait une ville.

(Guizot.)

De toutes les contrées du monde, la France est la plus favorisée, et la nature
semble y avoir réuni les avantages qu'elle a disséminés dans les autres.

Sa situation entre deux mers et à distance à peu près égale de la zone glaciale
et de la zone tempérée la met à l'abri et des froids trop persistants et trop rigoureux et des
chaleurs extrêmes. Son climat n'est ni trop sec ni trop humide; son ciel est beau, et s'il
n'a pas la transparence de celui de la Grèce et de l'Italie, il n'est pas, comme celui de
l'Angleterre et de l'Allemagne, brumeux et triste. Les deux mers qui la baignent contribuent non seulement à l'enrichir, mais à l'embellir.

Les rivages de l'Océan, âpres et sévères, alternativement envahis et abandonnés par
d'immenses vagues toujours agitées, présentent un aspect grandiose et sublime. Les bords
de la Méditerranée, au contraire, présentent le tableau le plus riant; c'est un spectacle
ravissant que celui de cette mer dont les belles vagues, tantôt calmes et tantôt irritées,
viennent mourir sur le sable pur de la plage; ces vagues paraissent dans le lointain parse-
mées de navires et de barques dont les voiles blanches brillent au milieu de leur azur
comme les étoiles au firmament pendant une nuit sereine.

L'aspect de l'intérieur du pays n'est pas moins varié et pittoresque : les montagnes
hérissées de rochers sauvages ou couvertes de sombres forêts, les riantes vallées, les ruisseaux, les grandes plaines arrosées par de larges fleuves, présentent aux regards une foule
de tableaux divers.

Cette nature si belle est en même temps riche et féconde; elle accorde au travail de
l'homme tout ce qu'exigent ses besoins et ses plaisirs.

Par les résultats de ce travail, l'aspect de la nature en France s'embellit encore. Des villes florissantes, de beaux villages, des usines disséminées ou agglomérées s'élèvent de toutes parts dans la campagne : des routes, des chemins de fer, des canaux sillonnent toute la contrée, et portent sans cesse du centre aux extrémités, et de chaque point sur tous les autres points, le mouvement et la vie. De superbes monuments dus à des âges divers embellissent les cités, décorent les paysages et contribuent à donner au voyageur une haute idée du pays et de la nation.

(Th. Barrau.)

Il y a quelques années, je conçus le projet d'étudier la France, de connaître son sol, ses monuments, ses villes, ses hameaux et cette vaste ceinture de fleuves, de mers et de montagnes qui se déroule des Pyrénées aux Alpes, de la Méditerranée à l'Océan. J'espérais un grand plaisir de cette course; mes espérances ne furent pas trompées. Sous les climats les plus doux, je rencontrai des populations intelligentes et une singulière abondance de tous les biens de la terre. Je vis avec admiration d'innombrables vaisseaux entrer dans nos ports et y verser les richesses des cinq parties du monde : ces richesses, plus de cinquante mille voitures de roulage s'en emparent et les dispersent çà et là dans le pays, dont elles entretiennent sans cesse le mouvement et la prospérité.

Ici, les fers de la Norwège s'enflamment et s'amollissent sous le marteau des forgerons; là, se déploient en tissus moelleux les laines d'Espagne et de Cachemire; plus loin, des peuples d'ouvriers reçoivent le coton des Indes, le filent, le tissent et lui impriment les plus vives couleurs. J'étais ravi de tant de bien-être; mais ce qui excita vivement ma surprise, ce fut de voir l'impulsion immense donnée à tout le pays par l'éducation d'un insecte. Du midi au nord, des frontières de l'Italie aux montagnes volcaniques du Vivarais, une chenille excite partout l'activité. A Avignon, à Lisle, à Vaucluse, on dévide ses cocons. En Normandie, les doigts exercés des femmes attachent ces fils à de légers fuseaux, et jettent mille gracieux dessins sur les mailles aériennes de nos blondes.

A Saint-Étienne, ces mêmes fils se tissent en rubans qui se déroulent sur toute la surface de l'Europe. A Nîmes, on en fabrique des étoffes qui bruissent et chatoient comme des métaux. A Lyon, ils se déploient en velours épais, en gazes transparentes comme l'air et brillantes comme la nacre, en satin, en damas, en lampas.

A Paris enfin, la soie rivalise avec le pinceau, et va jusqu'à reproduire, sur les somptueuses tentures des Gobelins, les tableaux des plus grands maîtres.

Telle est la richesse de la France.

Mais ces chefs-d'œuvre de l'art, ces prodiges de l'industrie, que sont-ils en comparaison des biens que lui prodigue la nature? Vous y voyez tous les climats, vous y rencontrez toutes les cultures; au midi, l'olivier, le citronnier, l'oranger; au nord, le mélèze et le sapin, les deux extrémités de la chaîne botanique. Les arbres de la Perse et des deux Amériques viennent s'y mêler à l'orme féodal et aux chênes de la vieille Gaule, les fruits parfumés de l'Asie au pommier indigène, la flore entière de l'Orient à l'humble violette, à nos couronnes de bluets, aux bouquets champêtres de la pâquerette et de la mystérieuse verveine. Ainsi la France se couvre des productions du nouveau monde et des trésors de l'ancien. Du haut de ses coteaux chargés de vignes, des fleuves de vin coulent éternellement dans la coupe de tous les peuples, tandis que sur ses larges plaines les moissons ondoient comme les flots de la mer, sous le vent qui les courbe, sous le soleil qui les mûrit.

A la vue de tant de biens, mon cœur bondissait de joie. Je m'écriais : « Chère patrie ! terre fortunée ! tu possèdes tout, richesse, intelligence, liberté. Est-il sur le globe un spectacle comparable à celui de ta gloire? Je ne vois dans ton sein qu'un peuple, et dans ce peuple qu'une famille. »

(L. Aimé-Martin.)

Aussi le poète a-t-il eu raison de dire :

FRANCE ! ô belle contrée, ô terre généreuse,
Que les dieux complaisants formaient pour être heureuse,
Tu ne sens point du Nord les glaçantes horreurs ;
Le Midi de ses feux t'épargne les fureurs ;
Tes arbres innocents n'ont point d'ombres mortelles :
Ni des poisons épars dans tes herbes nouvelles
Ne trompent une main crédule ; ni tes bois
Des tigres frémissants ne redoutent la voix ;
Ni les vastes serpents ne traînent sur tes plantes
En longs cercles hideux leurs écailles sonnantes ;
Les chênes, les sapins et les ormes épais
En utiles rameaux ombragent tes sommets ;
Et de Beaune et d'Aï les rives fortunées,
Et la riche Aquitaine, et les hauts Pyrénées,
Sous leurs bruyants pressoirs font couler en ruisseaux
Des vins délicieux mûris sur leurs coteaux.
La Provence odorante et de Zéphyre aimée
Respire sur les mers une haleine embaumée,
Au bord des flots couvrant, délicieux trésor,
L'orange et le citron de leur tunique d'or ;
Et plus loin, au penchant des collines pierreuses,
Forme la grasse olive aux liqueurs savoureuses,

Et ces réseaux légers, diaphanes habits,
Où la fraîche grenade enferme ses rubis.
Sur tes rochers touffus la chèvre se hérisse ;
Tes prés enflent de lait la féconde génisse,
Et tu vois tes brebis, sur le jeune gazon,
Épaissir le tissu de leur blanche toison.
Dans les fertiles champs voisins de la Touraine,
Dans ceux où l'Océan boit l'urne de la Seine,
S'élèvent pour le frein des coursiers belliqueux.
Ajoutez cet amas de fleuves tortueux :
L'indomptable Garonne aux vagues insensées,
Le Rhône impétueux, fils des Alpes glacées,
La Seine au flot royal, la Loire dans son sein
Incertaine, et la Saône, et mille autres enfin
Qui nourrissent partout, sur tes nobles rivages,
Fleurs, moissons et vergers et bois et pâturages,
Rampent au pied des murs d'opulentes cités,
Sous les arches de pierre à grand bruit emportés.

(ANDRÉ CHÉNIER.)

ET la voilà cette France, assise par terre, comme Job, entre ses amies, les nations, qui viennent la consoler, l'interroger, l'améliorer, si elles peuvent travailler à son salut.

« Où sont tes vaisseaux, tes machines ? » dit l'Angleterre. — Et l'Allemagne : « Où sont tes systèmes ? — N'auras-tu donc pas au moins, comme l'Italie, des œuvres d'art à montrer ? »

Bonnes sœurs, qui venez consoler ainsi la France, permettez que je vous réponde. Elle est malade, voyez-vous ; je lui vois la tête basse, elle ne veut pas parler.

Si l'on voulait entasser ce que chaque nation a dépensé de sang et d'or, et d'efforts de toute sorte, pour les choses désintéressées qui ne devaient profiter qu'au monde, la pyramide de la France irait jusqu'au ciel !... Et la vôtre, ô nations, toutes tant que vous êtes ici, ah ! la vôtre, l'entassement de vos sacrifices irait au genou d'un enfant.

Ne venez donc pas me dire : « Comme elle est pâle cette France ! » — Elle a versé son sang pour vous. — « Qu'elle est pauvre ! » — Pour votre cause elle a donné sans compter.... Et n'ayant plus rien, elle a dit : « Je n'ai ni or ni argent ; mais ce que j'ai, je vous le donne. » Alors elle a donné son âme, et c'est de quoi vous vivez !

(MICHELET.)

PAR là, la France est aussi grande aujourd'hui qu'elle l'a jamais été.

Depuis cinquante années qu'en commençant sa propre transformation, elle a commencé le rajeunissement de toutes les sociétés vieillies, la France semble avoir fait deux parts égales de sa tâche et de son temps. Pendant vingt-cinq ans elle a imposé ses armes à l'Europe; depuis vingt-cinq ans elle lui impose ses idées. Son esprit s'introduit peu à peu dans les gouvernements et les assainit. C'est d'elle que viennent toutes les palpitations généreuses des autres peuples, tous les changements insensibles du mal au bien qui s'accomplissent parmi les hommes en ce moment, et qui épargnent aux États des secousses violentes. Peut-être les limites matérielles de la France sont-elles momentanément restreintes, non, certes, sur la mappemonde éternelle dont Dieu a marqué les compartiments avec des fleuves, des océans et des montagnes, mais sur cette carte éphémère, bariolée de rouge et de bleu, que la victoire et la diplomatie refont tous les vingt ans. Mais, si les coalitions, les réactions et les congrès ont bâti une France, les poètes et les écrivains en ont fait une autre. Outre ses frontières visibles, la grande nation a des frontières invisibles, qui ne s'arrêtent que là où le genre humain cesse de parler sa langue, c'est-à-dire aux bornes mêmes du monde civilisé.

Vous le voyez, je ne suis pas de ceux qui désespèrent. Qu'on me pardonne cette faiblesse, j'admire mon pays et j'aime mon temps. Quoi qu'on en puisse dire, je ne crois pas plus à l'affaiblissement graduel de la France qu'à l'amoindrissement progressif de la race humaine.

Rien, non, rien n'a dégénéré chez nous. La France tient toujours le flambeau des nations. Cette époque est grande par la science, grande par l'industrie, grande par l'éloquence, grande par la poésie et par l'art. Les hommes des nouvelles générations ont pieusement et courageusement continué l'œuvre de leurs pères. Depuis la mort du grand Goethe, la pensée allemande est rentrée dans l'ombre; depuis la mort de Byron et de Walter Scott, la pensée anglaise est éteinte; il n'y a plus à cette heure dans l'univers qu'une littérature allumée et vivante : c'est la littérature française. On ne lit plus que des livres français de Pétersbourg à Cadix, de Calcutta à New-York. Le monde s'en inspire, la Belgique en vit. Sur toute la surface du continent, partout où germe une idée, un livre français a été semé. Honneur donc aux travaux des jeunes générations! Les puissants écrivains, les nobles poètes, les maîtres éminents qui sont parmi nous, regardent avec douceur et avec joie de belles renommées surgir de toutes parts dans le champ éternel de la pensée.

(VICTOR HUGO.)

LA France de Rabelais et de Pascal, de Molière et de Montesquieu, de Bossuet et de Voltaire, n'est pas descendue de ce piédestal où pendant trois siècles toutes les nations l'ont honorée comme la grande statue exemplaire! Jusqu'en 1811, l'Allemagne nous semble avoir tenu le principat intellectuel, de par Goethe et Schiller, Herder et Fichte; mais depuis la Restauration, date d'une seconde Renaissance, depuis l'apparition des Villemain, des Thierry, des Michelet; depuis l'avènement de Lamartine et de Victor Hugo, quelle est la littérature dont l'Europe, même involontairement, proclame la suprématie irrécusable? C'est toujours la littérature français rajeunie par des chefs-d'œuvre en tous genres et surtout en des genres nouveaux. Sans omettre les réserves du goût et de la morale, aimons ce dix-neuvième siècle français dont nous sommes les enfants et qui, dans notre pays, s'est attesté par de tels monuments de prose élevée et de poésie souveraine. Aimons ce siècle de tout notre patriotisme littéraire, car il nous a faits de nouveau les maîtres de la forme et de la pensée devant les peuples éblouis, car il a une fois de plus imposé notre génie à l'émulation de l'Europe, et, j'oserai le dire, en imprimant à ce génie un caractère plus sympathique et plus humain encore et par là peut-être plus durable. C'est que notre littérature du dix-neuvième siècle a sur ses aînées cet incontestable avantage d'être plus accessible à tous et plus aimante pour tous, d'exprimer des sentiments plus fraternels et des idées plus généreuses, de se révéler plus philanthropique et, quoi qu'on dise, plus chrétienne, de porter sur elle-même le double signe des temps nouveaux, l'amour et la justice!

Devant cette revue du passé, en face de ce spectacle du présent que je n'ai fait qu'indiquer, mais dont on peut démêler déjà toutes les clartés rassurantes, le patriotisme littéraire me semble devoir être raffermi, fortifié dans vos cœurs. Sur ce point comme pour toute autre chose, ne nous laissons pas aller au découragement malsain, à la stérile défaillance. Croyez-moi, l'emblème du présent et l'avenir aussi pour notre chère France, ce n'est pas le crépuscule, mais l'aurore émergeant des ténèbres de la nuit.

Rappelez-vous cette scène immortelle du drame shakspearien où Juliette dit à Roméo : « C'est le rossignol et non l'alouette dont la voix frappe ton oreille. » Et Roméo de répondre : « Non, ce n'est pas le rossignol mais l'alouette, messagère du matin. » Et nous aussi parlons comme Roméo. Ce que nous entendons dans les voix confuses de la Patrie qui se relève ce n'est pas le rossignol, oiseau des deuils et des mélancolies, c'est l'alouette, symbole ailé, mélodieux témoin de la résurrection et de l'espérance !

(Emmanuel des Essarts.)

Concluons avec le chansonnier national :

Reine du monde, ô France, ô ma patrie !
Soulève enfin ton front cicatrisé,
Sans qu'à tes yeux leur gloire en soit flétrie,
De tes enfants l'étendard s'est brisé.
Quand la fortune outrageait leur vaillance,
Quand de tes mains tombait ton sceptre d'or,
    Tes ennemis disaient encor :
    « Honneur aux enfants de la France ! »

De tes grandeurs tu sus te faire absoudre,
France, et ton nom triomphe des revers,
Tu peux tomber, mais c'est comme la foudre,
Qui se relève et gronde au haut des airs.
Le Rhin aux bords ravis à ta puissance
Porte à regret le tribut de ses eaux ;
    Il crie au fond de ses roseaux :
    « Honneur aux enfants de la France ! »

Prête l'oreille aux accents de l'Histoire :
Quel peuple ancien devant toi n'a tremblé ?
Quel nouveau peuple, envieux de ta gloire,
Ne fut cent fois de ta gloire accablé ?
En vain l'Anglais a mis dans la balance
L'or que pour vaincre ont mendié les rois :
    Des siècles entends-tu la voix ?
    « Honneur aux enfants de la France ! »

Dieu, qui punit le tyran et l'esclave,
Veut te voir libre, et libre pour toujours.
Que tes plaisirs ne soient plus une entrave :
La liberté doit sourire aux amours.
Prends son flambeau, laisse dormir sa lance,
Instruis le monde, et cent peuples divers
    Chanteront en brisant leurs fers :
    « Honneur aux enfants de la France ! »

Relève-toi, France, reine du monde !
Tu vas cueillir tes lauriers les plus beaux.
Oui, d'âge en âge une palme féconde
Doit de tes fils protéger les tombeaux,
Que près du mien, telle est mon espérance,
Pour la patrie admirant mon amour,
    Le voyageur répète un jour :
    « Honneur aux enfants de la France ! »

(Béranger.)

II

LA PATRIE

ETTE France si belle et si grande par
l'esprit et le cœur, si généreuse dans la
victoire, si digne dans la défaite, cette
civilisatrice du monde par ses armes et par ses
idées, si favorisée même par sa situation géogra-
phique, son climat qui fuit les extrêmes, son
industrie, ses lettres, ses arts, cette France est
notre patrie.

Imez votre belle patrie. La patrie, mes enfants, ce n'est pas seulement votre plaine ou votre coteau, la flèche de votre clocher, ou la fumée de vos cheminées, ou la cime de vos arbres, ou les chansons de vos pâtres. La patrie, c'est la Picardie pour les habitants de la Provence; c'est la Bretagne pour les montagnards du Jura; c'est tout ce que notre vieille France contient de pays et de citoyens dans les vastes limites du Rhin, des Pyrénées et de l'Océan. La patrie, c'est tous nos concitoyens, grands ou petits, riches ou pauvres. La patrie, c'est la nation que vous devez aimer, honorer, servir et défendre de toutes les facultés de votre intelligence, de toutes les forces de votre bras, de toute l'énergie et de tout l'amour de votre âme.

(Cormenin.)

E petit Frantz me dit, l'œil plein de rêverie,
Comme je le faisais sauter sur mes genoux :
« Père, explique-moi donc ce qu'est cette patrie
Dont on entend parler à chaque instant chez nous? »
— Oh! la patrie, enfant, c'est d'abord à ton âge
Peu de chose vraiment : c'est moi, c'est mon amour,
C'est ta mère, tes sœurs, ton aïeul, le village,
La maison et la chambre où tu reçus le jour;
C'est le grand pré là-bas où Norra se repose,
Norra la vache noire au bon lait écumeux
Qui barbouille de blanc ton petit museau rose
Et qui seul, bon sujet, vous fait quitter vos jeux;
C'est le droit de courir, de faire du tapage,
De rentrer, de sortir, et de dire : chez nous;
Puis quand vous êtes las, d'être pris de la rage
D'égrener vos pourquoi jusque sur mes genoux.
Mais lorsqu'un peu plus tard cette tête si folle
Saura, mon bon chéri, quelque peu se tenir,
Alors on t'apprendra sur les bancs de l'école,
Ce qu'ont mis nos anciens de temps pour réunir
Tous ces morceaux divers qui forment notre France,
Et qu'il fallut gagner pied à pied, brin à brin,
Des rivages bretons aux vieux ports de Provence
Et des monts de Béarn jusques aux bords du Rhin.
Tu comprendras, devant ce trésor grossi d'âge en âge
Grossi par nos aïeux sans cesse triomphants,
Que pour tous la patrie est le saint héritage
Que les pères mourants doivent à leurs enfants

Un peu plus tard encore, — et ce serait ma joie
De tomber près de toi dans un des jours vainqueurs ! —
Plus tard, Frantz, la patrie est un drapeau de soie
Qui déploie au soleil trois brillantes couleurs.
C'est le nom du pays: c'est l'honneur de ses armes;
C'est le devoir sacré d'accourir à son rang
Sitôt que le clairon lance le cri d'alarme,
Et, sans songer aux siens, de donner tout son sang.
C'est le terrain conquis qu'ombrage le drapeau,
C'est ce je ne sais quoi qu'on appelle la Gloire,
Et qui fait que la vie est simplement... la peau !
Qui vous enfièvre au point que lorsqu'on roule à terre
On s'occupe, avant tout, de voir l'ennemi fuir,
Et que l'on n'a le temps de penser à son père,
O mon Frantz bien-aimé, qu'au moment de mourir !
Et plus tard, la patrie est encor davantage :
C'est le droit de te faire, à ton tour, un ménage,
Et de construire un nid pour abriter tes jours.
C'est la sécurité de ta jeune famille ;
C'est la place au soleil pour tous ceux de ton clan ;
Le savoir pour ton fils et l'honneur pour ta fille,
Et le respect de tous pour ta mère au front blanc.
Quand pour moi sonnera l'heure grave et sévère,
C'est le droit, ô mon fils, de me fermer les yeux,
Et puis de faire ainsi que j'ai fait pour mon père,
De déposer mon corps près de ceux des aïeux.

C'est le droit d'achever les œuvres commencées
Et par ton seul travail de conquérir ton rang
Au nom des Libertés pièce à pièce amassées,
Que tant d'hommes pour toi payèrent de leur sang. —

Le petit Frantz leva sa figure attendrie
Et fixant sur mes yeux ses yeux profonds et doux :
« O Père, me dit-il, que c'est beau la patrie !
Je comprends maintenant qu'on l'aime tant chez nous ! »

(Edouard Siébecker.)

U N jour, quand l'homme s'est un peu fait en l'enfant, son père le prend ; grande fête publique, grande foule dans Paris. Il le mène de Notre-Dame au Louvre, aux Tuileries, vers l'Arc de Triomphe. D'un toit, d'une terrasse, il lui montre le peuple, l'armée qui passe, les baïonnettes frémissantes, le drapeau tricolore.... Dans les moments d'attente surtout, avant la fête, aux reflets fantastiques de l'illumination, dans ces formidables silences qui se font tout à coup sur le sombre océan du peuple, il se penche, il lui dit :

« Tiens, mon enfant, regarde : voilà la France, voilà la Patrie ! Tout ceci, c'est comme
« un seul homme ; même âme et même cœur. Tous mourraient pour un seul ; et chacun
« doit aussi vivre et mourir pour tous.... Ceux qui passent là-bas, qui sont armés, qui
« partent, ils s'en vont combattre pour nous. Ils laissent là leur père, leur vieille mère,
« qui auraient besoin d'eux... Tu en feras autant, tu n'oublieras jamais que ta mère est la
« France. »

(MICHELET.)

RANCE, veux-tu mon sang? il est à toi, ma France !
S'il te faut ma souffrance,
Souffrir sera ma loi ;
S'il te faut ma mort, mort à moi,

Et vive toi,
Ma France !

Gloire à la France, au ciel joyeux,
Si douce au cœur, si belle aux yeux,
Sol béni de la Providence,
Gloire à la France !

Forêts au front, vigne au côté,
Elle a ce qui fait la beauté
Et ce qui donne l'abondance.
Gloire à la France !

O ma patrie au cœur puissant,
Fière d'instinct, riche de sang,
Qui sans s'appauvrir se dépense.
Gloire à la France !

Champion de l'humanité,
L'homme lui doit la liberté
Et l'esprit son indépendance.
Gloire à la France !

C'est pourquoi, partageant son sort,
Le monde mourrait de sa mort,
Lui qui vit de son existence.
Gloire à la France !

Et c'est pourquoi nous, ses enfants,
Soit terrassés, soit triomphants,
Nous gardons tous son espérance.
Gloire à la France !

France, veux-tu mon sang? il est à toi, ma France !
S'il te faut ma souffrance,
Souffrir sera ma loi ;
S'il te faut ma mort, mort à moi,
Et vive toi,
Ma France !

(Paul Déroulède.)

NFANT, si tu apparaissais soudain, à l'âge où te voici, dans l'humanité, si tu avais alors à choisir une patrie, désireux seulement de choisir la meilleure; si, assis sur quelque nuage, tu pouvais voir devant toi la carte du monde étalée, chaque pays se montrant à toi tel qu'il est, avec son climat, son passé, son présent, ses mœurs, ses institutions, ses lois : — eh bien, je ne serais pas inquiet! Après avoir vu et comparé, c'est la France que tu choisirais pour patrie, toute vaincue qu'elle soit aujourd'hui. Tu t'écrierais : « Oui, c'est là la patrie noble entre toutes; c'est là que je veux vivre et être homme! » Ce n'est pas un Français, c'est un étranger, Jefferson, qui lui a rendu ce témoignage : « Tout homme a deux patries : le pays où il est né, et la France. »

Tu n'as pas besoin, toi, d'avoir deux patries! La terre où tu es né, c'est la France : elle est ton bien, car tu l'as reçue en héritage de tes pères.

(Ch. Bigot.)

LE DRAPEAU

E drapeau, c'est la Patrie! On vit sous son ombre, et sous son ombre on meurt. Il est le point lumineux où se rencontrent tous les regards; loin de la famille et de la patrie, il rappelle la famille et la patrie.

(Général AMBERT.)

IL faut avoir été soldat ; il faut avoir passé la frontière et marché sur des chemins qui ne sont plus ceux de la France ; il faut avoir été éloigné du pays, sevré de toute parole de la langue qu'on a parlée depuis l'enfance ; il faut s'être dit, pendant les journées d'étapes et de fatigues, que tout ce qui reste de la patrie absente, c'est ce lambeau de soie aux trois couleurs françaises qui clapote là-bas, au centre du bataillon ; il faut n'avoir eu, dans la fumée de la bataille, d'autre point de ralliement que ce morceau d'étoffe déchiré pour comprendre, pour sentir tout ce que contient dans ses plis cette chose sacrée qu'on appelle le drapeau. Le drapeau, mes pauvres amis, mais, sachez-le bien, c'est contenu dans un seul mot, rendu palpable dans un seul objet, tout ce qui fut, tout ce qui est la vie de chacun de nous : le foyer où l'on naquit, le coin de terre où l'on grandit, le premier sourire d'enfant, le premier amour de jeune homme, la mère qui vous berce, le père qui gronde, les premiers ans, la première larme, les espoirs, les rêves, les chimères, les souvenirs ; c'est toutesces joies à la fois, toutes, enfermées dans un mot, dans un nom, le plus beau de tous, la patrie. Oui, je vous le dis, le drapeau, c'est tout cela, c'est l'honneur du régiment, ses gloires et ses titres flamboyant en lettres d'or sur ses couleurs fanées qui portent des noms de victoires ; c'est comme la conscience des braves gens qui marchent à la mort sous ses plis ; c'est le devoir dans ce qu'il a de plus sévère et de plus fier, représenté par ce qu'il a de plus grand : une idée flottant dans un étendard. Aussi bien, étonnez-vous qu'on l'aime, ce drapeau parfois en haillons, et qu'on se fasse pour lui trouer la poitrine ou broyer le crâne. Il semble que tous les cœurs du régiment tiennent à sa hampe par des fils invisibles. Le perdre, c'est la honte éternelle. Autant vaudrait souffleter un à un ces milliers d'hommes que de leur arracher, d'un seul coup, leur drapeau. Non, non, cent fois non ! vous ne comprendrez jamais ce que peut souffrir un homme qui sait que son drapeau est demeuré, comme une partie intégrante du pays, aux mains de l'ennemi. C'est une idée fixe, qui dès lors le torture et le déchire. Le drapeau est là-bas ! ils l'ont pris, ils le gardent ! Nuit et jour il y songe, il en rêve, il en meurt parfois. Qu'est-ce qu'un drapeau ? Vous me direz : Un symbole... Et qu'importe qu'il figure, ici ou là, dans une revue ou une apothéose ! Symbole, soit ; mais tant que l'espèce humaine aura besoin de se rattacher à quelque croyance saine, mâle et vraie, il lui en faudra encore, de ces symboles dont la vue seule remue en nous, jusqu'au fond de l'être, tous les généreux sentiments, tout ce qui nous porte vers le dévouement, le sacrifice, l'abnégation et le devoir. (JULES CLARETIE.)

Nos aïeux les Gaulois avaient pour emblème militaire des têtes de sanglier en or ou en métal doré, fixées au bout d'une hampe. La légion qui, la Gaule soumise, devint une troupe d'élite pour le vainqueur César, eut pour emblème l'alouette. L'emblème le plus connu est celui du coq fier et belliqueux, sans preuve historique cependant. Est-ce parce que le mot latin *gallus* signifiait en même temps *coq* et *Gaulois* ? Un fait certain d'après César, c'est qu'une partie de la race gauloise regardait comme sacrilège de manger des poules et les gardait avec un mélange de plaisir et de respect. Plus tard, les

Francs Ripuaires eurent pour emblème une épée, la pointe en haut; les Francs Saliens et les Francs Sicambres, une tête de bœuf.

Les rois de la première et de la seconde race eurent la chape de saint Martin comme signe de ralliement. C'était un voile de taffetas où l'image du saint était peinte. Clovis, devenu chrétien, en usa à la bataille de Vouillé (507). En 732, Charles Martel, en repoussant l'invasion sarrasine, fit déployer cette chape, qui semble aussi indiquée dans la chanson de Roland comme la bannière de Charlemagne. En 858 elle vit fuir devant elle les Northmans. En 886, au siège de Paris, fut déployée une toile emblématique couleur de safran.

C'était une espèce de tableau, car il fallait deux chevaliers pour le porter. L'usage des bannières suspendues à une croix devint au septième siècle une mode générale. Ensuite parut l'oriflamme,

« L'oriflamme estoit la bannière et l'enseigne ordinaire dont l'abbé et les moines de la royale abbaye de Saint-Denys se servoient dans leurs guerres particulières.

« On a donné le nom d'oriflamme à cette bannière, parce qu'elle estoit descoupée par le bas en figure de flamme, ou parce qu'estant de couleur vermeille, lorsqu'elle voltigeoit au vent, elle paroissoit de loin en loin en guise de flamme, et, en outre, parce que la matière de la lance qui la soutenoit estoit dorée.

« Elle n'a été portée par nos roys dans leurs guerres qu'après qu'ils sont devenus propriétaires des comtez de Pontoise et de Mantes c'est-à-dire du Vexin. » (Du Cange)

La chape de Saint-Martin sous Clovis était bleu foncé; l'étendard de Charlemagne était avec six trèfles de pourpre; la bannière de France sous saint Louis, d'azur aux fleurs de lis d'or; l'oriflamme de Charles V était avec ornements d'or sur pourpre; Charles VI avait son étendard bleu, partagé par une croix blanche; ce fut en 1583 qu'on se servit pour la première fois du terme *drapeau*, mais jusqu'à Charles IX cette expression ne fut pas généralement employée. De François Ier à Louis XIV, les drapeaux des régiments portèrent les armoiries des capitaines ou des mestres de camp. Le drapeau blanc devint une enseigne personnelle et la distinction du grade de colonel général, charge que Louis XIV abolit en 1611; alors le drapeau blanc devint le drapeau du roi, qui prit le titre de colonel général de toutes les troupes.

Sous Charles VIII, le drapeau de l'infanterie était bleu semé de fleurs de lis d'or à croix blanche. Sous François Ier, l'enseigne de sa garde était mi-partie bleu, mi-partie blanc. Avec Henri IV, la cornette était d'un blanc uni. Sous Louis XV, le drapeau des gardes-françaises était bleu à la croix blanche fleurdelisée.

En 1789, la feuille arrachée par Camille Desmoulins à un arbre du Palais-Royal devint un signe de ralliement et le vert faillit être adopté comme couleur nationale ; mais on se souvint que le vert était la couleur du prince d'Artois : on prit alors le rouge et le bleu qui avaient figuré dans les mouvements populaires, et l'on y ajouta le blanc de la royauté, fidèlement conservé par la garde nationale parisienne; Lafayette offrit à Louis XVI, dans une séance solennelle, à l'hôtel de ville de Paris, la cocarde tricolore.

 A cocarde a les trois couleurs,
Les trois couleurs de ma patrie.
Le sang l'a bien un peu rougie,
La poudre bien un peu noircie ;
Mais elle est encor bien jolie,
Ma cocarde des jours meilleurs.

Que j'ai fait de route avec elle,
Toujours content et jamais las !
Que j'ai combattu de combats !
Ils la connaissaient, mes soldats !
Ah ! bien des cocardes n'ont pas
Ruban si beau, couleur si belle !

Et maintenant d'où je la tiens ?
C'est presque un roman, son histoire !
Dieu me garde d'en faire gloire !
Mais elle était, on peut m'en croire,
Elle était sous sa tresse noire.
Je l'ai vue et je m'en souviens.

C'était après trois jours de marches !
Nous arrivions transis de froid,
Cherchant l'auberge de l'endroit ;
Mais elle alors nous aperçoit :
« Oh ! les Français de peu de foi ! »
Elle était debout sur les marches.

Nous approchons tout éblouis.
Sa maison est blanche et coquette,
Le feu brille, la table est prête :
« Jour d'espérance et jour de fête !
« Entrez, » dit-elle, et sur sa tête
Brillaient les couleurs du pays.

« Les Français sont chez eux en France ;
« Toute la ville vous attend.
« Vous faisiez mal en doutant. »
Elle riait, tout en parlant,
Elle riait, et cependant
Mes larmes montent quand j'y pense.

Et j'y pense, et je la revois !
Elle était là près de sa mère :
Tout à coup, sur notre prière,
Elle chanta nos chants de guerre,
Et c'était la gloire en colère
Qui nous grondait par cette voix !

Oh ! la bonne et belle Française !
Le grand cœur et les jolis yeux !
Vous demandez, cher curieux,
Si je l'ai prise, audacieux,
La cocarde de ses cheveux ?
Moi, la prendre, qu'à Dieu ne plaise !

Mais, tout pensif, je regardais,
Je contemplais, parlant à peine,
Ce front d'enfant, cet air de reine,
Ces trois couleurs dans cet ébène,
Et je me disais, l'âme en peine :
« Tout cela reste, et je m'en vais ! »

Le clairon sonne : adieu, cocarde !
Adieu ! chansons... et cependant :
« Ah ! si je l'avais, ce ruban... »
Et je m'arrêtai tout tremblant ;
Mais alors, et si simplement :
« Tenez, dit-elle, et Dieu vous garde ! »

Ma cocarde a les trois couleurs, ...

(Paul Déroulède).

 E général La Fayette, présentant la cocarde tricolore à la garde nationale, prononça ces paroles prophétiques : « Prenez cette cocarde tricolore : elle fera le tour du monde. »

La cocarde tricolore fut aussitôt adoptée dans toute la France, comme le signe de ralliement de tous les amis de la liberté, de tous les défenseurs des droits du peuple. Le 30 juin 1791, l'Assemblée nationale vota que le drapeau serait également tricolore. La disposition des couleurs était en partant de la hampe : rouge, blanc et bleu. La Convention nationale, en 1793, établit la disposition actuelle : le bleu à la hampe, le blanc au centre, le rouge flottant dans les airs.

Quand les Bourbons revinrent, ramenés par l'étranger, ils abolirent le drapeau tricolore et rétablirent le drapeau blanc fleur-delisé, qui n'avait plus rien de commun avec la France, puisque ceux qui le portaient s'étaient battus contre elle dans les rangs de l'ennemi. Le drapeau tricolore reparut en 1830 avec la liberté : il est toujours resté depuis le drapeau de la France.

En 1848, des exaltés eurent l'étrange idée d'exiger que le drapeau tricolore fût remplacé par le drapeau rouge, et ils vinrent assiéger l'Hôtel de ville en criant : « Le drapeau rouge! » Le membre le plus illustre du gouvernement provisoire, Lamartine, le grand poète et le grand orateur, sortit de l'Hôtel de ville, parla à la foule menaçante pendant quatre heures, la maîtrisa par le charme de l'éloquence et du

LA FAYETTE

patriotisme, et enfin, rappelant le massacre du champ de Mars de 1791, il s'écria : « Je repousserai jusqu'à la mort ce drapeau de sang, parce que le drapeau rouge que vous rapportez n'a jamais fait que le tour du champ de Mars et trempé dans le sang du peuple en 1791 et en 1793, et le drapeau tricolore a fait le tour du monde avec le nom, la gloire et la liberté de la patrie. » A ces mots, une immense acclamation s'élève de toutes les bouches : « Vive le drapeau tricolore! » Le drapeau aux trois couleurs resta donc le drapeau de la France.

Le drapeau français est comme un catéchisme patriotique écrit avec des couleurs.

Il a trois couleurs pour nous rappeler nos trois dogmes : liberté, égalité, fraternité.

Le rouge qui pend à terre nous rappelle que nous devons toujours être prêts à laisser couler notre sang pour la patrie. Le blanc est la couleur de la pureté, et il nous dit : « Soyez purs et sans tache; c'est-à-dire, soyez sans haine et sans envie, sans aucun des sentiments bas qui dégradent et qui souillent l'âme. » Enfin, le bleu qui est au sommet du drapeau est la couleur du ciel au-dessus de nos têtes, et il nous rappelle que nous devons toujours avoir le front haut, l'âme haute, que nous devons toujours élever nos cœurs et dire pour la France : *Plus haut ! toujours plus haut !*

(J.-D. Lefrançais.)

Voilà l'histoire, voici la légende :

ECI, mes enfants, n'est pas une fable,
Ou le rossignol qui me l'a conté
Est bien le menteur le plus effroyable
Qui du ciel sur terre ait jamais chanté.
D'ailleurs, lorsque vous m'aurez écouté,
Vous verrez que rien n'est moins incroyable.

Qu'y trouveront-ils?... Le bon Dieu s'en doute,
Et les chers dormeurs le sauront demain ;
Car, lorsque minuit sonnait sous la voûte,
Le petit Jésus s'est mis en chemin ;
Ayant décroché, pour y voir en route,
Une étoile d'or qu'il tient à la main.

Voici donc, sauf l'air et sauf le refrain,
Ce que l'oiselet dit en son langage :
Ceci se passait dans un bon village,
Peut-être alsacien, peut-être lorrain,
Tous les deux peut-être, en tout cas, je gage,
Près de la Moselle et non loin du Rhin.

Le petit Jésus marche vite, vite ;
Il a tant à faire un jour de Noël,
Il est tant d'enfants qu'il faut qu'il visite...
Mais bientôt chacun a son lot tel quel ;
Le petit Jésus regagne son gîte,
Raccroche l'étoile et retourne au ciel.

La nuit de Noël brillait radieuse,
Et sous tous les toits, dans tous les foyers,
Les petits enfants bénis et choyés
Dormaient le sommeil de l'enfance heureuse,
Non sans avoir mis, d'une main pieuse,
Près des gros chenets leurs petits souliers.

Or, le lendemain, lorsque vint l'aurore,
Les petits souliers près des gros chenets
Renfermaient chacun un nœud tricolore,
Et tous les bambins d'une voix sonore :
« O chères couleurs, je vous reconnais ! »
Et voilà les nœuds piqués aux bonnets.

Et voilà déjà que sur la grand'place
La bande joyeuse accourt follement :
« Voyez, grand-papa ! voyez, grand'maman ! »
Grand-papa sourit, grand'maman embrasse.
Etait-ce en Lorraine ? Était-ce en Alsace ?
C'était en pays ami, sûrement.

Mais tout en allant parés de la sorte,
Ils passent devant un vieux cabaret ;
Monsieur le hulan fume sur la porte,
A califourchon sur un tabouret.
Est-ce sa monture ou lui qui s'emporte ?
Mais il fait un bond et tombe en arrêt.

Monsieur le hulan n'est pas de la fête ;
Il lève le poing tout prêt à frapper,
Car ces trois couleurs qu'il défend qu'on mette
Et que du cœur même il veut extirper,
Tous ces bambins-là les ont sur la tête :
Monsieur le hulan la leur fait couper.

Puis, clopin-clopant, comme un canard ivre,
Fier de son exploit, qu'il trouve divin,
Monsieur le hulan se dirige enfin
Vers l'affreux taudis où, tout seul à vivre,
Monsieur le hulan que la gloire enivre
S'enivre encor plus de bière et de vin.

Il va titubant selon son usage,
Quand sur le chemin et juste au milieu
Une femme est là qu'il heurte au passage ;
Monsieur le hulan l'examine un peu.
Mais oui, ces yeux bleus, oui, ce blanc visage,
Cette lèvre rouge enfin, oui ! par Dieu !

Ce sont les couleurs qu'il défend qu'on garde ;
Et plus il médite et plus il regarde,
Et mieux il comprend qu'on veut le railler.
« Ce visage là n'est qu'une cocarde, »
Et la pauvre femme a beau supplier,
Monsieur le hulan la fait fusiller.

Mais tous ces tombeaux sont fermés à peine
Que voici surgir du sol par centaine
Des bluets, des lis, des coquelicots ;
C'est comme un drapeau qui couvre la plaine.
Monsieur le hulan en hurle de haine
Et fait apporter un cent de fagots.

Il n'en laissera ni tête ni queue.
« Ah ! chiennes de fleurs, vous allez chauffer !
Et quant aux couleurs qui croient triompher... »
Mais voici que haute à voir d'une lieue,
La flamme montait rouge, blanche et bleue ;
Monsieur le hulan la fit étouffer.

La flamme est éteinte et plus rien ne bouge,
Seule la fumée... O spectre odieux !
La fumée aussi dans le bleu des cieux
Monte en flocons blancs vers le soleil rouge ;
Monsieur le hulan s'enfuit dans son bouge,
Se couche à plat ventre et ferme les yeux ;

Et comme il comprend que gens, ciel et terre,
Tout contre lui seul semble conspirer,
Que ces trois couleurs dont il s'exaspère
Brilleront toujours pour l'exaspérer ;
Monsieur le hulan fait ce qu'il doit faire,
Monsieur le hulan se fait enterrer.

Or, à l'instant même où la chose est faite,
Tout se rétablit comme de raison.
Les petits enfants ramassent leur tête,
La femme aux yeux bleus rentre à la maison,
Et du haut des cieux, le bon Dieu leur jette
Du bonheur tout plein, des fleurs à foison.

Ici, mes enfants, finit cette histoire,
Dont le rossignol fut le chroniqueur,
Était-il sincère? Était-il moqueur?
Parlait-il en rêve, ou bien de mémoire?
Je laisse à chacun dans son petit cœur
Le soin de juger ce qu'il faut en croire.

(Paul Déroulède).

Les drapeaux aux trois couleurs, le jour de la première fête nationale, enfants, vous les avez reçus comme vos frères de la grande armée; aux bataillons scolaires, le ministre de l'instruction publique les a remis; et aux régiments, le président de la République.

Chers enfants, chers petits citoyens soldats, je vous ai donné un drapeau, je suis convaincu que vous avez compris ce qu'il signifiait. Ce que vous faites est très sérieux; vous n'êtes pas ici pour jouer aux soldats, il ne s'agit pas seulement de bien manœuvrer avec de jolis petits fusils, mais il faut être aussi de bons petits soldats et pour cela il faut être d'abord de bons petits gymnastes.

La gymnastique n'est pas toujours aussi amusante que l'exercice, mais c'est la base même de l'instruction militaire.

Il faut bien vous dire que, sous l'apparence d'une chose amusante, vous remplissez un rôle profondément sérieux. Travaillez à la force militaire de la France de demain. Or, la France de demain, c'est vous.

FFICIERS, sous-officiers et soldats, qui représentez l'armée française à cette solennité!

Le gouvernement de la République est heureux de se trouver en présence de cette armée vraiment nationale, que la France forme de la meilleure partie d'elle-même, lui donnant toute sa jeunesse, c'est-à-dire ce qu'elle a de plus cher, de plus généreux, de plus vaillant, la pénétrant ainsi de son esprit et de ses sentiments, l'animant de son âme, et recevant d'elle, en retour, ses fils élevés à la virile école de la discipline militaire, d'où ils apportent dans la vie civile le respect de l'autorité, le sentiment du devoir, l'esprit de dévouement, avec cette fleur d'honneur et de patriotisme et ces mâles vertus du métier des armes, si propres à faires des hommes et des citoyens.

Si rien n'a coûté au pays pour relever son armée, rien n'a coûté à l'armée pour seconder les efforts du pays, et par l'application au travail, par l'étude, par l'instruction, par la discipline, elle est devenue pour la France une garantie du respect qui lui est dû et de la paix qu'elle veut conserver. Je vous en félicite et je vous en remercie.

C'est dans ces sentiments que le gouvernement de la République va vous remettre ces drapeaux. Recevez-les comme un gage de sa profonde sympathie pour l'armée, recevez-les comme les témoins de votre bravoure, de votre fidélité au devoir, de votre dévouement à la France, qui vous confie, avec ces nobles insignes, la défense de son honneur, de son territoire et de ses lois.

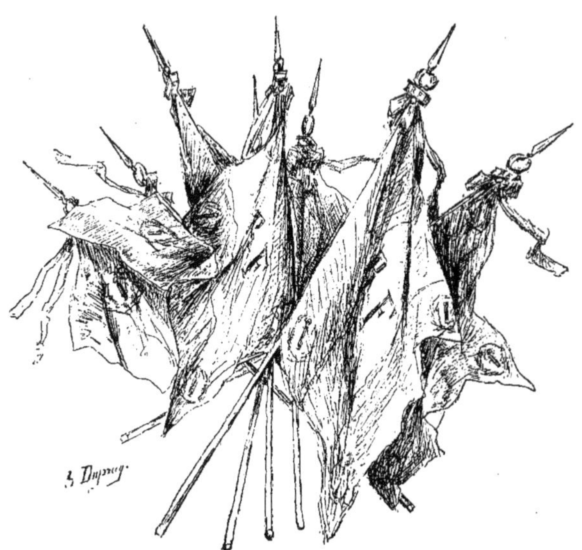

IV

L'ARMÉE

os ancêtres avaient déjà nos défauts et nos qualités, comme on peut le voir dans le récit d'un jeune Gaulois composé d'après des documents trouvés par l'érudit M. F. Mahon, qui nous fait assister à une revue gauloise. « Les chefs se distinguaient par la richesse et aussi par la profusion des ornements attachés aux casques, aux cuirasses, aux boucliers, aux tétières des chevaux, sans compter les colliers, les bracelets, les anneaux dont leur cou, leurs bras, leurs mains et jusqu'à leurs jambes étaient chargés. Chez les simples cavaliers et fantassins, les armures, moins brillantes et moins riches, n'étaient pas dépourvues de ces ornements chers à la vanité gauloise, et qui, destinés à effrayer l'ennemi, me semblaient plutôt faits pour gêner le combattant et le désigner de loin aux coups. Je veux parler surtout de ces appendices, cornes d'animaux en nature ou en métal, de ces panaches démesurés, que nos guerriers avaient la manie d'attacher soit sur les côtés, soit au cimier de leurs casques, et aussi de ces boucliers hauts et larges, de ces épées énormes qu'ils suspendaient à la ceinture avec des chaînes. Il me semblait que de telles armes n'étaient pas favorables à la rapidité des mouvements et des coups, laquelle doit avoir un avantage incomparable dans une lutte corps à corps. Les fantassins, avec leurs casques faits de la tête d'un animal, où s'emboîtait la tête du soldat, leurs longs boucliers ovales, qui les couvraient des pieds à la hauteur de l'oreille, leurs longues et lourdes piques, qui demandaient beaucoup d'espace pour être manœuvrées avec succès, me parurent armés d'une manière également défectueuse, mieux pourtant qu'à l'époque peu éloignée encore, où le soldat gaulois se faisait gloire d'offrir sa poitrine nue aux coups de l'ennemi.

« La revue se termina par un simulacre de combat, dont le signal fut donné par la trompe gauloise ou carnyx, et où j'admirai la vigueur et l'élan de nos hommes dans l'attaque; mais là encore, je remarquai chez eux un grand défaut, celui de s'abandonner trop à leur impétuosité, de rompre leur ordonnance en abordant l'ennemi, et de se replier en désordre après la charge : ce qui faisait penser qu'il leur serait difficile de se reformer sous les traits et devant un retour offensif de l'adversaire. »

Les invasions gauloises épouvantaient les Romains. L'armée du chef qu'on nomme Brennus emporta Rome et se retira avec un grand butin. Elle continua même à dévaster le Latium, et quoi qu'en ait dit la tradition romaine, il est fort douteux qu'elle ait été vaincue par Camille. Cette race belliqueuse, folle de guerre et d'aventures, débordait à chaque instant sur le monde avec l'impétuosité d'un torrent. Les Carthaginois, l'aventureux Pyrrhus, les successeurs d'Alexandre, avaient tous des Gaulois dans leurs armées. César retrouva ces guerriers si valeureux et si mal armés dans les montagnes et les forêts de la Gaule; ils succombèrent devant la forte discipline romaine, mais après avoir livré ces grands combats qui sont, après tout, des pages glorieuses de notre histoire primitive. Les Gaulois entrèrent ensuite en masse dans les légions romaines et figurèrent avec éclat dans les guerres de l'empire.

Les Francs, après la conquête de la Gaule, ne se fondirent pas avec les vaincus dans les provinces qu'ils occupaient; ils demeurèrent longtemps une caste militaire séparée des populations soumises, se recrutant de guerriers venus de la rive droite du Rhin. Il n'y avait pas de Gaulois dans les armées des premiers rois mérovingiens et l'on ne commença à les y admettre qu'à la fin du sixième siècle. Après le partage de la terre conquise, le service militaire était devenu une charge inhérente à la possession de la terre. Lors de la formation du système féodal, les comtes, les seigneurs, qui avaient parmi leurs droits celui de lever des troupes sur leurs domaines, choisissaient les hommes les plus robustes d'entre leurs vas-

TROUPES DU XIIIᵉ SIÈCLE

saux et les conduisaient pour le service du roi, ou s'en servaient dans leurs guerres privées.
Ce mode de recrutement était déjà en usage avant Charlemagne, qui ne le modifia que fort
peu. La force armée, dans les temps féodaux, consistait principalement en cavalerie. Les
seigneurs, assistés de leurs principaux vassaux et tenanciers, combattaient à cheval. Les
manants ou vilains servaient à pied avec des arcs, des frondes, des piques ou des épieux.
c'était une cohue plutôt qu'une infanterie, que les nobles dédaignaient fort, tout en l'em-
ployant aux grosses besognes de la guerre
Les rois durent chercher de bonne heure un
contrepoids à l'indocilité des grands vassaux, qui tournaient souvent contre la
couronne les contingents levés pour son
service, ou qui les employaient à leurs
brigandages et à leurs guerres privées.
Aussi, depuis Louis le Gros, favorisèrent-
ils de tout leur pouvoir la formation des
milices communales, plus affranchies des
seigneurs, composées des bourgeois les
plus aisés des villes ou d'hommes levés à

FRANCS ARCHERS

leurs frais, et qui marchaient sous la bannière paroissiale. Quand le roi n'avait besoin que d'un petit nombre d'hommes, il convoquait le ban et l'arrière-ban, c'est-à-dire les possesseurs de fiefs et leurs hommes, et les milices communales quand il s'agissait d'une guerre générale. Les armées féodales étaient sous les ordres du roi ou du grand sénéchal, qui représentait le souverain. Quand la dignité de sénéchal eut été supprimée, en 1191, sous Philippe-Auguste, le commandement fut déféré au connétable.

Les rois prirent à leur solde des mercenaires appelés, suivant l'époque, Grandes Compagnies, Brabançons, Routiers, Cottereaux, Écorcheurs. Plus tard on vit figurer dans les troupes royales des corps d'Allemands, de Suisses, d'Italiens, d'Écossais, d'Espagnols. Charles VII est le véritable créateur des armées permanentes. Il établit la cavalerie des compagnies d'ordonnance et l'infanterie des francs archers; ces derniers, au nombre de 16 000, furent remplacés, à la fin du règne de Louis XI, par 6000 Suisses et par 10 000 hommes d'infanterie que le roi prit à sa solde. Charles VIII conserva cette organisation et enrôla, en outre, des lansquenets allemands. Les aventuriers étrangers continuèrent à figurer en très grand nombre dans ce que les historiens appellent l'armée nationale. François Ier institua en 1552 les légions provinciales, qui se composaient de sept corps de 6000 hommes chacun, fournis par la Bretagne, la Normandie, la Picardie, la Bourgogne, la Champagne et autres provinces. La vraie force de l'armée consista toujours, pendant tout le XVIe siècle, dans l'armée noble, dans la cavalerie. Elle se composait alors de gens d'armes, de carabins, de chevau-légers, de dragons, d'arquebusiers à cheval, et de Croates qui servaient d'éclaireurs. On créa ensuite des intendants près des corps d'armée, ainsi que des ambulances, et des inspecteurs spéciaux; les régiments furent astreints à l'uniforme, on substitua le fusil à l'arquebuse, puis les baïonnettes aux piques. La paye fut faite directement aux soldats; le capitaines jusque-là en retenaient une forte partie.

Au commencement du règne de Louis XVI, le comte de Saint-Germain, appelé au département de la guerre, entreprit une suite de réformes d'abord sur la formation de troupes en divisions, de manière à avoir au lieu de régiments isolés une véritable armée organisée en grand corps et dressée aux manœuvres d'ensemble; puis sur l'avancement, réglé avec plus d'ordre et de justice. Mais, dans son règlement disciplinaire, il s'avisa d'introduire les punitions corporelles en usage chez les Allemands et les Anglais. Ces mesures révoltèrent la juste susceptibilité de nos soldats. Il y eut des séditions, des suicides, quand il s'agit d'appliquer la punition des coups de plat de sabre. « Je n'aime du sabre que le tranchant, » s'écria un grenadier dont la fière parole trouva un écho dans tous les cœurs français.

N réalité, il n'y avait pas d'*armée française* avant la Révolution. Il y avait l'*armée du roi*, ce qui n'est pas la même chose. En effet, cette armée se composait d'un certain nombre de mercenaires étrangers, Suisses et Allemands, et de soldats recrutés par l'enrôlement volontaire et par le *racolage*. Le racolage donnait lieu à d'énormes abus. Les sergents racoleurs ou recruteurs, beaux parleurs et grands buveurs, opéraient sur les places et dans les cabarets, obtenaient des engagements par surprise autant que par persuasion, et conduisaient à leurs capitaines des recrues peu disposées pour *le service de Sa Majesté*. Aussi ne faut-il pas s'étonner des vices qui régnaient dans l'armée avant 1789 : fraude, ivresse, indiscipline, pillage, désertion. Les officiers s'en plaignaient très haut. « La majeure partie des soldats, disaient-ils, est tirée du rebut des grandes villes et des gens souvent sans aveu. C'est un des plus grands abus qui existent... C'est au vice de cette composition que le soldat, *classé au dernier rang de la société, doit l'état de dégradation où il est tombé dans l'opinion publique.* »

Certes, ces troupes d'origine si défectueuse conservaient, malgré tout, les qualités natives de la race : courage, intelligence et belle humeur. Sur le champ de bataille, elles faisaient encore bonne figure. Mais, comme on le voit, elles avaient perdu l'estime publique. Elles n'étaient pas l'expression même de la nation, comme nous concevons aujourd'hui l'armée, et rien n'est plus dangereux pour un État.

Si les soldats étaient mauvais, les chefs valaient-ils mieux ? — Les officiers étaient mauvais également, parce qu'ils ne travaillaient pas, qu'ils avançaient trop vite, et que l'avancement était réservé à la noblesse.

Les officiers ne travaillaient pas. Le maréchal de Broglie disait : « J'ai examiné d'où pouvaient venir les fautes que j'ai vu faire.... Je me contenterai de vous indiquer la cause principale qui est *l'ignorance totale*, depuis le sous-lieutenant jusqu'aux lieutenants généraux, des devoirs de leur état, et de tous les détails dans lesquels ils doivent entrer. »

Cela n'empêchait pas d'arriver vite. Car, depuis 1758, il suffisait d'avoir servi sept ans pour passer colonel. Or, si l'on ne voyait plus de *colonels au berceau*, comme avant Louvois, il y avait encore des colonels très jeunes. Par exemple, sur quinze maréchaux de France en service en 1789, un, le duc de Broglie, avait été colonel à seize ans ; deux, le duc de Noailles et le duc de Castries, avaient été colonels à dix-sept ans ; trois, les ducs de Mouchy, de Duras et de Ségur, l'avaient été à dix-neuf ; le maréchal de Contades, le moins favorisé, n'avait été colonel qu'à trente ans. Non seulement il y avait des colonels très jeunes, mais il y avait quelquefois plusieurs colonels par régiment. Ainsi, l'annuaire de 1788 donne cinq colonels à la fois au 25e d'infanterie. Pour satisfaire aux exigences de cet état-major débordant, il avait fallu multiplier les grades élevés ; à ce point qu'en 1789 il y avait une proportion de un officier général pour cent cinquante-sept hommes.

Enfin ces grades, si nombreux, n'étaient pas accessibles à tout le monde. En dépit des services de roturiers illustres, tels que les Fabert, les Catinat, les Chevert, on en était revenu, à la fin du dix-septième siècle, au régime de la faveur et du privilège. Une ordonnance de Louis XVI, de 1775, déclarait que, dorénavant, il faudrait deux cents ans de noblesse pour obtenir la charge d'officier. En 1786, il fut encore décidé que les sous-lieutenances de tous les corps ne seraient données qu'aux jeunes gens pouvant faire preuve de quatre quartiers de noblesse, ou fils de chevaliers de Saint-Louis. Ces ordonnances étaient déplorables. Non seulement elles arrêtaient l'avancement des jeunes gens sans naissance comme Hoche, Marceau, Lefèvre, Jourdan, Masséna, et bien d'autres qui étaient sous-officiers en 1789, et qui, sans la Révolution, n'auraient été que cela; mais encore elles établissaient une différence, à la fois injuste et injurieuse, entre les militaires nobles, et les militaires roturiers, les *bas-officiers*, comme on disait alors ; elles créaient, dans l'armée, la division qui existait dans l'Église entre le *haut* et le *bas clergé*.

LES SOLDATS DE LA RÉPUBLIQUE

Dans l'armée, ainsi constituée, il n'y avait donc aucun lien entre l'officier et le soldat, qui n'avaient ni communauté d'origine ni communauté d'avenir. Ce défaut de cohésion amena les désastres de nos guerres du dix-huitième siècle, surtout de la guerre de Sept Ans.

C'est dans cet état que la Révolution trouva l'armée.

Alors l'effectif étant insuffisant, on recourut aux volontaires, on *amalgama*, ce fut le terme, un bataillon de ligne dans deux bataillons de volontaires, et l'on forma ainsi cent quatre-vingt-seize régiments ou *demi-brigades*. Chaque demi-brigade fut de trois bataillons à neuf compagnies, dont une de grenadiers et une de canonniers. Tous les corps de cavalerie irrégulière furent également fondus dans ceux de ligne qui furent portés à quatre-vingt-cinq régiments de quatre escadrons. On créa en même temps quatre régiments d'artillerie à cheval.

La *brigade* parut une unité de force trop incomplète. On forma une nouvelle unité composée de deux brigades qui fut la *division*. La force de la division fut de douze bataillons et de huit escadrons, soit douze à quinze mille hommes. On attacha à la division, outre les pièces du bataillon, une batterie de six à huit bouches à feu, en sorte qu'elle pût agir isolément. Cinq ou six divisions formèrent une *armée* facile à manier. Les cent quatre-vingt-seize demi-brigades de 1795 atteignirent un effectif de quatre cent soixante-dix-sept mille hommes, en neuf armées.

Les revers qui marquèrent la première moitié de l'année exigèrent de plus lourds sacrifices. Sur la proposition de Carnot, et sur le rapport de Barère, la Convention rendit, le 23 août, le mémorable décret de la *levée en masse*, qui mettait tous les Français en *réquisition permanente pour le service et la défense de la patrie.*

(E. Guillon.)

Aujourd'hui l'armée de la France comprend l'*armée active* et l'*armée territoriale;* chacune d'elles renferme des troupes de toutes armes.

'ARMÉE active se compose : 1° des *corps de troupe* de : l'infanterie, l'artillerie, le génie, le train des équipages militaires; 2° le personnel de l'*état-major général* et des *services généraux*, savoir : l'état-major général de l'armée, le service d'état-major, le corps de contrôle de l'administration de l'armée; 3° le personnel des *états-majors* et des *services particuliers*, savoir : les états-majors particuliers de l'artillerie et du génie, le corps de l'intendance militaire, le corps des officiers de santé militaires, les officiers d'administration, les sections de secrétaires d'état-major et recrutement, les sections de commis et ouvriers militaires d'administration, les sections d'infirmiers militaires, les vétérinaires militaires, les interprètes militaires, le service du recrutement et de la mobilisation, le service de la trésorerie et des postes, le service des chemins de fer, les écoles militaires, la justice militaire, les dépôts de remonte, les affaires indigènes d'Algérie et de Tunisie; 4° *la gendarmerie.*

L'infanterie compte : 144 régiments de ligne à 4 bataillons de 4 compagnies, plus 2 compagnies de dépôt; 30 bataillons de chasseurs à pied, à 4 compagnies, plus 1 compagnie de dépôt; 4 régiments de zouaves à 4 bataillons de 4 compagnies, plus 1 compagnie de dépôt pouvant être dédoublée; 3 régiments de tirailleurs algériens à 4 bataillons de 4 compagnies, plus 1 compagnie de dépôt; 1 légion étrangère de 6 bataillons; 3 bataillons d'infanterie légère d'Afrique; 5 compagnies de discipline; 1 régiment de sapeurs-pompiers de la ville de Paris à 2 bataillons de 6 compagnies. Les zouaves, les tirailleurs algériens, la légion étrangère, les bataillons d'Afrique et les compagnies disciplinaires sont des troupes spéciales à notre grande colonie africaine.

La cavalerie compte : 77 régiments, savoir : 12 régiments de cuirassiers; 26 régiments de dragons; 20 régiments de chasseurs; 12 régiments de hussards; 4 régiments de chasseurs d'Afrique ; 3 régiments de spahis; 8 compagnies de cavaliers de remonte.

Les régiments de spahis et ceux de chasseurs d'Afrique ont 6 escadrons, les autres régiments en ont 5, dont un de dépôt.

Les 70 régiments de l'intérieur sont à 5 escadrons. On a vu plus haut qu'à chaque corps d'armée est affectée une brigade de cavalerie de 2 régiments. Ces brigades forment la cavalerie de corps d'armée et servent à relier les masses combattantes aux troupes de cavalerie avancées, couvrant les opérations et allant découvrir au loin celles de l'ennemi.

Ces troupes de cavalerie avancées, agissant d'une manière plus indépendante du gros de l'armée, et que, pour cela, on désigne sous la dénomination de *cavalerie indépendante*, forment 6 divisions de cavalerie, qui sont organisées chacune à 3 brigades, savoir : 1 brigade de cuirassiers, 1 brigade de dragons, 1 brigade de hussards ou de chasseurs, soit 6 régiments.

A chaque division de cavalerie est adjoint, en campagne, un *groupe* de trois batteries à cheval.

D'après la loi qui a été promulguée le 24 juillet 1883, l'artillerie de l'armée active comprend :

1° 16 bataillons d'artillerie à pied, à 6 batteries chacun ;

2° 38 régiments de campagne constituant 19 brigades à 2 régiments, à raison de 1 brigade par corps d'armée;

Le premier régiment de chaque brigade est à 12 batteries montées, le deuxième régiment est à 8 batteries montées et 2 batteries à cheval ;

3° 2 régiments d'artillerie-pontonniers de 14 compagnies chacun ;

4° 10 compagnies d'ouvriers d'artillerie chargés de la construction de la partie du matériel de l'artillerie, du génie et du train des équipages militaires, dont la confection ne serait pas confiée à l'industrie civile ;

5° 3 compagnies d'artificiers.

C'est au général Thibaudin (ministre de la guerre) que l'on doit la création, si souvent réclamée par tous les patriotes, d'une artillerie de forteresse.

Avant lui, nous avions bien les places fortes, nous avions bien les canons de siège, nous n'avions pas, en réalité, le personnel nécessaire pour desservir ces places et leurs engins. C'était là une énorme lacune, qui a été comblée par le général Thibaudin avec autant d'à-propos que de véritable sens pratique.

Le matériel de l'artillerie à pied ou artillerie de forteresse comprend les bouches à feu du plus fort *calibre* et, par conséquent, de la plus grande puissance. Parmi ces grosses pièces spécialement destinées à l'armement des forteresses, les unes font partie du matériel de l'artillerie de terre. Elles constituent, avec les affûts destinés à les supporter dans les service de place et les engins servant à les mouvoir, ce qu'on appelle particulièrement *l'artillerie de place*. Les autres, plus longues encore et, en général, de calibres plus forts aussi, sont empruntées au matériel de l'artillerie de marine. Elles sont comprises sous le nom d'*artillerie de place et côtes*.

Les batteries de l'artillerie de campagne sont à 6 pièces.

Il existe, en outre, en France, un régiment d'artillerie de la marine comprenant 29 batteries à pied, dont une ou plusieurs peuvent être transformées, lorsque les circonstances l'exigent, en batteries montées ayant la même composition que celles de l'artillerie de terre, plus une compagnie de conducteurs.

Ces batteries, quoique dépendant du ministère de la marine, et destinées surtout à assurer le service colonial, peuvent être appelées à concourir avec l'artillerie de terre à la défense des ports et côtes, et même, comme on l'a vu en 1792, 1813 et 1870, à venir renforcer l'artillerie de campagne.

On trouverait facilement, sans nuire au service des colonies, une douzaine de batteries à prendre dans ce régiment, ce qui porte le nombre de nos batteries actives de campagne à 433.

Le génie compte 4 régiments de sapeurs-mineurs ayant chacun 5 bataillons à 4 compagnies et, de plus, par bataillon, 1 compagnie de dépôt, 1 compagnie d'*ouvriers de chemins de fer*, 1 compagnie de sapeurs-conducteurs.

Le train des équipages. A ce corps échoit la tâche de convoyer les approvisionnements généraux et administratifs de l'armée, et la belle mission d'aller relever, sur le champ de bataille, et jusque sous le feu de l'ennemi, les combattants qui sont tombés. Il compte 20 escadrons à 5 compagnies, pouvant être dédoublées, à l'intérieur, et 12 compagnies mixtes en Afrique.

La gendarmerie comprend : la gendarmerie départementale ; la gendarmerie d'Afrique ; la gendarmerie mobile, la garde républicaine et la gendarmerie coloniale.

La gendarmerie départementale et la gendarmerie d'Afrique sont réparties en 31 légions contenant ensemble 92 compagnies composées d'hommes à pied et à cheval.

La gendarmerie mobile forme 1 bataillon de 8 compagnies.

La garde républicaine forme une légion qui comprend 24 compagnies et 6 escadrons.

Enfin, à ces forces actives, il faut ajouter 12 *compagnies mixtes*, d'une force moyenne de 400 hommes, comprenant de l'infanterie, de la cavalerie et de l'artillerie, et destinées à assurer notre domination sur certains points du territoire africain.

L'armée territoriale se compose ainsi qu'il suit :

L'infanterie compte : 145 régiments à 5 bataillons ; 9 bataillons de zouaves territoriaux ; 5 compagnies de chasseurs territoriaux ; 145 compagnies d'infanterie territoriale ; 30 bataillons de douaniers formant 152 compagnies ; 8 compagnies de douaniers territoriaux ; 39 compagnies et 13 sections actives de chasseurs forestiers ; 27 compagnies et 11 sections de chasseurs forestiers territoriaux ; le corps des sapeurs-pompiers des places fortes. Ces trois

ÉCOLE POLYTECHNIQUE.

ÉCOLE DE SAINT-CYR.

ÉCOLE D'APPLICATION

GÉNIE (tenue de campagne).

derniers corps sont organisés en temps de paix, mais appelés à l'activité en cas de mobilisation seulement.

La cavalerie compte : 19 escadrons d'éclaireurs volontaires ; 3 pelotons de douaniers à cheval ; 5 escadrons de chasseurs forestiers ; 4 escadrons territoriaux de chasseurs d'Afrique ; 18 régiments territoriaux de cavalerie, chacun à 4 escadrons (2 de chasseurs ou hussards et 2 de dragons).

Enfin, on peut compter encore les *goums* algériens que peut mobiliser le gouvernement en cas de besoin.

L'artillerie comprend : 14 batteries d'artillerie territoriale en Algérie ; 18 régiments d'un nombre de batteries variable. De ces batteries, un certain nombre sont à pied, les autres montées ; enfin il est formé, en cas de mobilisation, des *batteries* dites *de sortie*. Il y a aussi un certain nombre de compagnies du train. Ajoutons à ces forces : 2 bataillons de canonniers sédentaires et de canonniers vétérans du département du Nord, l'un à Lille, l'autre à Valenciennes. Ces bataillons, qui ont conservé leur ancienne organisation, forment sept batteries.

Le génie comprend : 18 bataillons du génie ; 8 sections techniques d'ouvriers de chemin de fer de campagne. Chaque section comprend 5 services distincts : 1° exploitation ; 2° voie ; 5° matériel et traction. Son effectif est d'environ 1100 hommes, soit 9000 hommes environ pour les 8 sections.

Le train des équipages comprend 18 escadrons.

A ces forces territoriales, on pourrait ajouter, en cas de guerre, les troupes de dépôt de la marine.

En résumé, l'armée française de terre présente un total mobilisable de : 800 bataillons actifs (y compris les bataillons formés au moment de la mobilisation et dont le noyau existe) et 486 bataillons territoriaux, soit *douze cent quatre-vingt-six bataillons* d'infanterie. Le corps des chasseurs forestiers est compté dans ce chiffre comme 10 bataillons, auxquels pourraient être adjoints 10 000 gendarmes à pied.

322 escadrons actifs et 95 territoriaux, soit *quatre cent dix-sept escadrons*, auxquels pourraient s'ajouter, au besoin, les 15.000 gendarmes à cheval qui existent présentement et dont on pourrait disposer en les remplaçant momentanément par les gendarmes territoriaux.

529 batteries de campagne et de forteresse, et 571 territoriales, soit, en tout, *neuf cent batteries*.

RÉCAPITULATION		
1 286 bataillons à 1 000 hommes. . . .	1 286 000	1 316 000 fantassins
20 bataillons du génie à 1000 hommes.	20 000	
10 000 gendarmes à pied.	10 000	
417 escadrons à 160 hommes.	66 720	79 720 cavaliers
15 000 gendarmes à cheval. . . .	15 000	
900 batteries à 170 hommes.	153 000	153 000 artilleurs
Total égal.	1 548 720 hommes	

CLAIRON D'INFANTERIE.

DRAGON.

CHASSEUR D'AFRIQUE.

SPAHIS (sous-officier)

En nombre rond : 1 500 000, avec 4000 canons de bataille. *Quinze cent mille* combattants, armés, équipés, exercés et pouvant répondre en quelques jours à l'appel de la Patrie menacée, c'est là une puissance militaire que la France n'avait pas encore eue, à aucune époque de son histoire.

N nous accusera peut-être de présomption pour oser envisager ainsi, douze années après Sedan, l'éventualité de la France républicaine faisant front sur toutes ses frontières à la fois et défiant l'effort d'une coalition. Reproche frivole, car les conclusions de ce travail sont basées sur des données où n'entre rien d'arbitraire, rien d'hypothétique. Il n'y a pas de parité entre les conditions défensives de la France de 1870 et celles de la France de 1882. La supériorité des moyens matériels est colossale. La transformation morale, pour être moins apparente, n'est pas moins profonde. Quelle différence radicale à ce point de vue entre la jeunesse, généreuse certes mais ignorante des armes, à laquelle il fallut recourir pour les levées improvisées de la Défense nationale, et la génération nouvelle qui a passé tout entière par la rude école du service militaire obligatoire ! C'est un peuple de soldats qui se lèverait demain à l'appel de la patrie menacée, un peuple de soldats disciplinés, instruits, organisés, encadrés, ayant chacun sa place dans le rang. Ni le cœur ne leur ferait défaut, ni le rayon de la flamme héroïque qui embrasa les grands aïeux de la Révolution. A Dieu ne plaise assurément que la France ait à subir la redoutable épreuve d'une lutte simultanée sur la frontière démembrée, sur les Alpes et sur les Pyrénées ; mais si cette lutte s'imposait, la France serait en mesure d'en envisager la perspective sans trouble et sans défaillance. Les deux millions de soldats de l'armée active, de ses réserves et de l'armée territoriale, debout aux remparts naturels des Alpes et des Pyrénées, debout au boulevard qui se dresse maintenant aux limites d'Alsace et de Lorraine, sauraient bien former autour du sol sacré de la patrie un infranchissable mur d'acier.

(E. Tenot.)

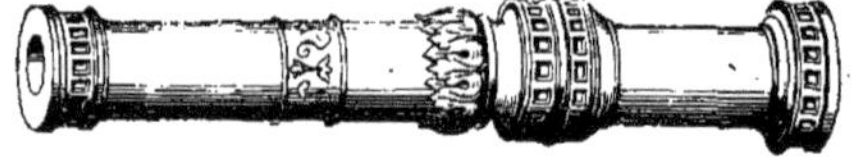

V

HÉROÏNES, HÉROS

DE 50 AVANT J. C. JUSQU'EN 1789

VERCINGÉTORIX

ET LE SIÈGE D'ALÉSIA, 52 AVANT J.-C.

'ÉTAIT dans la guerre, et dans les arts applicables à la guerre, que le génie gaulois avait surtout pris son essor. Ce peuple faisait de la guerre sa profession privilégiée, du maniement des armes son occupation favorite. Avoir une belle tenue militaire, se conserver longtemps dispos et agile, était non seulement un point d'honneur pour les individus, mais un devoir envers la cité. A des intervalles de temps réglés, les jeunes gens allaient se mesurer la taille à une ceinture déposée chez le chef politique de chaque village; et ceux qui dépassaient la corpulence officielle, sévèrement réprimandés comme oisifs et intempérants, étaient en outre punis d'une forte amende.

(Amédée Thierry.)

L y avait alors en Arvernie un jeune homme qui attirait tous les regards par ses qualités personnelles, bien plus encore que par l'illustration de sa famille. Sa haute stature, sa beauté, sa vigueur et son adresse sous les armes, le belliqueux génie qui brillait dans ses regards, tout produisait en lui ce mélange d'admiration et de crainte qui était l'idéal du Gaulois. Son nom même, dit un historien latin, était fait pour inspirer la terreur. Il s'appelait Vercingétorix, c'est-à-dire le grand chef des Cent-Têtes; c'était le fils de ce Celtil, un moment généralissime de la confédération gaélique, puis condamné à mort pour avoir tenté d'usurper la royauté sur l'Arvernie. César avait tâché de le séduire, comme tous les fils ou neveux des princes; il l'avait attiré près de lui, dans « cette pépinière de petits tyrans » qu'il lançait sur la Gaule, comme les limiers de l'étranger; il

6

lui avait donné le titre d'ami; mais le fils de Celtil était bientôt revenu dans ses montagnes... Là, dans les fêtes religieuses, dans les assemblées politiques, dans les réunions secrètes tenues entre les mystiques « cercles de pierres » ou au fond des cratères des volcans éteints, il n'avait cessé d'exhorter ses compatriotes à reconquérir « le droit ancien de la liberté gauloise ». Après avoir relevé l'âme de l'Arvernie, il avait travaillé avec ardeur à conjurer la Gaule tout entière.

La lutte suprême entre les Romains et les Gaulois s'engagea par un combat de cavalerie dans la plaine, arène où plongeaient, comme d'un prodigieux amphithéâtre, les regards des deux camps et de la ville. Les Gaulois imitant la tactique des Germains, avaient mêlé à leurs cavaliers quelques archers et fantassins légers. A l'aspect des escadrons romains mis en désordre par cette manœuvre nouvelle, une clameur immense s'élève d'Alésia et du camp gaulois. Les Romains se rallient, soutenus par les Germains. Les charges se succèdent sans interruption et sans avantage décisif de midi presque jusqu'au coucher du soleil. Une dernière charge des Germains en colonne serrée enfonce la ligne gauloise. Le reste plie. Les archers, abandonnés de leurs cavaliers, sont sabrés. La cavalerie est refoulée jusqu'au camp.

Les Gaulois restèrent immobiles toute la journée du lendemain; mais, au milieu de la nuit, un grand bruit monte de la plaine vers la ville. C'est l'armée de secours qui attaque les fortifications romaines. Elle fut repoussée malgré le succès obtenu par l'armée de Vercingétorix du côté opposé.

Le jour suivant, Vergasillaun se mit à la tête de cinquante-cinq mille Gaulois de la grande armée, tourna une hauteur par une longue marche de nuit, et tout à coup, vers midi, déboucha au-dessus d'un petit camp romain. En même temps la cavalerie gauloise reparut dans la plaine et le gros de l'infanterie se déploya en avant du camp.

Vercingétorix sort de la ville, et un double assaut, furieux, désespéré, commence. Des deux côtés, on sent que c'est l'heure suprême. L'attaque a été mieux combinée cette fois. César, planant d'un poste élevé sur tout le champ de bataille, voit de moment en moment ses formidables défenses entamées ou éludées. Les pièges et les fossés disparaissent sous les monceaux de terre que jettent devant eux les bataillons de Vergasillaun. Les Gaulois touchent au rempart. Les deux légions s'épuisent; un renfort envoyé par César ne prolonge qu'à grand'peine la résistance. Pendant ce temps, Vercingétorix, au lieu d'assaillir les gigantesques fortifications de la plaine, se porte contre la partie des lignes où la nature escarpée du terrain n'a pas permis de si grands ouvrages. Son armée accable de traits les garnisons des tours romaines, se fraye un chemin à force de terre et de fascines, entame avec d'énormes faux le rempart et le revêtement. La journée semble favorable aux Gaulois.

César accourt avec la réserve; le combat se rétablit : Vercingétorix est repoussé. César sort des lignes avec quelque infanterie et sa cavalerie, et marche au secours du petit camp. Il arrive au moment où les garnisons des forts tentaient de se frayer une retraite l'épée à la main. Les Romains se reportent en avant. Les Gaulois chargent; on s'aborde à l'arme blanche. Tout à coup les Gaulois aperçoivent derrière eux une partie de la cavalerie ennemie qui a tourné la colline. La panique les saisit; assaillis en tête et en queue, ils se rompent. Vergasillaun est pris avec soixante-dix enseignes; le combat n'est plus qu'un massacre. A l'aspect

des fuyards échappés au carnage, la masse de l'armée, déployée au loin sur les hauteurs,
se débande dans toutes les directions et se dissout pour ne plus revenir.

VERCINGÉTORIX SE RENDANT A CÉSAR

Les défenseurs d'Alésia, délaissés sans retour, rentrèrent, aux approches de la nuit, dans
l'antique cité qui avait été le berceau de la Gaule et qui allait en être le tombeau.

Qui pourrait dire les douleurs de cette horrible nuit, pour toute cette foule infortunée? Qui pourrait dire surtout ce qui se passa au fond du cœur de l'homme, qui était devenu en quelque sorte la Gaule incarnée, et qui sentait défaillir, en lui, l'âme de toute une race humaine? Ce grand peuple, cette grande religion, ces hautes traditions des premiers âges, tout ce monde glorieux, prêt à s'abîmer devant un monde de matière et de corruption! Les génies de la liberté, de l'infini et de l'immortalité, remontant dans les sphères étoilées et laissant la terre « aux dieux d'en bas », aux puissances fatales! C'étaient là, sans doute, les signes précurseurs d'une de ces destructions périodiques du monde, annoncées par les voyants. « Le Trépas, père de la fatalité », allait replonger, dans la nuit de l'abîme, notre globe condamné.

Le héros, le patriote n'avait plus rien à faire ici-bas : la patrie était perdue. L'homme pouvait encore quelque chose pour ses frères ; il pouvait peut-être encore les sauver de la mort et de la servitude personnelle. Cette pensée fut la dernière consolation de cette grande âme. Le lendemain, Vercingétorix convoqua ses compagnons, et s'offrit à eux pour qu'ils satisfissent aux Romains par sa mort, ou qu'ils le livrassent vivant. Il poussait le dévouement jusqu'à renoncer à mourir. On envoya savoir les volontés de César. Le proconsul ordonna qu'on livrât les chefs et les armes, et vint siéger sur un tribunal élevé entre les retranchements.

Tout à coup, un cavalier de haute taille, couvert d'armes splendides, monté sur un cheval magnifiquement caparaçonné, arrive au galop, droit au siège de César. Vercingétorix s'était paré comme la victime pour le sacrifice. Sa brusque apparition, son imposant aspect excite un mouvement de surprise et presque d'effroi. Il fait tourner son cheval en cercle autour du tribunal de César, saute à terre, jette ses armes aux pieds du vainqueur et se tait.

Devant la majesté d'une telle infortune, les durs soldats de Rome se sentaient émus ; César se montra au-dessous de sa prospérité ; il fut implacable envers l'homme qui lui avait fait perdre, un seul jour, le nom d'invincible. Il éclata en reproches sur son amitié trahie, sur ses bienfaits méprisés, et livra le héros de la Gaule aux liens des licteurs. Vercingétorix, réservé aux pompes outrageantes du triomphe, dût attendre six années entières, que la hache du bourreau vînt enfin affranchir son âme et l'envoyer rejoindre ses pères dans le « cercle céleste. »

(Henri Martin.)

ROLAND A RONCEVAUX

778

I

'AIME le son du cor, le soir, au fond des bois,
Soit qu'il chante les pleurs de la biche aux abois,
Ou l'adieu du chasseur que l'écho faible accueille,
Et que le vent du nord porte de feuille en feuille.

Que de fois, seul, dans l'ombre à minuit demeuré,
J'ai souri de l'entendre, et plus souvent pleuré !
Car je croyais ouïr de ces bruits prophétiques
Qui précédaient la mort des paladins antiques.

O montagnes d'azur ! ô pays adoré !
Rocs de la Frazona, cirque du Marboré,
Cascades qui tombez des neiges entraînées,
Sources, gaves, ruisseaux, torrents des Pyrénées;

Monts gelés et fleuris, trône des deux saisons,
Dont le front est de glace et le pied de gazons !
C'est là qu'il faut s'asseoir, c'est là qu'il faut entendre
Les airs lointains d'un cor mélancolique et tendre.

Ames des chevaliers, revenez-vous encor ?
Est-ce vous qui parlez avec la voix du cor ?
Roncevaux ! Roncevaux ! dans la sombre vallée
L'ombre du grand Roland n'est donc pas consolée !

II

Tous les preux étaient morts, mais aucun n'avait fui.
Il reste seul debout, Olivier près de lui :
L'Afrique sur le mont l'entoure et tremble encore.
« Roland, tu vas mourir, rends-toi, criait le More ;

« Tous tes pairs sont couchés dans les eaux des torrents. »
Il rugit comme un tigre, et dit : « Si je me rends,
Africain, ce sera lorsque les Pyrénées
Sur l'onde avec leurs corps rouleront entraînées.

— Rends·toi donc, répond-il, ou meurs, car les voilà. »
Et du plus haut des monts un grand rocher roula.
Il bondit, il roula jusqu'au fond de l'abîme,
Et de ses pins, dans l'onde, il vint briser la cime.

« Merci, cria Roland ; tu m'as fait un chemin. »
Et, jusqu'au pied des monts le roulant d'une main,
Sur le roc affermi comme un géant s'élance,
Et, prête à fuir, l'armée à ce seul pas balance.

III

Tranquilles cependant, Charlemagne et ses preux
Descendaient la montagne et se parlaient entre eux.
A l'horizon déjà, par leurs eaux signalées,
De Luz et d'Argelès se montraient les vallées.

L'armée applaudissait. Le luth du troubadour
S'accordait pour chanter les saules de l'Adour ;
Le vin français coulait dans la coupe étrangère ;
Le soldat, en riant, parlait à la bergère.

Roland gardait les monts ; tous passaient sans effroi.
Assis nonchalamment sur un noir palefroi
Qui marchait revêtu de housses violettes,
Turpin disait, tenant les saintes amulettes :

« Sire, on voit dans le ciel des nuages de feu ;
Suspendez votre marche ; il ne faut tenter Dieu.
Par monsieur saint Denis, certes ce sont des âmes
Qui passent dans les airs sur ces vapeurs de flammes.

« Deux éclairs ont relui, puis deux autres encor. »
Ici l'on entendit le son lointain du cor.
L'empereur étonné, se jetant en arrière,
Suspend du destrier la marche aventurière

« Entendez-vous ? dit-il. — Oui, ce sont des pasteurs
Rappelant les troupeaux épars sur les hauteurs,
Repondit l'archevêque, ou la voix étouffée
Du nain vert Obéron, qui parle avec sa fée. »

Et l'empereur poursuit ; mais son front soucieux
Est plus sombre et plus noir que l'orage des cieux.
Il craint la trahison, et, tandis qu'il y songe,
Le cor éclate et meurt, renaît et se prolonge.

« Malheur ! c'est mon neveu ! malheur ! car, si Roland
Appelle à son secours, ce doit être en mourant.
Arrière, chevaliers, repassons la montagne !
Tremblé encor sous nos pieds, sol trompeur de l'Espagne ! »

ROLAND A RONCEVAUX.

IV

Sur le plus haut des monts s'arrêtent les chevaux ;
L'écume les blanchit ; sous leurs pieds, Roncevaux
Des feux mourants du jour à peine se colore.
A l'horizon lointain fuit l'étendard du More.

« Turpin, n'as-tu rien vu dans le fond du torrent?
— J'y vois deux chevaliers : l'un mort, l'autre expirant.
Tous deux sont écrasés sous une roche noire ;
Le plus fort, dans sa main, élève un cor d'ivoire,
Son âme en s'exhalant nous appela deux fois. »

Dieu! que le son du cor est triste au fond des bois!

(A. DE VIGNY.)

LES BOURGEOIS DE CALAIS

1347

ESSIRE Jean de Vienne dit aux seigneurs du roi d'Angleterre : « Chers seigneurs, vous êtes moult vaillants chevaliers et usés d'armes, et savez que le roi de France que nous tenons à seigneur, nous a céans envoyés, et commandé que nous gardissions cette ville et ce châtel, tellement que blâme n'en eussions, ni lui point de dommage : nous en avons fait notre pouvoir. Or, est notre secours failli, et vous nous avez si étreints, que nous n'avons de quoi vivre : si nous conviendra tous mourir, ou enrager par famine, si le gentil roi qui est votre sire n'a pitié de nous. Chers seigneurs, si lui veuillez prier en pitié qu'il veuille avoir merci de nous, et nous en veuille laisser aller tout ainsi que nous sommes, et veuille prendre la ville et le châtel et tout l'avoir qui est dedans; si en trouvera assez. »

Adonc répondit messire Gautier de Mauny, et dit : « Messire Jean, messire Jean, nous savons partie de l'intention du roi notre sire, car il la nous a dite : sachez que ce n'est mie son entente que vous en puissiez aller ainsi que vous avez ci dit; ains est son intention que vous vous mettiez tous en sa pure volonté, pour rançonner ceux qu'il lui plaira, ou pour faire mourir; car ceux de Calais lui ont tant fait de contraires et de dépits, le sien fait dépendre, et grand foison de ses gens fait mourir, dont si il lui en poise, ce n'est mie merveille. »

Adonc répondit messire Jean de Vienne, et dit : « Ce seroit trop dure chose pour nous si nous consentions ce que vous dites. Nous sommes céans un petit de chevaliers et d'écuyers qui loyalement à notre pouvoir avons servi notre seigneur le roi de France, si comme vous feriez le vôtre en semblable cas, et en avons enduré mainte peine et mainte mésaise; mais ainçois en souffrirons-nous telle mésaise que oncques gens n'endurèrent ni souffrirent la pareille, que nous consentissions que le plus petit garçon ou varlet de la ville eût autre mal bue le plus grand de nous. Mais nous vous prions que, par votre humilité, vous veuillez aller devers le roi d'Angleterre, et lui priiez qu'il ait pitié de nous. Si nous ferez courtoisie, car nous espérons en lui tant de gentillesse qu'il aura merci de nous. — Par ma foi, répondit messire Gautier de Mauny, je le ferai volontiers, messire Jean ; et voudrois, si Dieu me veuille aider, qu'il m'en voulut croire ; car vous en vaudriez tous mieux. »

Cependant le courage du roi d'Angleterre s'amollia. Donc dit le roi « Seigneurs, je ne vueil mie être tout seul contre vous tous. Gautier, vous en irez à ceux de Calais, et direz au capitaine que la plus grand grâce qu'ils pourront trouver ni avoir en moi, c'est que ils partent de la ville de Calais six des plus notables bourgeois, en purs leurs chefs (*têtes nues*) et tous déchaux (*déchaussés*), les hars (*cordes*) au col, les clefs de la ville et du châtel en leurs mains ; et de ceux je ferai ma volonté, et le demeurant je prendrai à merci. — Monseigneur, répondit messire Gautier, je le ferai volontiers. »

A ces paroles se partit du roi messire Gautier de Mauny, et retourna jusques à Calais, là où messire Jean de Vienne l'attendoit. Si lui recorda toutes les paroles devant dites, ainsi que vous les avez ouïes, et dit bien que c'étoit tout ce qu'il avait pu empétrer (*obtenir*).

Messire Jean dit : « Messire Gautier, je vous en crois bien ; or vous prié-je que vous veuillez ci tant demeurer que j'aie démontré à la communauté de la ville toute cette affaire ; car ils m'ont ci envoyé, et à eux tient d'en répondre, ce m'est avis. » Répondit le sire de Mauny : « Je le ferai volontiers. » Lors se partit des créneaux messire Jean de Vienne, et vint au marché, et fit sonner la cloche pour assembler toutes manières de gens en la halle. Au son de la cloche vinrent hommes et femmes, car moult désiroient à ouïr nouvelles, ainsi que gens si astreints de famine que plus n'en pouvoient porter. Quand ils furent tous venus et assemblés en la halle, hommes et femmes, Jean de Vienne leur démontra moult doucement les paroles toutes telles que ci-devant sont récitées, et leur dit bien que autrement ne pouvoit être, et eussent sur cet avis et brève réponse. Quand ils ouïrent ce rapport, ils commencèrent tous à crier et à pleurer tellement et si amèrement, qu'il n'est si dur cœur au monde, s'il les eût vus ou ouïs eux demener, qui n'en eût eu pitié. Et n'eurent pour l'heure pouvoir de répondre ni de parler ; et mêmement messire Jean de Vienne en avoit telle pitié, qu'il larmoyoit moult tendrement.

Un espace après se leva en pied le plus riche bourgeois de la ville, que on appeloit sire Eustache de Saint-Pierre, et dit devant tous ainsi : « Seigneur, grand pitié et grand meschef seroit de laisser mourir un tel peuple que ici a, par famine ou autrement, quand on n'y peut trouver aucun moyen ; et si seroit grand aumône et grand grâce envers Notre Seigneur, qui de tel meschef (*malheur*) le pourroit garder ; je, en droit moi, ai si grand espérance d'avoir grâce et pardon envers Notre Seigneur, si je meurs pour ce peuple sauver, que je veuil être le premier ; et me mettrai volontiers en pur ma chemise, à nud chef, et la hart au col, en la merci du roi d'Angleterre. » Quand sire Eustache de Saint-Pierre eut dit cette parole, chacun l'alla aouser (*adorer*) de pitié, et plusieurs hommes et femmes se jetoient à ses pieds pleurant tendrement ; et étoit grand pitié de là être, et eux ouïr écouter et regarder.

Secondement, un autre très honnête bourgeois et de grand affaire, et qui avoit deux belles damoiselles à filles, se leva, et dit tout ainsi qu'il feroit compagnie à son compère sire Eustache de Saint-Pierre ; et appeloit-on celui sire Jean d'Aire.

Après se leva le tiers, qui s'appeloit sire Jacques de Wissant, qui étoit riche homme de meubles et d'héritage; et dit qu'il feroit à ses deux cousins compagnie. Aussi fit sire Pierre

LES BOURGEOIS DE CALAIS.

de-Wissant son frère; et puis le cinquième; et puis le sixième. Et se dévêtirent là ces six bourgeois tout nus en leurs braies et leurs chemises, en la ville de Calais, et mirent hart en leur col, ainsi que l'ordonnance le portoit, et prirent les clefs de la ville et du châtel ; chacun en tenoit une poignée.

Quand ils furent ainsi appareillés, messire Jean de Vienne, monté sur une petite haquenée, car à grand malaise pouvoit-il aller à pied, se mit au devant, et prit le chemin de la porte. Qui lors vit hommes et femmes et les enfants d'iceux pleurer et tordre leurs mains et crier à haute voix très-amèrement, il n'est si dur cœur au monde qui n'en eût pitié. Ainsi vinrent eux jusques à la porte, envoyés en plaintes, en cris et en pleurs. Messire Jean de Vienne fit ouvrir la porte tout arrière, et se fit enclorre dehors avec les six bourgeois, entre la porte et les barrières ; et vint à messire Gautier qui l'attendoit là, et dit : « Messire Gautier, je vous délivre, comme capitaine de Calais, par le consentement du povre peuple de cette ville, ces six bourgeois ; et vous jure que ce sont et étoient aujourd'hui les plus honorables et notables de corps, de chevance (*richesse*) et d'ancesterie de la ville de Calais ; et portent avec eux toutes les clefs de la dite ville et du châtel. Si vous prie, gentil sire, que vous veuillez prier pour eux au roi d'Angleterre que ces bonnes gens ne soient mie morts. » — « Je ne sais, répondit le sire de Mauny, que messire le roi en voudra faire, mais je vous ai en convent (*convention*) que j'en ferai mon pouvoir. »

Adonc fut la barrière ouverte : si s'en allèrent les six bourgeois en cet état que je vous dis, avec messire Gautier de Mauny, qui les amena tout bellement (*doucement*) devers le palais du roi ; et messire Jean de Vienne rentra en la ville de Calais.

Le roi étoit à cette heure en sa chambre, à grand compagnie de comtes, de barons et de chevaliers. Si entendit que ceux de Calais venoient en l'arroi qu'il avoit devisé et ordonné ; et se mit hors, et s'en vint en la place devant son hôtel, et tous ces seigneurs après lui, et encore grand foison qui y survinrent pour voir ceux de Calais, ni comment ils fineroient ; et mêmement la roine d'Angleterre, qui moult était enceinte, suivit le roi son seigneur. Si vint messire Gautier de Mauny et les bourgeois de lès lui qui le suivoient, et descendit en la place, et puis s'envint devers le roi, et lui dit : « Sire, veey la représentation de la ville de Calais à votre ordonnance. » Le roi se tint tout coi, et les regarda moult fellement (*durement*), car moult héoit les habitants de Calais, pour les grands dommages et contraires que au temps passé, sur mer, lui avoient faits. Ces six bourgeois mirent tantôt à genoux pas devant le roi, et dirent ainsi, en joignant leurs mains : « Gentil sire et gentil roi, véez-nous ci six, qui avons été d'ancienneté bourgeois de Calais et grands marchands : si vous apportons les clefs de la ville et du châtel de Calais, et les vous rendons à votre plaisir, et nous mettons en tel point que vous nous véez, en votre pure volonté, pour sauver le demeurant du peuple de Calais, qui a souffert moult de grièvetés. Si veuillez avoir de nous pitié et merci par votre très-haute noblesse. » Certes il n'y eut adonc en la place seigneur, chevalier, ni vaillant homme, qui se pût abstenir de pleurer de droite pitié, ni qui pût de grand pièce (*de longtemps*) parler. Et vraiment ce n'étoit pas merveille ; car c'est grand pitié de voir hommes déchoir et être en tel état et danger. Le roi les regarda très-ireusement (*coléreusement*), car il avoit le cœur si dur et si épris de grand courroux, qu'il ne put parler. Et quand il parla, il commanda que on leur coupât tantôt les têtes. Tous les barons et les chevaliers qui là étoient, en pleurant prioient si acertes (*sérieusement*) que faire pouvoient, au roi qu'il en voulût avoir pitié et merci; mais il n'y vouloit entendre. Adonc parla messire Gautier de Mauny, et dit : « Ha ! gentil sire, veuillez refrener votre courage : vous avez le nom et la renommée de souveraine gentillesse et noblesse; or ne veuillez donc faire chose par quoi elle soit amenrie (*amoindrie*), ni que on puisse parler sur vous en nulle villenie. Si vous n'avez pitié de ces gens, toutes autres gens diront que ce sera grand cruauté, si vous êtes si dur que vous fassiez mourir ces honnêtes bourgeois, qui de leur propre volonté se sont mis en votre merci pour les autres sauver. » A ce point grigna (*grinça*) le roi les dents, et dit : « Messire Gautier, souffrez-vous (*taisez-vous*) : il n'en sera autrement, mais on fasse venir le coupe-tête. Ceux de Calais ont fait mourir tant de mes hommes, que il convient ceux-ci mourir aussi. »

Adonc fit la noble roine d'Angleterre grand humilité, qui étoit durement enceinte et pleuroit si tendrement de pitié, que elle ne se pouvoit soutenir. Si se jeta à genoux pardevant le roi son seigneur, et dit ainsi : « Ha ! gentil sire, depuis que je repassai la mer en grand péril, si comme vous savez, je ne vous ai rien requis ni demandé : or vous prié-je humblement et requiers en propre don que pour le fils sainte Marie, et pour l'amour de moi, vous veuillez avoir de ces six hommes merci. »

Le roi attendit un petit (*un peu*) à parler, et regarda la bonne dame sa femme, qui pleuroit à genoux moult tendrement; si lui amollia le cœur, car envis (*malgré lui*) l'eût courroucée au point où elle étoit; si dit: « Ha ! dame, j'aimasse trop mieux que vous fussiez autre part que ci. Vous me priez si acertes que je ne le vous ose escondire (*refuser*); et combien que je le fasse envis, tenez, je vous les donne; si en faites votre plaisir. » La bonne dame dit : « Monseigneur, très-grands mercis ! » Lors se leva la roine, et fit lever les six bourgeois et leur ôter les chevestres (*cordes*) d'entour leur cou, et les emmena avec elle en sa chambre et les fit revêtir et donner à dîner tout aise, et puis donna à chacun six nobles (*monnaie anglaise*), et les fit conduire hors de l'ost (*armée*) à sauveté (*en sûreté*) ; et s'en allèrent habiter et demeurer en plusieurs villes de Picardie.

(J. Froissart.)

LE GRAND FERRÉ

1359

près leur grande victoire sur les chevaliers français à Poitiers, les Anglais se crurent les maîtres de la France, car il n'y avait plus d'armée. En ce moment-là, un pauvre paysan leur montra ce que peut un homme quand il combat pour son champ et sa famille.

Dans le petit village de Longueil, près de Compiègne, il y a un lieu assez fort et facile à défendre. Les habitants, voyant qu'ils seraient en péril si les Anglais l'occupaient, s'y établirent avec la permission de leur seigneur, le fortifièrent solidement, et choisirent pour capitaine un brave et beau fermier, nommé Guillaume des Alouettes, à qui ils jurèrent de défendre le poste jusqu'à la mort. Guillaume avait à son service un autre paysan de haute taille et d'une force incroyable, mais d'une docilité et d'une modestie extrêmes. Le capitaine faisait de lui tout ce qu'il voulait, et le lançait ou le retenait à son gré, comme un cheval vigoureux qui obéit à la bride; on l'appelait le grand Ferré.

Ils étaient donc là deux cents, tous laboureurs et pauvres gens, de ceux qui gagnent leur vie du travail de leurs mains. Les Anglais de Creil, apprenant la chose, se dirent : « La position est bonne, il faut la prendre; allons chasser ces manants. » Ils arrivent sans être aperçus, et trouvant les portes ouvertes, — car les pauvres gens, peu habitués aux choses de la guerre, ne se gardaient pas, — ils entrent hardiment comme chez eux. Au bruit qu'ils font, des paysans se mettent aux fenêtres, et voyant de quoi il s'agit, descendent dans la rue; leur capitaine était avec eux et il se mit à frapper bravement sur les Anglais : mais il fut entouré et frappé à mort. Le grand Ferré et les autres descendent à leur tour et se disent : « Vendons chèrement notre vie, car il n'y a pas de merci à attendre. » Ils se rassemblent donc et tombent sur les Anglais, sur lesquels ils frappent comme s'ils battaient le blé dans l'aire. Les bras se levaient et s'abattaient et à chaque coup un ennemi tombait.

Cependant Ferré arrive près de son capitaine, et, le voyant blessé mortellement, il gémit profondément : puis il s'occupe de le venger. Il s'avance entre les Anglais et les siens, dominant les uns et les autres de toute la hauteur de la tête. Il maniait une hache de fer, si lourde qu'un homme ordinaire pouvait à peine à deux mains la soulever de terre; et lui, la faisait aller à droite et à gauche, et à chaque coup il fendait un casque ou abattait un bras, et il fit si bonne besogne que la place fut nette en un instant.

Les Anglais se sauvent, plusieurs sautent dans le fossé et se noient. Ferré tue l'homme qui porte la bannière anglaise et dit à un de ses camarades d'aller la jeter dans le fossé.

L'autre lui montrant qu'il y a encore trop d'ennemis entre lui et le fossé, Ferré lui dit : « Eh bien! suis-moi! » et il se mit à marcher devant lui, jouant de sa hache de droite et de gauche, et il se fit un chemin jusqu'au fossé, où l'autre jeta dans la boue la bannière enne-

mie. Ferré alors se reposa un instant, car il était bien fatigué de la besogne qu'il avait faite;
mais il retourna bientôt contre ce qui restait d'Anglais. Bien peu de ceux qui étaient venus
faire le coup purent s'échapper, grâce à Dieu et au grand Ferré, qui en tua, ce jour-là, plus
de quarante.

Les Anglais de Creil furent honteux et furieux de voir tant de leurs braves mis à mort
par des vilains. Ils revinrent le lendemain en plus grand nombre : mais on ne les craignait
plus à Longueil. Les gens de Longueil vinrent au-devant d'eux, le grand Ferré en tête avec
sa grande hache. Quand les Anglais le virent et sentirent la force de son bras et de sa hache,

LE GRAND FERRÉ.

ils auraient bien voulu n'être pas venus de ce côté-là. Mais ils ne purent s'en aller si vite
qu'ils ne laissassent bien des morts et des prisonniers.

Mais le grand Ferré s'était fort échauffé dans la bataille, parce que la besogne était rude :
il but de l'eau froide en rentrant, et aussitôt la fièvre le prit. Il retourna à son village,
rentra dans sa cabane pour se faire soigner par sa femme, et se mit au lit; mais il eut soin
de mettre près de lui sa bonne hache de fer, qui lui avait si bien servi.

Quand les Anglais apprirent que le grand Ferré était malade, ce sont eux qui furent
contents; ils se dirent : « Il ne faut pas qu'il ait le temps de guérir, » et ils dépêchèrent

douze hommes pour le tuer. Sa femme les vit venir de loin et lui cria : « Oh ! mon pauvre Ferré, voici les Anglais, que vas-tu faire ? » Lui, oublie son mal, se lève vite, et, prenant sa bonne hache, sort dans la cour. Quand les Anglais entrèrent, il leur cria : « Ah ! brigands, vous venez pour me prendre au lit : mais vous ne me tenez pas encore. » Il s'adossa au mur pour n'être pas entouré, et, jouant de la hache, il les mit à male mort. Sur douze il en tua cinq et le reste se sauva bien vite.

Alors Ferré se remit au lit, mais comme il s'était encore fort échauffé, il but encore de l'eau froide, la fièvre en redoubla et quelques jours après il mourut. Tous les gens du pays pleurèrent à sa mort plus que si c'était un duc ou un prince, et quand les ennemis venaient ravager la campagne, tuant, brûlant, pillant, les pauvres paysans disaient en soupirant : « Ah ! si le grand Ferré était encore ici ! »　　　　　　　　　　　(J.-D. Lefrançais.)

RINGOIS

1560

EN 1560, le roi Jean signait à Brétigny (Eure-et-Loir) un traité désastreux qui livrait aux Anglais une partie de la France. Parmi les villes qui furent bientôt occupées par les garnisons anglaises se trouvait Abbeville (Somme). La guerre de Cent Ans avait déjà excité en France un vif sentiment national ; les Abbevillois étaient en général de hardis marins qui avaient combattu avec succès contre l'Angleterre, et dernièrement encore ils avaient montré leur bravoure au siège de Calais : aussi protestèrent-ils contre le traité.

Une insurrection éclata qui fut bientôt réprimée, et un des principaux chefs, un bourgeois nommé Ringois qui s'était fort distingué par son courage, fut arrêté et conduit devant le commandant anglais. Celui-ci, dans l'espoir d'apaiser les révoltés, voulut se montrer clément et n'exigea de Ringois que le serment de fidélité au roi d'Angleterre Edouard III ; mais il ne reçut que cette noble réponse : « Je suis Français. »

Le commandant fit alors transporter Ringois à Douvres. L'exil, quand on adore la chère patrie absente, amène les âmes aux concessions. Ringois, devant cette mer qu'il voyait par la pensée battre les côtes françaises, devant la liberté offerte, resta indomptable : « Je suis Français ». Il fallait en finir. Le commandant anglais le fit monter au sommet d'une haute falaise à pic. « Regarde, dit-il, que ta volonté ou ta vie soit brisée. Choisis. » Ringois regarda : là-bas, au fond, il vit la mer furieuse, et les rochers aux pointes dures et tranchantes : « Je suis Français, s'écrie-t-il. » Aussitôt il disparaît dans le gouffre.

C'était la mort ; c'est la gloire.　　　　　　　　　　　(E. Maurice.)

BERTRAND DU GUESCLIN

1320-1380

D u Guesclin, né en 1320, à Dinan, en Bretagne, se distingua dans les guerres de la succession du duché, entre Charles de Blois et Jean de Montfort, puis passa au service de la France et battit l'armée du roi de Navarre à Cocherel (1364). Il vole ensuite au secours de Charles de Blois, mais il est battu à Auray et fait prisonnier par Chandos, chef de l'armée anglaise (1364). Rendu à la liberté contre rançon, il fut chargé par Charles V de délivrer le royaume des *grandes Compagnies*, ramas de soldats indisciplinés. Il les conduisit en Espagne au service de Henri de Transtamare en rivalité avec Pierre le Cruel pour le trône de Castille. Pierre le Cruel appela Chandos et le prince Noir à son secours. Du Guesclin fut battu et pris à Navarette (1367). Racheté de nouveau, il gagna la victoire de Montiel (1369), et remit Henri sur le trône. Devenu connétable en 1370, il chassa les Anglais de la Normandie, de la Guyenne, de la Saintonge et du Poitou. Victime momentanée d'une intrigue, Du Guesclin retourna dans le Midi combattre les Anglais et assiégea Châteauneuf de Randon, en Auvergne; la ville promit de se rendre, si elle n'était pas secourue dans quinze jours. Du Guesclin mourut dans l'intervalle (15 juillet 1380) et le gouverneur vint, à l'époque fixée, déposer les clefs du château sur son cercueil.

Du Guesclin est un des héros du moyen âge. Sa mort fut un deuil public et le roi voulut qu'il fût inhumé à Saint-Denis.

(Henri Martin.)

U n épisode de sa jeunesse montre son sang-froid autant que son courage. Le gouverneur de Fougeray était sorti de la ville pour faire une rapide expédition contre l'ennemi. La garnison était diminuée, un coup de main pouvait être tenté par une troupe qui profiterait de l'occasion. Du Guesclin le tenta avec deux hommes seulement. Déguisés tous les trois en bûcherons, ils se présentent à la porte du château qui s'ouvre sans méfiance. Le pont de bois avait été aussitôt abaissé. Calmes et lents, ils déposent leurs fagots, comme pour se reposer, mais de manière à ce que la herse fixée par le poids du bois ne pût manœuvrer et retomber. Aussitôt saisissant leurs armes dissimulées, ils assomment les soldats aussi surpris qu'épouvantés. Du Guesclin brandissant sa hache, abattait, terrible bûcheron, un homme à chaque coup.

Il courut alors chercher du renfort, attaqua le gouverneur, qui, au lieu de rentrer dans sa citadelle, dut s'en éloigner, vaincu et honteux. Du Guesclin était maître de la forteresse.

u trespassement de messire Bertrand fut levé grant cri en l'ost des François, dont les Anglois du chastel refusèrent le chastel rendre. Adoncques fit le mareschal Loys admener les ostaiges sur les fossés pour les testes leur faire trancher; mais ap-

LA POTERNE DE FOUGERAY.

pertement (*promptement*) abaissèrent leur pont. Et au mareschal vint le capitaine les clefs offrir, lequel les refusa et lui dist : « Amis, à (*avec*) messire Bertrand aviez vos convenances, et à lui les rendrez. — Dieu ! sire, dit le capitaine, bien savez que mort est messire Bertrand, qui tant valloit ; et comment seroit-ce que à luy ce chastel et nous rendissions. Certes, si mareschal, bien querez du tout nostre deshonneur, qui à un chevalier mort nous voulez faire rendre et nostre chasteau. — De ce n'estuet (*il ne convient pas*) parler, dit le mareschal Loys ; mais faictes le tost : car, si plus avant en tenez parolles, allez en vostre chastel faire le service de vos ostaiges : car bref (*bientôt*) finera leur vie. »

Comment le capitaine et les Anglois du Chastel-neuf de Randon sortirent tous du chastel et allèrent porter les clefs sur le cercueil de messire Bertrand.

Bien aperceurent Anglois que autrement ne povoit estre. Adoncques issirent tous du chastel, leur capitaine devant eulx ; et au mareschal Loys vindrent, qui en l'ostel où repairoit (*était placé*) le corps de messire Bertrand les mena, et les clefs leur fist rendre et mettre sur le cercueil de messire Bertrand, tout en plourant.

Et saichent tous que là n'y eut chevalier ni escuyer François ni Anglois qui grant dueil ne démenassent.

En ceste manière rendit l'âme messire Bertrand Du Guesclin, qui tant valut. Et dedans le Chastel-neuf de Randon mist le mareschal Loys garnison de gens d'armes et arbalestriers ; puis s'en partit à grand chevalerie ; et le corps de messire Bertrand fit embasmer et charger pour porter à Guingant en Bretagne enterrer.

Pour le corps conduire furent messire Olivier de Mauny, messire Alain de Beaumont et aultres chevaliers de nom, qui tant allèrent par plusieurs journées qu'ils arrivèrent au Mans. Et en passant par toutes les cités de France, issoient les bourgeois et gens d'église des cités à procession au devant du corps, grant dueil faisant ; et dedans les églises cathédrales faisoient le corps porter. Et en chascune cité eut son service fait. Puis le convoyoient à torches, au départir, plus d'une lieue. Mais quand du trespassement de messire Bertrand sceut le roy Charles nouvelles, ne demande nul le grand dueil que il en faisoit.

(Chronique du Temps.)

JULIENNE DU GUESCLIN

L sœur de Du Guesclin n'était pas indigne de la juste renommée de son frère. Elle était religieuse à Pontorson (Manche) quand Felton, chef des Anglais, essaya de s'emparer, par surprise et la nuit, de cette place forte. Déjà les échelles étaient dressées contre les murailles, déjà les ennemis montaient à l'assaut; c'en était fait de la ville surprise dans la tranquillité du sommeil. Tout à coup Julienne se réveille; elle écoute; elle devine; elle appelle Tiphaine, la femme de son héroïque frère, court à la fenêtre, pousse un cri d'alarme et voyant trois Anglais qui, sûrs de pénétrer dans le couvent grimpaient à une échelle, saisit cette échelle, la renverse; puis, revêtant à la hâte une cotte de maille, avec la garnison prévenue et désireuse de venger cette surprise, fait reculer l'ennemi qu'elle poursuit, victorieuse, à travers la campagne. Or son frère revenait à Pontorson; l'Anglais a devant lui Bertrand, et derrière Julienne; aussi Felton fait prisonnier est-il ramené, tête basse, dans la ville, où la religieuse guerrière se mit à rire en lui disant : « Comment, vaillant soldat, vous voilà vaincu en une journée par le frère et la sœur ! »

ROUEN & ALAIN BLANCHARD

1419

R OUEN était réduit aux abois par l'invasion étrangère; dans la seconde quinzaine de juillet, Henri V, roi d'Angleterre, avait mis le siège devant le chef-lieu de la Normandie.

Les Rouennais s'étaient mis en défense et avaient renvoyé tout ce qui n'était pas capable de porter les armes. Quinze mille hommes de milice bourgeoise, plus quatre mille soldats envoyés par les Parisiens, composaient la garnison.

Désespérant d'en venir à bout par la force, Henri V résolut de prendre la ville par la faim.

Rouen souffrit de la disette dès le commencement de l'automne et envoya des députés vers le roi de France.

On lui promit secours pour le quatrième jour après Noël. On était au 15 décembre. Le jour fixé au lieu de l'armée française, Rouen ne vit venir qu'un messager, qui invitait les Rouennais à *traiter du mieux qu'ils pourraient* avec le roi d'Angleterre.

Les Rouennais, la mort dans l'âme, députèrent vers le roi anglais qui exigea que tous les hommes s'en remissent à sa volonté. Plutôt que d'y consentir, les Rouennais décidèrent de mettre le feu à la ville et de s'en aller tout droit devant eux et où Dieu voudrait les conduire.

Henri V, averti, eut peur de leur désespoir. Il fit rappeler leurs députés, accorda à la ville la conservation de ses anciennes libertés et franchises, et aux habitants qui lui prêteraient serment la conservation de leurs biens. Sept personnes seulement étaient exceptées de l'amnistie, dont six se rachetèrent à force d'argent. Le septième, nommé Alain Blanchard, capitaine des arbalétriers de la ville, était celui de tous que l'Anglais haïssait le plus.

Il avait été l'inspirateur de *toutes les fortes résolutions*; il était pauvre et ne pouvait racheter sa vie ; on voulait lui payer sa rançon ; il refusa ; les Anglais attendaient, dans l'espoir de lui faire subir un refus, qu'il demandât la vie ; il ne demanda aucune grâce ; et calme, tranquille, avec autant de courage simple et froid, qu'il était ardent et impétueux dans la bataille, il monta sur l'échafaud, bras croisés, tête nue, le regard fier, la démarche ferme, comme un de ces héros qui en marchant à la mort savent qu'ils vont à l'immortalité.

JEANNE D'ARC

1412-1451

E fut entre la Lorraine des Vosges et celle des plaines que naquit à Domremy la belle et brave fille qui devait porter si bien l'épée de la France.

Née sous les murs mêmes de l'église, bercée du son des cloches et nourrie de légendes, Jeanne fut une légende elle-même, rapide et pure, de la naissance à la mort....

Son village était à deux pas des grandes forêts des Vosges. De la porte de la maison de son père, elle voyait le vieux bois des Chênes. Les fées hantaient ce bois ; elles aimaient surtout une certaine fontaine près d'un hêtre qu'on nommait l'arbre des Dames. Les petits enfants y suspendaient des couronnes, y chantaient. Ces anciennes dames et maîtresses des forêts ne pouvaient plus, disait-on, se rassembler à la fontaine ; elles en avaient été exclues pour leurs péchés....

Jeanne naquit dans ces rêveries populaires. Mais le pays offrait à côté une tout autre poésie ; celle-ci sauvage, atroce, trop réelle, hélas ! la poésie de la guerre.... Ce n'était pas tous les jours sans doute l'assaut et le pillage, mais bien plutôt l'attente, le tocsin, le réveil en sursaut et, dans la plaine au loin, le rouge sombre de l'incendie.

(J. Michelet.)

Lettre d'Alain Chartier à un prince étranger.

Fin juillet 1429 (traduite du latin).

Très illustre prince, votre courrier Corard m'a rencontré à Bourges hier ; il se dit envoyé par vous en France auprès de l'abbé de Saint-Antoine ou de l'archevêque de Vienne, afin d'en obtenir une lettre relative à ce qui se dit sur la Pucelle ; mais n'ayant rencontré ni l'un ni l'autre, il m'a prié instamment, si je voulais vous faire chose agréable, de rédiger cette lettre concernant la Pucelle. Et moi, que la splendeur et la grandeur de votre nom touche profondément, je me suis volontiers mis à l'œuvre, afin que votre courrier ne revînt pas sans nouvelles des grandes et illustres choses qui se passent et que vous désirez si vivement connaître.

D'abord, je pense que vous voulez savoir ce qu'est la Pucelle. Si vous cherchez quelle est sa nation, elle est du royaume ; sa patrie est Vaucouleurs, qui est un bourg près de la Meuse ; elle est née de parents qui cultivent la terre et élèvent des troupeaux. Dès son enfance, elle fut employée à la garde de ces troupeaux ; mais dès qu'elle eut atteint l'âge de douze ans, une voix sortie d'une nuée l'avertit souvent d'avoir à aller trouver le roi et de porter secours au royaume menacé de ruine. Et quand les Anglais, avec une forte armée, assiégeaient Orléans entouré de leurs forteresses, elle ne fut pas seulement avertie par l'oracle d'en haut, mais elle fut aussi menacée des plus graves peines, si elle ne se rendait immédiatement auprès du roi. Ayant demandé comment elle devait partir, et ce qu'elle avait à faire après son départ, il lui fut répondu : « Quitte le vêtement de femme, prends l'habit d'homme et des gens qui t'accompagnent au sortir de la maison du capitaine de Vaucouleurs jusque chez le roi. Dès que tu seras partie et que tu auras parlé au roi, fais que tu délivres Orléans du siège ; de là conduis le roi à Reims pour le faire sacrer, et, après le sacre, ramène le roi à Paris et rétablis-le dans son royaume. »

Sans retard, la Pucelle alla trouver le capitaine, prit des compagnons, revêtit un habit d'homme et montant à cheval, ce qu'elle n'avait jamais fait, elle se mit en route ; et à travers les champs et les camps, à travers les villes ennemies et les flèches de l'ennemi, saine et sauve, sans perdre aucun de ses compagnons, elle arriva enfin où était le roi.

Le roi apprenant l'arrivée de la Pucelle, et sachant pourquoi elle venait et ce qu'elle prétendait faire, agit en roi très sage ; il décida de ne pas la mépriser, et cependant de ne pas la recevoir avant de connaître à bon indice ce qui en elle était bon ou mauvais, faux ou vrai, sensé ou déraisonnable. La Pucelle donc amenée à l'examen, et comme sur un champ de bataille, devant les hommes les plus doctes, fut interrogée à plusieurs reprises sur diverses matières, humaines et divines, les plus difficiles. Elle ne répondit rien que d'excellent et de digne de louange ; et il sembla qu'elle n'avait pas fait paître les troupeaux dans les champs, mais qu'elle avait appris les lettres dans les écoles. C'était un merveilleux spectacle de voir une femme disputant avec les hommes, une ignorante avec les savants, une personne seule avec un si grand nombre d'autres, une personne de la plus basse condition disputant sur les choses les plus élevées.

Le roi ayant connaissance de ses paroles et de son assurance, la fit venir devant lui et l'écouta avec la plus grande attention. Que lui dit-elle ? personne ne le sait, et il est certain cependant que le roi, frappé comme d'une illumination, fut rempli de la plus grande joie. Après cela, la Pucelle désirant ardemment accomplir l'ordre divin, demanda sur-le-champ qu'on lui donnât une armée pour secourir Orléans qui était en grand péril. On la lui refusa d'abord, pour ne rien faire avec témérité ; enfin on la lui accorda. Ayant cette armée et une grande quantité de vivres, elle prit le chemin d'Orléans. Passant en face du camp anglais, cette armée ne fut nullement attaquée ; les ennemis semblent des amis, ces hommes sont comme des femmes ; on dirait que leurs mains sont liées ; ils laissent sans opposition les vivres entrer dans Orléans. La ville étant ravitaillée, la Pucelle attaque les bastilles des Anglais et s'en empare d'une manière et avec une rapidité miraculeuses, d'autant qu'une de ces bastilles établie au milieu du pont était si forte et tellement couverte de moyens de défense, qu'on ne pouvait croire que des peuples, des nations même l'attaquant, pussent jamais sans emparer. Elle attaque une bastille, une seconde, une troisième, qui étant environnées d'eau, pleines de gens armés et de moyens de défense, semblaient absolument inexpugnables. Ces bastilles prises, la guerrière les détruit comme aurait fait la tempête ; et ensuite, apprenant que les Anglais approchent avec une armée, elle conduit la sienne contre eux, et les attaque avec un grand courage. Peu lui importe qu'ils soient bien plus nombreux que les siens. Les Anglais ne purent soutenir le choc de la Pucelle, et furent si bien vaincus qu'ils furent massacrés comme des troupeaux, jusqu'au dernier.

La Pucelle déclare alors qu'on ne doit pas ignorer que le temps est venu où le roi doit prendre la couronne. Il faut donc aller à Reims ; ce qui semble non seulement difficile, mais impossible à tout le monde, parce qu'il fallait passer à travers des villes et des pays occupés par l'ennemi. Mais les villes se donnèrent spontanément au roi. On arriva donc à Reims, et le roi, conduit par la Pucelle, fut sacré.

Finissons ici ce récit, et, nous résumant en quelques mots, disons : personne, en songeant à la Pucelle, ne pourra s'empêcher de l'admirer et d'être stupéfait de ses paroles et de ses faits et gestes, qu'elle a accomplis si nombreux et si merveilleux en si peu de temps.

Quoi d'extraordinaire, en effet, et quelles qualités demande-t-on à un capitaine, que n'ait pas la Pucelle ? La prudence militaire ? elle l'a à un degré admirable. La force d'âme ? elle a le cœur plus élevé que personne. La rapidité ? elle l'emporte sur les anges mêmes. La justice, le courage, le succès ? personne n'en est doué comme elle. S'il faut venir aux prises avec l'ennemi, elle-même est à la tête de l'armée ; elle-même établit les camps, organise la bataille, dispose l'attaque, et, faisant avec le plus grand courage la besogne d'un soldat, elle fait l'instant d'après l'œuvre d'un capitaine. Le signal donné, elle prend sa lame, l'agite, la fait vibrer contre l'ennemi, et, piquant de l'éperon son cheval, elle fond avec impétuosité sur les bataillons ennemis. Voilà cette femme qui n'est pas venue de cette terre, mais qui paraît descendre du ciel pour soutenir sur son dos et ses épaules la France abattue. Le roi était dans un vaste abîme, livré aux tourmentes et aux tempêtes ; elle l'a conduit au port et au rivage ; elle a relevé son courage et lui a rendu l'espérance. Elle a dompté la férocité anglaise, excité l'audace des Français, arrêté leur chute et mis fin à l'incendie de la France. O vierge unique! digne de toute gloire, digne de toute louange, digne des honneurs divins, tu es l'honneur de la France, tu es l'éclat des lys, tu es la lumière et la gloire non seulement de la France, mais de tous les chrétiens. Que Troie ne rappelle pas en triomphant son Hector, que la Grèce ne fasse pas valoir son Alexandre, l'Afrique son Hannibal; que l'Italie ne s'enorgueillisse pas de César et de tous ses capitaines romains; la France, qui compte déjà beaucoup de héros, pourrait se contenter de cette seule Pucelle, se glorifier, se comparer pour la gloire militaire à toutes les autres nations, et même au besoin se mettre au-dessus d'elles.

Voilà ce que j'ai à dire présentement sur la Pucelle. Si je l'ai fait plus brièvement que vous n'eussiez voulu, croyez qu'il en a été ainsi parce que, si j'eusse parlé d'elle avec abondance, ce n'est pas une lettre que j'aurais faite, mais un livre. Adieu.

Lettre de Jeanne d'Arc au roi d'Angleterre et au duc de Bedford.

22 mars 1429.

Roi d'Angleterre, et vous duc de Bedford qui vous dites régent le royaume de France, Guillaume Lapoule, comte de Suffort, Jehan, sire de Thalebot, et vous Thomas, sire d'Escales, qui vous dites lieutenants dudit de Bedford, faites raison au roy du ciel de son sang royal; rendez à la Pucelle ci envoyée de par Dieu, le roi du ciel, les clefs de toutes les bonnes villes que vous avez prises et violées en France. Elle est venue de par Dieu, le roy du ciel, pour réclamer le sang royal; elle est toute prête de faire paix, si vous lui voulez faire raison, par ainsi que France vous mettez sur et paiez de ce que l'avez tenue. Entre vous, archers, compagnons de guerre gentils, et autres qui êtes devant la bonne ville d'Orléans, allez-vous-en, de par Dieu, en vos pays; et si ainsi ne le faites, attendez les nouvelles de la Pucelle qui vous ira voir brièvement à votre bien grand dommage. Roi d'Angleterre, si ainsi ne le faites, je suis chef de guerre, et en quelque lieu que j'atteindrai vos gens en France, je les en ferai aller, veuillent ou non veuillent; et s'ils ne veulent obéir, je les ferai tous mourir, et s'il veulent obéir je les prendrai à merci. Je suis ci venue de par Dieu, le roy du ciel, corps pour corps, pour vous bouter hors de toute France, encontre tous ceux qui voudroient porter trahison, malengin ni dommage au royaume de France. Et n'ayez point en votre opinion, que vous ne tiendrez mie le royaume de France de Dieu, le roy du ciel, fils de sainte Marie, ains le tiendra le roy Charles, vrai héritier; car Dieu, le roy du ciel, le veut ainsi, et lui est révélé par la Pucelle : lequel entrera à Paris en bonne compagnie. Si vous ne voulez croire les nouvelles de par Dieu de la Pucelle, en quelque lieu que nous vous trouverons, nous ferrons dedans à horions, et si ferons un si gros hahaye, que encore a mille années que en France ne fut fait si grand, si vous ne faites raison. Et croyez fermement que le roy du ciel enverra plus de force à la Pucelle que vous ne lui sauriez mener de tous assauts, à elle et à ses bonnes gens d'armes; et a donc verrons lesquels auront meilleur droit, de Dieu du ciel ou de vous. Duc de Bedford, la Pucelle vous prie et vous requiert que vous ne vous faites pas détruire. Si vous faites raison, encore pourrez venir en sa compagnie l'où que les

François feront le plus beau fait qui oncques fut fait pour la chrétienté. Et faites réponse en la cité d'Orléans, si vous voulez faire paix; et si ainsi ne le faites, de vos bien grands dommages vous souvienne brièvement.

Écrit le mardi de la semaine sainte.

Au duc de Bedford, soi-disant régent le royaume de France ou à ses lieutenants étant devant la ville d'Orléans.

MORT DE JEANNE D'ARC

31 mai 1431

qui réserve-t-on ces apprêts meurtriers?
Pour qui ces torches qu'on excite?
L'airain sacré tremble et s'agite....
D'où vient ce bruit lugubre? Où courent ces guerriers,
Dont la foule à longs flots roule et se précipite?
La joie éclate sur leurs traits.
Sans doute l'honneur les enflamme;
Ils vont pour un assaut former leurs rangs épais?
Non, ces guerriers sont des Anglais
Qui vont voir mourir une femme!
Qu'ils sont nobles dans leur courroux!
Qu'il est beau d'insulter au bras chargé d'entraves!
La voyant sans défense, ils s'écriaient, ces braves :
« Qu'elle meure! elle a contre nous
Des esprits infernaux suscité la magie... »
Lâches, que lui reprochez-vous?

D'un courage inspiré la brûlante énergie,
L'amour du nom français, le mépris du danger :
Voilà sa magie et ses charmes;
En faut-il d'autres que des armes,
Pour combattre, pour vaincre, et punir l'étranger?....
Du Christ avec ardeur Jeanne baisait l'image;
Ses longs cheveux épars flottaient au gré des vents :
Au pied de l'échafaud, sans changer de visage,
Elle s'avançait à pas lents.
Tranquille, elle y monta; quand, debout sur le faîte,

JEHANNE

Elle vit ce bûcher qui l'allait dévorer,
Les bourreaux en suspens, la flamme déjà prête :
Sentant son cœur faillir, elle baissa la tête,
    Et se prit à pleurer.
    Ah! pleure, fille infortunée!
    Ta jeunesse va se flétrir,
    Dans sa fleur trop tôt moissonnée :
    Adieu, beau ciel, il faut mourir!
Tu ne reverras plus tes riantes montagnes,
Le temple, le hameau, les champs de Vaucouleurs,
    Et ta chaumière, et tes compagnes,
Et ton père expirant sous le poids des douleurs.
Après quelques instants d'un horrible silence,
Tout à coup le feu brille, il s'irrite, il s'élance....
Le cœur de la guerrière alors s'est ranimé :
A travers les vapeurs d'une fumée ardente,
    Jeanne, encor menaçante,
Montre aux Anglais son bras à demi consumé.
    Pourquoi reculer d'épouvante,
    Anglais? son bras est désarmé.
La flamme l'environne, et sa voix expirante
Murmure encore : « O France! ô mon roi bien-aimé! »
Qu'un monument s'élève aux lieux de ta naissance,
O toi, qui des vainqueurs renversas les projets!
La France y portera son deuil et ses regrets,
    Sa tardive reconnaissance.
Qu'un jour le voyageur, en parcourant ces bois,
Cueille un rameau sacré, l'y dépose, et s'écrie :
« A celle qui sauva le trône et la patrie,
Et n'obtint qu'un tombeau pour prix de ses exploits! »

(Casimir Delavigne.)

GÉRARDIN

Domremy, près de Vaucouleurs, s'élève une maison de modeste apparence, qui ne se distingue des habitations voisines que par la couleur plus sombre qu'elle doit à son ancienneté. Cependant tous les voyageurs s'inclinent avec respect en passant devant cet humble toit : c'est la maison de Jeanne d'Arc. Elle appartenait, il y a quelques années à un bon paysan, nommé Gérardin, qui la regardait avec raison comme son plus précieux héritage.

Un Anglais fort riche, voyageant en France, se détourna de plusieurs lieues pour visiter cette maison. Gérardin, qui était toujours prêt à en faire les honneurs aux étrangers, se fit un plaisir de la lui montrer dans le plus grand détail : « Voilà, disait-il, d'après des traditions certaines, voilà la chambre où couchait Jeanne d'Arc; voici celle de son père, celle de ses sœurs, C'est par cette porte qu'elle passait avec son troupeau. » Puis, faisant quelques pas dans la cour : « Voyez-vous, disait-il, là-bas, cette colline? C'est là qu'un ange lui apparut et lui révéla sa destinée. »

L'Anglais, après avoir tout vu, conçut le désir de posséder ce petit domaine, non pour l'habiter ou pour y rendre une sorte de culte à l'héroïne française, mais afin de pouvoir dire à ses amis en Angleterre : « Je suis propriétaire de la maison de Jeanne d'Arc. » Il ne doutait pas que le paysan ne saisît avec plaisir l'occasion de la vendre un bon prix, et, plein de cette confiance, il lui proposa sans préambule de la lui acheter.

Gérardin crut d'abord avoir mal entendu ; mais l'Anglais ayant répété sa phrase dans les mêmes termes, il lui répondit qu'il n'avait point intention de la vendre. « Pourquoi donc? dit l'Anglais. — Pourquoi?... Croyez-vous donc que, pour être un pauvre paysan, on ait moins d'honneur et de patriotisme qu'un autre? Tout ignorant que je suis, je sais ce que valait Jeanne d'Arc, ce qu'elle a fait pour son pays ; et, dans ce village où nous l'aimons tous comme si nous l'avions connue, où les enfants savent son histoire avant d'apprendre à lire, je passerais pour un lâche et un traître, si je vendais à un étranger la maison d'où elle est partie pour sauver la France. »

Malgré la chaleur avec laquelle Gérardin prononça ces dernières paroles, l'Anglais crut que ce zèle ardent pour Jeanne d'Arc et pour la France n'était qu'une ruse adroite, destinée à faire payer la propriété un peu plus cher : il ne pouvait croire qu'un villageois, qui avait à peine de quoi vivre, préférât des souvenirs historiques à une forte somme d'argent comptant. « Mais, reprit-il, si je vous en offrais 300 guinées? — D'abord, je ne comprends rien à vos guinées. — Cela ferait 7500 francs. — Eh bien! je vous dirais : Gardez vos 7500 francs, et laissez-moi ma maison. — 10 000 francs? — Non. — 15 000 francs? » dit l'Anglais, en enchérissant à chaque instant avec cette obstination particulière à ses compatriotes, qui sacrifient une partie de leur fortune à une bizarre fantaisie, « 20 000 francs? 25 000 francs?...

— Non, mille fois non. Je ne la vendrais pas à un Français, à un intime ami ; ce n'est pas pour la donner à un étranger, surtout à un Anglais. »

Quelque temps après cette conversation, Gérardin était un soir assis sur un banc devant sa maison, et, en causant avec quelques vieux amis, il goûtait les charmes d'une belle soirée d'été. Le silence commençait à régner avec la nuit, lorsque l'attention du vieillard fut attirée par le bruit d'un cheval qui s'avançait au galop.

Bientôt un cavalier se présente : « Au nom du roi, dit-il, je voudrais parler au sieur Gérardin. » Aussitôt un grand nombre de paysans, autant par curiosité que par politesse, conduisent l'étranger vers le respectable vieillard.

« Gérardin, dit le cavalier, après avoir mis pied à terre, le roi a su que vous aviez refusé de vendre votre maison à un Anglais. Il a voulu vous récompenser ; mais ce n'est point de l'argent qu'il vous envoie ; il sait que vous ne tenez pas plus à celui de France qu'à celui d'Angleterre. Il m'a chargé de vous apporter la croix d'honneur. Recevez-la, Gérardin ; qu'elle brille à la boutonnière du vieillard de Domrémy ! Les guerriers qui l'ont gagnée sur les champs de bataille ne l'ont pas mieux méritée ; car il faut autant de courage pour mépriser la fortune que pour braver la mort. »

JEANNE HACHETTE

1472

EANNE Hachette était, dit-on, la fille d'un officier français qui avait été tué à la bataille de Montlhéry. Son père l'avait laissée entre les mains d'une dame Laisné, dont quelques historiens lui ont donné le nom. Il est probable qu'elle a été appelée Jeanne Hachette en souvenir de la petite hache d'armes dont elle s'était servie pendant le siège.

Elle habitait Beauvais en 1472, au moment où Charles le Téméraire recommençait la guerre contre Louis XI. Les habitants de Beauvais résolurent de se défendre vaillamment, malgré leur petit nombre. Les bourgeois s'armèrent et se montrèrent aux remparts, et les femmes travaillèrent aux fortifications.

Parmi les femmes, les unes, les plus faibles
ou les moins décidées, portaient les munitions
aux assiégés, travaillaient dans la ville, préparaient, en quelque sorte, l'ouvrage des combattants. D'autres, plus courageuses, jetaient
sur les Bourguignons de l'huile et de l'eau
bouillantes et les assommaient à coups de
pierres. C'était ainsi que les femmes des Cim-
bres avaient reçu les soldats de Marius vainqueur. On comprend sans peine qu'il y eut
là plus d'un dévouement obscur, plus d'une
héroïne qui périt et dont on ne saura jamais
le nom.

Jeanne Hachette se distingua par sa valeur,
et son exemple donna du courage à tous. Sans
cesse sur les remparts, elle rejetait dans le
fossé les Bourguignons qui montaient à l'assaut, et arracha même un étendard déjà planté
sur les créneaux.

Cependant les soldats de Charles parviennent
à ouvrir une brèche. Jeanne y court. On ne
pouvait pas songer à lutter corps à corps, à repousser par la force des armes des assaillants

trop nombreux, mais Jeanne donne l'idée d'allumer un grand feu qui fut alimenté toute la journée. Comme le vent poussait la flamme du côté des assaillants, on réussit à tenir les ennemis à distance par ce procédé tout simple employé d'ordinaire par les forestiers égarés pour repousser les fauves. Le lendemain, dès le matin, douze cents cavaliers des compagnies d'ordonnance de Noyon entrèrent dans la ville.

Les secours vinrent d'Amiens, de Senlis, de Paris, plus tard même d'Orléans et de Rouen. Charles le Téméraire, furieux de la résistance opposée par une petite ville à une armée qui voulait soumettre une nation, battit la cité en brèche pendant dix jours ; néanmoins personne ne parla de se rendre, et les bourgeois regardèrent stoïquement brûler leurs maisons.

Bientôt les choses se passèrent comme jadis elles s'étaient passées à Orléans. Les bourgeois de Beauvais et Jeanne Hachette se conduisirent comme les bourgeois d'Orléans et Jeanne d'Arc. Non seulement ils repoussèrent les attaques des ennemis, mais ils allèrent les chercher dans leurs retranchements où ils enlevèrent plusieurs pièces d'artillerie qu'ils ramenèrent en triomphe dans leurs remparts.

Un assaut général fut ordonné. Jeanne Hachette resta encore à son poste. La lutte dura quatre heures, et les Bourguignons défaits furent obligés de fuir. Le 22 juillet, après vingt-cinq jours d'efforts inutiles, Charles levait le siège honteusement et la ville était délivrée.

Pour la récompenser, Louis XI l'exempta d'impôts et lui donna le privilège de nommer son maire et ses échevins. La ville de Beauvais conserve à l'hôtel de ville l'étendard pris sur les Bourguignons, et des statues à Beauvais et à Paris immortalisent le nom de Jeanne Hachette.

(D'après Jules Guy.)

BAYARD

1473-1524

ierre du Terrail, seigneur de Bayard, le Chevalier sans peur et sans reproche, naquit en 1473, près de Grenoble, d'une famille où le patriotisme et le courage étaient héréditaires : Philippe du Terrail avait reçu la mort à la bataille de Poitiers, en défendant le roi Jean ; Pierre et Jean du Terrail, ses fils, s'étaient fait tuer, l'un à Crécy, l'autre à Verneuil ; un autre Pierre du Terrail, la terreur des Anglais, qui l'appelaient l'Épée-Terraille, avait pris part à toutes les guerres de Charles VII, et avait reçu la mort à Montlhéry, sous les yeux de Louis XI. Prouesse du Terrail, disait-on proverbialement en Dauphiné, et le père du Chevalier sans peur n'aurait eu garde de faire mentir l'adage ; mais, mutilé d'un bras à la première journée de Guinegate, il avait été forcé de se retirer au château de Bayard, où il épousa la sœur de Laurent des Alleman, évêque de Grenoble.

Pierre du Terrail, notre héros, fit son éducation à Grenoble, sous les yeux de son oncle, l'évêque ; elle était complète à l'âge de douze ans, c'est-à-dire que l'enfant savait lire et signer son nom, science suffisante pour un gentilhomme de son temps. Présenté à treize ans au duc Charles de Savoie, il séduisit ce jeune prince par sa bonne mine et son adresse à manier un cheval, prit rang parmi ses pages, et, lorsque le duc de Savoie se rencontra à Lyon avec Charles VIII, il sut se faire remarquer du roi. Charles VIII, grand connaisseur en tournois et faits d'armes, fut émerveillé du sang-froid et de la grâce du jeune cavalier, le demanda au duc de Savoie, qui s'empressa de le lui céder ; Bayard, alors âgé de seize ans, brûlait de faire ses premières armes. Il cavalcada si bien que le roi s'écriait en le voyant ; « Piquez, piquez toujours, mon beau page ; » d'où le nom de Piquet qui lui fut donné. Or, une des meilleures lances de l'époque, le sire de Vaudrey, donna un tournoi en l'honneur du roi. Bayard le vainquit.

En 1493, lorsque Charles VIII descendit en Italie, grande fut la joie de Bayard. A Fornoue (1495) Bayard eut deux chevaux tués sous lui et conquit un étendard, qu'il offrit au roi.

Sous Louis XII, il fut fait prisonnier à Milan (1499), et répondit au duc, qui lui demandait en riant s'il espérait prendre la ville à lui tout seul : « *Je me croyais suivi d'une cinquantaine de compagnons.* » Le duc lui rendit la liberté.

Pendant la conquête du royaume de Naples, il sauva la vie à son ami Louis d'Ars et tous deux forcèrent Gonzalve de Cordoue et les Espagnols à l'admiration (1502). Il est vrai qu'ils eurent occasion de les admirer et de les craindre même plus d'une fois encore dans la suite. L'Espagnol Soto-Mayor, ayant indignement abusé de la générosité qu'il avait reçue de Bayard, quand il était son prisonnier, Bayard le défia en combat singulier et le tua.

Les traits de générosité de ce vaillant Français forment une grande partie de l'histoire de sa vie.

Un jour, il enleva un convoi qui portait 15 000 ducats aux ennemis. Un officier gascon qui avait contribué à la prise en réclama la moitié ; mais le conseil de guerre se prononça pour Bayard. Son adversaire en conçut un vif dépit. « *Ne faut-il que cela pour vous rendre vertu, honnêteté ? lui dit gaiement Bayard. Voilà de belles dragées ; je vois qu'elles vous tentent : puisqu'il vous plaît si fort d'en manger, recevez-en la moitié des mains de votre ami.* » Et il lui compta la moitié de la somme, dont il distribua le reste aux soldats.

Cependant, nous n'étions pas heureux en Italie : la bataille du Garigliano était perdue, il fallut battre en retraite. Bayard se couvrit de gloire au pont de Garigliano, qu'il défendit seul. Les ennemis ne croyaient plus que c'était un homme, mais un diable. Ce trait de bravoure lui permit de mettre dans son écusson un porc-épic avec une devise latine qu'on peut traduire ainsi : « *un contre cent.* »

Désespérant de vaincre Bayard, le pape Jules II lui offrit la charge de généralissime. « *Je n'aurai oncques que deux maîtres, lui répondit-il, Dieu dans le ciel et le roi de France sur la terre, jamais autre ne servirai.* »

En 1509, Bayard, combattant sous le brave la Palisse, décida le succès d'Agnadel par une charge vigoureuse.

Après avoir, de l'aveu même de Trivulce, décidé aussi la prise de Bologne, il fut blessé

d'un coup de pique à Brescia en franchissant le rempart. Pendant que la ville était livrée
au pillage par ses soldats vainqueurs, il se fit transporter dans la maison d'un gentilhomme

DÉFENSE DU PONT DE GARIGLIANO.

qui s'était enfui abandonnant sa femme et ses filles aux violences des vainqueurs. Il rassura
son hôtesse et fit placer à la porte de la maison deux archers auxquels il donna cinq cents écus
pour les dédommager du sacrifice qu'ils faisaient en ne pillant point.

Appelé dans le Nord contre Henri VIII, il lui prit un de ces douze canons de bronze que le roi d'Angleterre appelait ses douze apôtres. Mais, à la panique de Guinegate, il fut cerné et pris pour n'avoir pas joué des éperons; néanmoins le roi d'Angleterre et l'empereur Maximilien le traitèrent avec les plus grands égards et lui rendirent la liberté, à la condition qu'il ne reprendrait pas les armes avant six mois.

Marignan mit le comble à la gloire de Bayard, qui arma chevalier son vaillant roi sur le champ de bataille. Sa seule conduite dans cette journée, sinon sa vie passée, lui eût mérité cet honneur. Il y fit des merveilles : son cheval fut tué sous lui, il en prit un autre dont les rênes furent bientôt coupées et qui emporta son cavalier au milieu des bataillons suisses; tout autre que lui eût été tué cent fois, mais lui parvint, à force de bravoure et de ruse, à franchir les lignes ennemies et à gagner les gens du connétable de Bourbon. C'est alors que le roi exigea du modeste chevalier de lui donner l'accolade. « *Ma bonne épée*, dit Bayard en la baisant, *tu seras moult bien comme relique gardée et sur toutes autres honorée.* »

Le roi Charles-Quint assiégeait Mézières, ville considérée comme faible et que les habitants voulaient brûler. « *Il n'y a pas de places faibles où il y a des gens de cœur pour les défendre*, dit Bayard, » et il court se jeter dans la ville. Il fait jurer aux assiégés de ne jamais se rendre. « *Si les vivres nous manquent*, dit-il gaiement, *nous mangerons d'abord nos chevaux, puis nous salerons et mangerons nos varlets.* » Sommé de capituler : *Il me faut un pont pour sortir*, répondit le Chevalier sans peur, *et les corps de vos soldats n'ont pas encore comblé le fossé !* » En deux jours l'ennemi lança dans la place cinq mille boulets. Quelques-uns de nos soldats s'enfuirent. « *Tant mieux*, dit Bayard, *pareille canaille n'était pas digne d'acquérir de l'honneur avec nous !* » La résistance devant la formidable armée de Charles-Quint devenait de la folle témérité; Bayard fit tomber entre les mains des Impériaux des lettres où il affirmait que la ville était parfaitement approvisionnée. Les assiégeants découragés et Charles-Quint dégoûté et plein de rage se retirèrent (1521). Bayard avait sauvé la France, qui lui rendit des honneurs insignes et lui fit un véritable triomphe.

François 1er ayant voulu reconquérir le Milanais envoya Bayard secourir l'incapable Bonnivet qui, dans son ignorance orgueilleuse, lui ordonna d'occuper la détestable position stratégique du village de Rebecco. Bayard s'y défendit vainement avec sa vigueur habituelle, mais il fut forcé de battre en retraite. Bonnivet fut grièvement blessé; Bayard prit le commandement, et en traversant la Sésia, il fut atteint dans le côté d'une pierre lancée par une arquebuse. Le coup était mortel. Bayard se fit alors coucher sous un arbre, le visage tourné contre les Impériaux, car, disait-il, « *n'ayant jamais tourné le dos devant l'ennemi, je ne veux pas commencer à la fin de ma vie.* » Il ordonna à ceux qui l'entouraient de fuir pour ne pas être pris par les Impériaux qui approchaient, et attendit la mort, les yeux fixés sur son épée représentant une croix. Le connétable de Bourbon, traître à sa patrie, qui combattait contre ses compatriotes, s'approcha de Bayard pour le plaindre. « *Je ne suis point à plaindre, monseigneur*, répondit le mourant, *je meurs en faisant mon devoir. C'est de vous qu'il faut avoir pitié, vous qui portez les armes contre votre prince, votre patrie et votre serment.* » Il expira. Son corps fut transporté à Grenoble, et la France prit le deuil du héros qui avait sacrifié sa vie pour elle.

Bayard est resté le type le plus accompli et le plus pur du chevalier français. Simple et généreux, autant que loyal et grand, cet illustre homme de guerre réunissait toutes les qualités d'un grand général. « *Assaut de bélier, défense de sanglier et fuite de loup,* » disaient ses contemporains en parlant de lui. Voilà ce que peut faire l'amour sacré de la patrie.

E. Maurice.

GASTON DE FOIX

1512

EVEU de Louis XII, Gaston de Foix, duc de Nemours, commandait, à vingt-trois ans, l'armée française en Italie. Vaillant et audacieux, il débuta par une tactique pleine de prudence, en forçant l'invasion des Suisses à aboutir à une retraite désastreuse, presque sans combat et sans offensive, prit ensuite Bologne, Brescia, Bergame, et allait achever cette glorieuse campagne de moins de vingt jours par la victoire de Ravenne.

A l'aube, le 11 avril, 1512, il prit toutes les dispositions pour la lutte. « Ce gentil prince dit aux capitaines qu'il voulait combattre et qu'il fallait que tous combattissent avec lui. Tous firent serment de vivre et mourir avec lui. Il avait coutume, pour l'amour de sa mie, de ne point porter de harnois, fors la chemise, depuis le coude en bas jusques au gantelet. Il priait tous les gendarmes qu'à ce jour ils voulussent garder l'honneur de la France, le sien et le leur. Cela fait, incontinent partit, et fut le premier homme d'armes qui rompit sa lance contre les ennemis. » La bataille commença par une canonnade. L'artillerie espagnole fut terrible, mais après plusieurs charges de la gendarmerie française conduites par Gaston, les Espagnols en ordre et fièrement reculèrent, laissant le terrain jonché de morts. Les Italiens avaient fui dans le plus grand désordre. Gaston était couvert de sang. « Êtes vous blessé? » lui dit Bayard. « Non, mais j'en ai blessé beaucoup d'autres. » Voyant alors des fantassins espagnols opérant leur lente et superbe retraite il demanda à un Gascon quels gens c'étaient. — Deux enseignes espagnoles qui nous ont défaits. — Alors qui m'aimera si me suive, s'écrie-t-il, je ne saurais souffrir cela. » Il donna, sans regarder derrière lui, suivi pourtant d'une vingtaine des siens. La troupe ne pouvait se remuer dans cet endroit encaissé et désavantageux. D'estoc et de taille! hardi! mais son cheval a les jarrets coupés; il tombe, lutte encore et meurt, criblé du menton au front, de quatorze blessures!

Ainsi mourut ce jeune général, grand capitaine avant d'avoir été soldat, admiré et plaint même des ennemis, et dont la carrière fut aussi courte que glorieuse.

LES DAMES DE MARSEILLE

1524

ES Marseillaises furent dignes de Jeanne Hachette. Le riche connétable de Bourbon vint assiéger Marseille, lui, Français de race, pour le compte du pire ennemi de la race de France. La chaleur était accablante; ardente la soif; il coupe les aqueducs, mais des puits sont creusés et les assiégés peuvent encore boire. Bourbon essaye de les affamer; les chansons n'en sont pas moins gaies. De tranchée en tranchée, les boulets arrivent jusqu'aux belles promenades plantées d'arbres; les assiégés leur en envoient, par politesse et pour ne pas être en reste, jusque dans leur camp. Des mines sont essayées, mais les contre-mines les rendent inutiles. Marseille était invincible. Les femmes en effet joignaient à leurs paroles persuasives et ardentes de résistance les actes d'un courage surhumain. Elles affrontèrent tous les dangers, allant jusque près de l'ennemi chercher poutres et pierres pour leurs frères et leurs époux. Elles firent même une tranchée entière, *la Tranchée des Dames*, devenue aujourd'hui le boulevard des Dames. Honneur à ces femmes vaillantes qui obtinrent la récompense désirée entre toutes : la fuite et la honte de l'ennemi.

LE CAPITAINE DE BOIS-ROSÉ

1594

U siège de Rouen s'était distingué parmi les Français un brave capitaine du nom de Bois-Rosé, qui quelques mois après surprit un fort avec une audace restée célèbre.

Ce fort, qui commandait la ville de Fécamp, se dressait sur une falaise, haute de quatre cents pieds, dont la mer battait la base à la marée montante. Aussi ne faisait-on pas de ce côté une garde bien vigilante. Une nuit orageuse, Bois-Rosé arrive en barque avec cinquante braves dévoués et un gros câble. A iceluy, d'espace en espace il avait fait faire des nœuds pour se tenir des mains, et des étriers de corde avec des petits bâtons pour y apposer les pieds. Au signal qu'il donne, deux soldats de la garnison, gagnés par lui, jettent un cordeau de longueur suffisante, au bout duquel fut attaché ce gros câble, qu'ils tirèrent incontinent et fixèrent à l'entre-deux d'une canonnière. Les assaillants montent; Bois-Rosé reste le dernier afin que nul ne s'en pût dédire et qu'il leur servît de chasse avant.

Or pendant le temps qu'ils avaient employé à s'agencer tous cinquante sur cette corde et à monter les uns après les autres avec leurs armes, qu'ils s'étaient liées au corps, la marée avait commencé de revenir, voire était déjà remontée de six pieds contre ce rocher que ledit sieur de Bois-Rosé et ses cinquante soldats n'étaient encore qu'à la moitié d'iceluy.

Étant donc ainsi pendants et enfilés à ce câble, il ne leur restait plus nulle espérance de salut que par la prise de la place. Lorsque le sergent, qui montait le premier vit à quelle extrême hauteur il était parvenu et entendit le grondement et tintamarre furieux que démenaient les flots et vagues impétueuses de la mer contre cette roche bise, commença de s'effrayer et à dire qu'il n'était plus en sa puissance de monter plus haut, que la tête lui tournait; ce qui, étant rapporté de bouche à autre jusqu'au dit sieur de Bois-Rosé et lui voyant que quoi qu'il lui eût pu mander, il n'avançait point, il prit résolution d'y aller lui même, et ainsi passant par-dessus les corps et les têtes de tous ses compagnons suspendus en l'air, il parvint jusqu'à lui, et ne venant pas à bout de le rassurer, le poignard à la main le contraignit de monter tant qu'enfin le jour étant fort prochain ils entrèrent tous cinquante sur ce haut rempart sans inconvénient, bruit ni alarme.

PORCON DE LA BABINAIS

1665

Nfant de Saint-Malo, marin habile, ardent,
    D'une altière frégate il était commandant.
    Combien de ces combats dont la grandeur étonne
Soutint contre le Turc la frégate bretonne !
Mais un jour dix vaisseaux l'attaquent à la fois,
L'accablent, et malgré d'incroyables exploits,
Le navire français, écrasé sous le nombre,
Démâté, disloqué, glorieusement sombre.
Son commandant blessé, combattant le dernier,
Est sauvé malgré lui... sauvé, mais prisonnier !
— Dans un cachot d'Alger, nid de piraterie,
Le captif enchaîné rêvait de sa patrie,
D'une femme adorée et qui pleurait là-bas ;
D'un fils qu'il ne pressa qu'une fois dans ses bras.
Le dey lui dit un jour : « Français, j'aime ta race,
« Et pour qu'elle en reçoive une preuve efficace,
« Avec elle je veux être uni désormais.
« Va porter à ton roi mes paroles de paix.
« Sois éloquent, chrétien, vante-lui ma puissance.
« Et tu pourras compter sur ma reconnaissance :
« La liberté sera le prix de ton succès.
« Sinon, tu reviendras dans les fers, ô Français !
« Tâche de réussir, il y va de ta tête !
« Mais surtout, songe bien que ma vengeance est prête.
« Si malgré ton serment tu me manques de foi,
« Bien d'autres prisonniers me répondent de toi !... »
— La Babinais partit sur ces mots redoutables ;
Et, porteur à son roi d'offres inacceptables,

Ce nouveau Régulus lui-même supplia
Pour que la France au dey jamais ne s'alliât :
La paix fut repoussée. Alors le capitaine,
Avant d'aller braver une mort trop certaine,
Voulut revoir encor sa femme et son enfant ;
Et l'air presque joyeux, mais le cœur étouffant,
Le marin arriva dans sa vieille Bretagne.
Or sa femme, depuis la dernière campagne,
N'avait jamais quitté les vêtements de deuil,
Et voici son mari qui paraît sur le seuil,
Comme un autre Lazare, et dans ses bras se jette !
— La plume est impuissante et la bouche muette,
Pour dire les transports des époux réunis !
O suprème bonheur ! moments saints et bénis !
Pourquoi passer si vite en ne laissant à l'âme
Qu'un affreux désespoir ! O pauvre, pauvre femme !
Et quand de son malheur elle ne peut plus douter
On l'entend s'écrier, supplier, sangloter !
— « Partir ! Partir ! — Voilà trois ans que je te pleure,
Te croyant englouti sous ton vaisseau, là-bas !
M'abandonner encor ! veux-tu donc que je meure ?
     Oh ! non, tu ne partiras pas ! »

Le Breton part. — Au dey bientôt il se présente,
Et calme, solennel, d'une voix imposante,
Lui dit : « Pour dégager mon honneur, me voici !
« Dans tes projets, ô dey ! tu n'as pas réussi ;
« Mon Roi qui d'un pouvoir invincible dispose,
« Ne reçoit pas la paix ; d'habitude il l'impose... »

— Et prononçant ces mots si fiers qui le perdront,
L'orgueil national rayonne sur son front,
Son visage respire une noble assurance.
Oui, c'est bien là le fils, l'image de la France,
Digne par sa grandeur de la représenter !

— Le dey dans sa fureur le fit décapiter !

(Marc Bonnefoy.)

TURENNE & L'ALSACE

1675

Rentré en Lorraine par Lixheim et Lorckeim, Turenne ramassa en passant les derniers régiments arrivés de Flandre, auxquels il avait expédié l'ordre de rester en deçà des Vosges; il divisa son armée en plusieurs corps et leur assigna pour rendez-vous général Belfort, à l'extrémité sud-ouest du Sundgau. C'était la masse entière des Vosges qu'il s'agissait, non plus de traverser sur un point, mais de percer dans toute sa longueur, parmi les neiges, les précipices et les torrents débordés. Il fallait être Turenne pour obtenir de tels efforts du soldat. Après avoir traversé la Lorraine de part en part et chassé les partis envoyés par le duc Charles, les colonnes françaises se trouvèrent complètement réunies à Belfort le 27 décembre. L'avant-garde avait déjà, depuis plusieurs jours, pris position en avant de cette petite ville.

Au bruit que les Français débouchaient en Alsace par la plaine qui sépare les derniers mamelons des Vosges des premiers plateaux du Jura, une agitation extraordinaire se répandit parmi les ennemis éparpillés dans toute la Haute-Alsace et le Sundgau. L'absence de direction unique, la nécessité de conférences entre les généraux, les empêchèrent de se concentrer avec la célérité qui leur eût été indispensable. Les Impériaux et les Lorrains, qui occupaient le Sundgau, évacuèrent toute la partie de ce canton à l'ouest de l'Ill, et leurs divers corps se replièrent confusément sur Altkirch, Mulhausen et Ensisheim, afin de rejoindre l'électeur de Brandebourg et le reste des confédérés autour de Colmar.

Turenne ne leur laissa pas le temps de se rallier. Il marcha droit à Mulhausen, afin de couper par le milieu la ligne de retraite que suivaient les Impériaux. Le 29 décembre, il passa l'Ill à gué avec sa cavalerie et fondit sur la cavalerie impériale et lorraine massées dans la prairie de Mulhausen. L'ennemi, affaibli par une épidémie, étourdi et démoralisé par l'effroi du nom de Turenne, fut mis en pleine déroute après quelques charges. Une partie des escadrons impériaux s'enfuirent vers Bâle· beaucoup de cavaliers furent pris; le reste, à la faveur de la nuit, gagna Ensisheim, où l'infanterie et les bagages étaient déjà arrivés en majeure partie. Un grand nombre de prisonniers furent ramassés le lendemain entre Mulhausen et Ensisheim par les partis français; un régiment d'infanterie fut pris tout entier.

Le gros des Impériaux échappés à la déroute de Mulhausen fut recueilli près de Colmar par l'électeur de Brandebourg. Les généraux alliés réunirent leurs forces, encore supérieures à celles de Turenne, dans la plaine de Colmar; ils avaient à leur gauche l'Ill et deux petites rivières qui s'y jettent; à leur droite, la petite ville de Turckheim et la rivière de Fecht; leur front était couvert par un autre bras de la Fecht, derrière lequel ils élevèrent à la hâte quelques terrassements garnis d'artillerie.

Turenne, après avoir remis en ordre ses troupes fatiguées de la marche et du combat, arriva, le 5 janvier 1675, en vue de l'ennemi. Il connaissait le terrain et tous ses mouvements étaient combinés d'avance. Une attaque au centre de la position eût été téméraire. Il fit d'abord avancer lentement son aile droite vers les faubourgs de Colmar, comme s'il eût voulu porter son effort contre cette ville ; l'ennemi se hâta de se renforcer de ce côté ; pendant ce temps, l'aile gauche française débouchait par les défilés du Gregorienthal en face de Turckheim, afin de franchir le bras de la Fecht près de l'endroit où il se détache de la rivière et de tourner les alliés. Ceux-ci, reconnaissant alors le vrai plan de Turenne, firent marcher au pas de course une forte division pour arrêter la gauche française. Les bataillons français passèrent le bras de la Fecht sous le feu de la mousqueterie et du canon ; la mort du lieutenant général Foucault, tué à la tête de l'aile gauche, n'arrêta pas l'élan de l'infanterie française. La colonne ennemie battit en retraite vers le gros de l'armée abandonnant Turckheim et le bord de la Fecht; l'attaque avait commencé tard; la nuit tombait; l'aile victorieuse s'arrêta d'après l'ordre de Turenne, mais un fort détachement alla prendre position sur une hauteur au delà de Turckheim, pour redescendre, le lendemain matin, sur les derrières de l'ennemi.

Le lendemain matin il n'y avait plus d'ennemis dans la plaine. Les généraux alliés avaient décampé précipitamment pendant la nuit, abandonnant deux mille cinq cents blessés et malades dans Colmar. L'électrice de Brandebourg et sa petite cour, qui avaient suivi l'armée alliée, avaient quitté Colmar la veille.

Turenne avait prévu et préparé cette retraite, qui assurait l'évacuation de l'Alsace sans nouvelle effusion de sang. Les alliés s'arrêtèrent trois jours près de Schelestadt, entre l'Ill et les montagnes, jusqu'à ce que leur bagage et leur artillerie fussent hors des défilés voisins; puis, le 9, ils se portèrent sur Strasbourg par Benfeld. Turenne entra derrière eux dans Schelestadt. Le 11 janvier, les alliés commencèrent à repasser le Rhin.

Ainsi finit cette célèbre campagne, la plus belle peut-être que présente l'histoire militaire de l'ancienne France. Aucune n'offre de plus hauts enseignements à l'étude de ce grand art de la guerre; aucune ne démontre si savamment cette mathématique sublime, qui prend pour élément de ses combinaisons, non des chiffres abstraits, mais des êtres intelligents et passionnés, et qui, appelant les puissances morales à son aide, apprend à vaincre la matière et le nombre par l'énergie patiente, par la confiance de l'homme dans l'homme et par le mépris de la mort.

Henri Martin.

MORT DE TURENNE
1675

IL croyoit donner la bataille, et monta à cheval à deux heures le samedi, après avoir mangé. Il avoit bien des gens avec lui; il les laissa tous à trente pas de la hauteur où il vouloit aller. Il dit au petit d'Elbœuf : « Mon neveu, demeurez là,

vous ne faites que tourner autour de moi, vous me feriez reconnoître. » Il trouva M. d'Ha-
milton près de l'endroit où il alloit, qui lui dit : « Monsieur, venez par ici ; on tirera où
« vous allez. — Monsieur, lui dit-il, je m'en vais : je ne veux point du tout être tué aujour-
« d'hui ; cela sera le mieux du monde. » Il tournoit son cheval ; il aperçut Saint-Hilaire, qui
lui dit, le chapeau à la main : « Jetez les yeux sur cette batterie que j'ai fait mettre là. » Il
retourne deux pas, et, sans être arrêté, il reçut le coup qui emporta le bras et la main qui
tenoient le chapeau de Saint-Hilaire, et perça le corps après avoir fracassé le bras de ce
héros. Ce gentilhomme le regardoit toujours ; il ne le voit point tomber ; le cheval l'emporta où il avoit laissé le petit d'Elbeuf ; il n'étoit point encore tombé, mais étoit penché
le nez sur l'arçon : dans ce moment, le cheval s'arrête ; il tomba entre les bras de ses gens ;
il ouvrit deux fois de grands yeux et la bouche, et puis demeura tranquille pour jamais : songez
qu'il étoit mort et qu'il avoit une partie du cœur emportée. On crie, on pleure ; M. d'Ha-
milton fait cesser ce bruit et ôter le petit d'Elbeuf, qui étoit jeté sur ce corps, qui ne le
vouloit pas quitter et qui se pâmoit de crier. On jette un manteau ; on le porte dans une
haie ; on le garde à petit bruit ; un carrosse vient ; on l'emporte dans sa tente : ce fut là
où M. de Lorge, M. de Roye et beaucoup d'autres pensèrent mourir de douleur ; mais il
fallut se faire violence et songer aux grandes affaires qu'il avoit sur les bras. On lui a
fait un service militaire dans le camp, où les larmes et les cris faisoient le véritable deuil :
tous les officiers pourtant avoient des écharpes de crêpe ; tous les tambours en étoient couverts, qui ne frappoient qu'un coup ; les piques traînantes et les mousquets renversés ; mais
ces cris de toute une armée ne se peuvent pas représenter, sans que l'on en soit ému.

« On dit que les soldats faisoient des cris qui s'entendoient de deux lieues ; nulle consi-
dération ne les pouvoit retenir : ils crioient qu'on les menât au combat ; qu'ils vouloient
venger la mort de leur père, de leur général, de leur protecteur.

« Pour moi, qui vois en tout la Providence, je vois ce canon chargé de toute éternité ; je
vois que tout y conduit M. de Turenne, et je n'y trouve rien de funeste pour lui, en supposant
sa conscience en bon état.

« Que lui faut-il ? il meurt au milieu de sa gloire. Sa réputation ne pouvoit plus aug-
menter : il jouissoit même en ce moment du plaisir de voir retirer les ennemis, et voyoit le
fruit de sa conduite depuis trois mois. Quelquefois, à force de vivre, l'étoile pâlit. »

(Mme DE SÉVIGNÉ.)

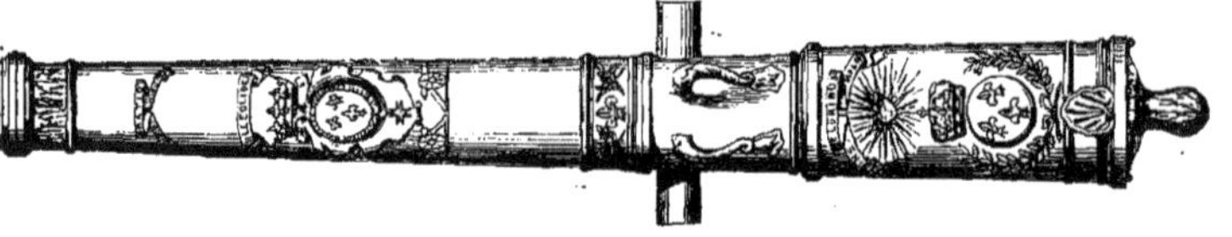

HERVÉ RIEL

Près le mémorable combat de la Hougue, vingt-deux vaisseaux français se présentèrent devant Saint-Malo, le 31 mai 1692, poursuivis par l'ennemi. Le chef de ladite division ayant fait le signal pour appeler à son bord les pilotes, ils déclarèrent qu'il n'y avait ni dans les passes ni dans les rades la profondeur d'eau suffisante pour les recevoir, et, sur cette déclaration, il fut décidé de les échouer à la côte et de les brûler, afin d'éviter qu'ils ne devinssent la proie de l'ennemi. Hervé Riel, pilote côtier du Croisic, déclara et soutint au commandant du vaisseau sur lequel il était que les pilotes ne pouvaient ignorer qu'il y eût, dans lesdites entrées et rades de Saint-Malo, une profondeur suffisante pour y trouver un refuge, et qu'il connaissait tout aussi bien qu'eux lesdites entrées et rades, ayant fait nombre de voyages à Saint-Malo; qu'ils étaient tous des malheureux, et qu'il y avait mauvaise volonté de leur part, et qu'en conséquence il fut appelé au conseil de guerre, et promit sur sa tête de faire (quoiqu'à marée basse) entrer tous les vaisseaux, au nombre de vingt-deux, s'ils voulaient gouverner sur celui sur lequel il se trouvait; que de fait, le conseil de guerre ayant pris ce parti, il les y refugia tous sans accident, et les mit en sûreté en présence de l'ennemi, qui les poursuivit jusqu'à l'entrée; mais, ce qui peut paraître digne d'être transmis, ce brave homme ne demanda, pour récompense d'un service aussi signalé, qu'un congé absolu pour rejoindre sa femme qu'il nommait la Belle Aurore.

(Alexis Rochon.)

JEAN BART

1651-1702

Né à Dunkerque (1651), d'un père armateur de pêche, ce hardi corsaire jouit de la plus légitime popularité. Que de courses audacieuses ! l'ennemi au moment de la sécurité la plus complète, le voyait fondre sur lui, prompt comme l'éclair, terrible comme la foudre. C'est que nul ne connaissait comme lui passes et courants, vents et marées; cette mer traîtresse et qui trompe même les plus exercés semblait toujours à ses ordres. Le ministre de la marine, l'intelligent Seignelay, l'appela à un grade dans la marine de l'État. Prisonnier d'abord en 1689, il échappe aux Anglais et traverse la Manche sur une simple barque. Louis XIV, qui le mande à la cour, lui annonce lui-même sa nomination de chef d'escadre. « Vous avez bien fait, » répondit-il avec je ne sais quel orgueil naïf, comme Corneille s'écriant: « Je sais ce que je vaux. » Le voilà donc de retour à Dunkerque, où il

arme sa flotte de sept vaisseaux ; mais quarante vaisseaux anglais viennent bloquer le port ;
il passe à travers la flotte, entre deux rangées de vaisseaux ennemis. « Comment donc faites-
vous ? » lui dit un jour un courtisan. « Oh ! c'est bien simple, regardez ! » Il y avait une
foule de gentilhommes ; les deux mains en avant, il en renverse un à droite, un à gauche,
jusqu'au bout de la salle. Rien que dans la mer du Nord, il prit plus de quatre-vingts vaisseaux ; plus tard il dispersa la flotte hollandaise de la Baltique, empêcha la famine en
sauvant cinq convois de blé qu'il mit à l'abri dans son port natal, après avoir battu la flotte
hollandaise et tué, dans l'abordage, le vice-amiral ennemi, chargé de détruire ces précieux
convois. Peu après il mourait.

VAUBAN

1633-1707

SÉBASTIEN Leprestre de Vauban naquit à Saint-Léger de Foucherets, près de Saulieu,
en Bourgogne, le 15 mai 1633. Un religieux, ayant remarqué l'intelligence de
l'enfant, lui apprit à lire, à écrire et lui enseigna les principes de la grammaire
et les éléments de la géométrie. Le jeune Vauban, très assidu au travail, s'adonna particulièrement à l'étude des mathématiques et du dessin, où il fit des progrès rapides.

Vauban commença à servir en 1651, à l'âge de dix-sept ans, dans les troupes de Condé.
Lieutenant en 1654, Vauban est au siège de Stenay, où il reçoit deux blessures ; il conduit
les attaques devant Clermont en Lorraine. Son talent d'ingénieur s'affirme de plus en plus ;
en 1655, après les sièges de Landrecies, de Saint-Guislain et de Condé, il se voit chargé de
rétablir les fortifications de cette dernière ville. En 1656, il est dangereusement atteint au
siège de Valenciennes ; malgré cette blessure, il se fait porter aux endroits où sa présence
est nécessaire, préoccupé de tout examiner et de tout diriger par lui-même.

En 1676, Vauban obtint le grade de maréchal de camp ; en 1678, il fut nommé com-
missaire général des fortifications ; en 1688, lieutenant général des armées. Enfin, au
cours de l'année 1703, le roi le fit maréchal de France.

Jamais carrière n'a été mieux remplie : de 1654 à 1703, Vauban conduisit quarante-
huit sièges, dont les principaux furent ceux de Valenciennes, de Lille, de Douai, où il reçut
un coup de mousquet à la joue, de Tournay, d'Ypres, d'Ath, de Gravelines, de Besançon,
de Mardick, de Doesbourg, de Mons, de Namur, de Maëstricht, de Bouchain, d'Aire, de
Luxembourg, de Charleroy, de Philipsbourg. Il prit part à cent trente actions de vigueur,
et fut blessé huit fois.

Vauban n'était pas moins habile à fortifier les villes qu'à les assiéger. Si, au grand
bénéfice de l'attaque, il inventa les parallèles, le tir à ricochets, et renouvela les dispositions en usage pour les cheminements, pour l'emploi des sapes volantes et des batteries

de brèche, il modifia d'une manière également profonde la défense des places; là aussi, il fut créateur; on lui doit surtout deux systèmes de fortification permanente qui ont rendu les plus grands services pendant plus d'un siècle et qui suffiraient à immortaliser son nom. Ingénieur hors ligne, géographe excellent, tacticien consommé, il couvrit les frontières de la France d'un vaste réseau de forteresses. Sur la frontière ouverte du Nord-Est, il multiplia les travaux : Arras, Saint-Quentin, Tournay, Ham, Péronne, Condé, Landrecies, Maubeuge. Cette petite place de Maubeuge devait sauver la France cent ans plus tard; en 1793, elle arrêta la marche de l'armée autrichienne. A l'Est, il fortifia Metz, Sarrelouis, Phalsbourg, Longwy, Schlestadt, Bitche, Landau, Strasbourg, Neuf-Brisach, Huningue. Dans la trouée qui sépare les Vosges du Jura, il plaça Belfort. Il fit encore les citadelles de Besançon, de Montlouis, les ouvrages et les remparts de Dôle, de Salins, de l'île de Ré, de Saint-Malo, de Toulon, de Brest, de Cherbourg, et d'un grand nombre d'autres villes.

Mais ce qu'il convient surtout d'admirer en Vauban, c'est son caractère, la noblesse de son âme, son ardent amour pour la France. Nul plus que lui n'a mérité le titre de *patriote* que Saint-Simon lui donne. Ce même Saint-Simon, à propos du siège de Turin par la Feuillade, cite un beau trait de Vauban : « Vauban fit là une grande action : il s'offrit au roi, il le pressa de l'envoyer à Turin pour y donner ses conseils, et se tenir dans les intervalles à deux lieues de l'armée, sans s'y mêler de rien quand il y serait. Il ajouta qu'il mettrait son bâton de maréchal derrière la porte; qu'il n'était pas juste que l'honneur auquel le Roi l'avait élevé le rendît inutile à son service, et que plutôt que cela fût, il aimerait mieux le lui rendre. Cette offre romaine ne fut point acceptée : le contraste de Vauban à la Feuillade eût été trop grand, et l'obscurcissement de ce dernier trop accablant... » Tous les actes de Vauban ont eu pour but le bien du pays, l'intérêt de l'armée, le bonheur du peuple.

Au commencement de l'année 1707, Vauban publia un livre : *la Dîme royale*. Dans la préface, Vauban s'exprime en ces termes : « Je dis de la meilleure foi du monde que ce n'a été ni l'envie de m'en faire accroire ni de m'attirer de nouvelles considérations qui m'ont fait entreprendre cet ouvrage Je ne suis ni lettré ni homme de finances, et j'aurais mauvaise grâce de chercher de la gloire et des avantages des choses qui ne sont pas de ma profession, mais je suis Français, très affectionné à ma patrie... » Il n'avait qu'un désir : réaliser un peu de bien, obtenir un peu de justice pour « cette partie du peuple si utile et si méprisée, qui a tant souffert et qui souffre tant à l'heure où j'écris ceci... »

Vauban mourut le 30 mars 1707, à l'âge de soixante-quatorze ans. Son nom restera glorieux entre tous. Vauban a passionnément aimé la France; il l'a servie de la manière la plus utile et la plus dévouée; c'était un grand génie et un grand cœur.

(Karl Hammer.)

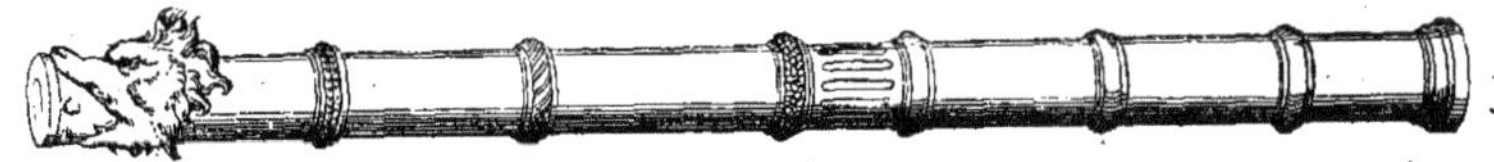

JACQUELINE ROBINS

ANS notre patrie, les héroïnes sont aussi nombreuses que les héros. Les *femmes françaises* ont toujours, avec ces privilèges d'un esprit original et de je ne sais quelle beauté jolie et variée, qui leur ont donné ce don de plaire toujours comme partout, cette qualité de transformation subite en sérieuse et vaillante patriote. Or, le 16 juin, Saint-Omer est en fête. Ce n'est pas en l'honneur d'une frêle Parisienne transformée en courageuse sœur de charité, faisant de la charpie et soignant des mutilés aux terribles blessures, pas plus que pour quelque noble et riche jeune fille ayant donné tout son or pour la patrie appauvrie ; ce sont là des dévouements ordinaires et de notre époque. Jacqueline Robins était une femme du peuple. Elle était habituée aux colères de la mer et du vent, et l'Océan lui était connu comme nous connaissons la route de la maison, l'Océan et les côtes de Calais à Dunkerque, anses et baies, rochers et bancs de sable. En 1710, pendant la guerre dite de la Succession, le prince Eugène, et le comte de Marlborough, vinrent assiéger Saint-Omer.

La ville, presque dépourvue de vivres et d'approvisionnements, était hors d'état d'opposer une résistance sérieuse, quand Jacqueline Robins offrit aux magistrats de la commune d'aller à Dunkerque chercher des munitions et des vivres.

Se servant d'une barque, naviguant la nuit, dissimulant sa cargaison sous des couches de légumes, grâce à son énergie, à son sang-froid et à sa présence d'esprit, quoique deux fois surprise et arrêtée au cours de ses expéditions nombreuses par des partis autrichiens, Jacqueline réussit, au péril de sa vie, à assurer le ravitaillement des Andomarois et sauva ainsi la ville en permettant à ses défenseurs de résister plus longtemps. L'ennemi dut quitter la place, vaincu par une femme.

CATINAT

1637-1712

ICOLAS de Catinat de la Fauconnerie naquit à Paris le 1er septembre 1637. Destiné au barreau par sa famille, il se fit d'abord avocat, mais ayant perdu sa première cause, il entra dans l'armée comme ses deux frères, Catinat d'Arcy et Croisille de Catinat. Il fut d'abord cornette de cavalerie au régiment de Bignon. En 1664, il devint aide de camp du roi, en 1665, lieutenant d'une compagnie de chevau-légers. Cinq ans plus tard, Louvois le nommait capitaine aux gardes françaises.

En 1672, Catinat se distingue au passage du Rhin, et en 1673 au siège de Maëstricht, où il est blessé. A la sanglante bataille de Senef (11 août 1674), il s'expose beaucoup, est atteint de nouveau et reçoit de Condé les éloges les plus flatteurs.

Catinat entra le cinquième dans la place de Valenciennes, l'épée à la main, au milieu des décharges de mousqueterie. Son premier soin fut d'empêcher les soldats de livrer la ville au pillage.

De 1678 à 1681, Catinat reçut divers commandements. Il fut successivement gouverneur de Dunkerque, de Longwy, de Condé, de Tournay et de Casal. De cette dernière place, il correspondait très activement avec Louvois, qui, pour sa part, s'occupait des moindres détails. Ces lettres, fort curieuses à divers égards, nous montrent que le général et le ministre avaient l'habitude de ne rien négliger : « Je suis fort étonné, écrit Louvois que M. Trobat vous ait envoyé un charpentier qui ne sache pas travailler à faire des brouettes. Je mande à M. de Mesgrigny de faire partir quatre charrons qui soient capables de faire toutes celles dont vous aurez besoin... »

Nommé lieutenant général des armées du roi, Catinat assiège Philipsbourg avec Vauban. En repoussant une sortie, il est effleuré par une balle qui traverse son chapeau. Ce chapeau resta légendaire dans l'armée, où tout le monde, d'ailleurs, aimait le général. L'air grave et méditatif de Catinat lui avait valu le surnom de Père la Pensée ; il était sévère pour les autres comme pour lui-même, entêté de régularité et de discipline, mais intègre et juste, ménager du sang de ses soldats et très désireux d'épargner aux troupes des fatigues inutiles. Catinat était très lié avec Vauban ; Fontenelle raconte avoir troublé un jour, par mégarde, une causerie de ces deux illustres patriotes qui discutaient, comme toujours, des plus grands intérêts de l'État. « Je refermai la porte avec respect, dit-il, honteux d'avoir pu déranger un moment un tête-à-tête si intéressant pour la France. »

Le 18 août 1690, Catinat remporte à Staffarde un succès décisif sur Victor-Amédée, duc de Savoie : les ennemis se replient en désordre, après avoir perdu 4000 hommes, et laissent 1500 prisonniers et 15 drapeaux entre les mains des vainqueurs. Le 1er novembre, Catinat fait capituler Suze. Le 27 mars 1693, Catinat est nommé maréchal de France ; il reçoit le brevet avec des mots d'éloge de la propre main de Louis XIV.

Peu de temps après, une bataille décisive s'engagea à la Marsaille, et se termina par la victoire complète de l'armée française : « D'abord que nous fûmes dans l'ordre que je viens de marquer, dit Catinat dans son rapport au roi, nous marchâmes droit devant nous... Toute la ligne s'ébranla comme en même temps, et marcha dans le plus bel ordre que l'on saurait dire à Votre Majesté, et avec une telle furie qu'elle renversa tout. Les ennemis avaient mêlé des escadrons de distance en distance, surtout en front de bandière. Ceux qui se trouvèrent dans l'infanterie furent chargés sans tirer, la baïonnette au bout du fusil, et furent renversés. »

Dans la campagne suivante, Catinat eut pour adversaire le prince Eugène, puis il se retira.

Catinat mourut le 23 février 1712, dans sa retraite de Saint-Gratien. Cet illustre serviteur de la patrie laissait une réputation incontestée de bravoure, de science militaire et de haute vertu. Qu'il nous soit permis, en terminant, d'insister sur la supériorité morale de Catinat. Certes, quand un homme a glorieusement combattu pour son pays, nous serions mal venus à scruter sa vie privée ; mais le désintéressement, l'indépendance du caractère, la noblesse de l'âme ne sont pas des qualités si communes qu'on ne leur doive rendre hommage. Parmi les grands soldats de la France, il est des privilégiés qui nous apparaissent dans le double rayonnement d'une vie toute d'héroïsme et de vertu. Ils s'appellent Bayard, Catinat, Chevert, Marceau ; ceux-là sont bien réellement sans peur et sans reproche ; ils forcent le respect de la postérité. C'est quelque chose de plus que la gloire.

(Karl Hämmer.)

LE CHEVALIER D'ASSAS

ET LE SERGENT DUBOIS

(1760)

Les braves actions de tant d'officiers et de soldats sont innombrables dans toutes les guerres ; mais il y en a eu de si singulières, de si uniques dans leur espèce, que ce serait manquer à la patrie que de les laisser dans l'oubli. En voici une, par exemple, qui mérite d'être à jamais conservée dans la mémoire des Français.

En 1760, le marquis de Castries vint camper le 15 octobre à un quart de lieue de l'abbaye appelée Closter-Camp. Le prince de Brunswick ne crut pas devoir l'attendre devant Wesel qu'il assiégeait ; il se décida à l'attaquer et se porta au-devant de lui par une marche forcée, la nuit du 15 au 16. Le général français, qui se doute du dessein du prince, fait coucher son armée sous les armes ; il envoie à la découverte pendant la nuit M. d'Assas, capitaine au régiment d'Auvergne. A peine cet officier a-t-il fait quelques pas que des grenadiers ennemis, en embuscade, l'environnent et le saisissent à peu de distance de son régiment ; ils lui présentent la baïonnette et lui disent que s'il fait du bruit, il est mort. M. d'Assas se recueille un moment, pour mieux renforcer sa voix ; il crie : « A moi, Auvergne, voilà les ennemis ! » Il tombe aussitôt, percé de coups. Ce dévouement, digne des anciens Romains aurait été immortalisé par eux. On dressait alors des statues à de pareils hommes ; de nos jours ils sont oubliés, et ce n'est que longtemps après que j'ai appris cette action si mémorable. On a injustement oublié le nom du sergent Dubois. C'est celui-ci qui, par une nuit sombre, tombant au milieu des ennemis, cria, malgré les menaces de mort : « A nous, Auvergne, ce sont les ennemis ! » Il fut percé de coups. D'Assas qui le suivait, commanda à ses gens de tirer, quoiqu'il se trouvât devant eux. Une de leurs balles le blessa mortellement. Au lieu d'un héros, nous en avons deux.

(Victor Duruy.)

LE DÉVOUEMENT DU CHEVALIER D'ASSAS.

COMBAT DE LA SURVEILLANTE

1779

u Couëdic, commandant la *Surveillante*, en croisière à la hauteur de l'île d'Ouessant, rencontra une frégate anglaise; c'était le *Québec*. Le combat s'engagea bord
à bord à dix heures et demie. Les deux navires, à midi, étaient complètement
démâtés. Le combat n'en continua pas moins. du Couëdic, blessé, commanda l'abordage;
tout à coup la frégate anglaise semble un volcan faisant irruption de la mer. Elle est en

feu; du Couëdic se dégage, sauve les ennemis, vire de bord. A peine la manœuvre faite,
une détonation éclate, formidable. La frégate avait sauté. La *Surveillante* payait cher sa
victoire. Sans mâts, avec moitié seulement de son équipage, tous ses officiers tués ou
blessés, à l'exception d'un seul, elle rentra à Brest. La population entière fit une ovation
triomphale à du Couëdic, couché sur un brancard orné de trophées. Trois mois après il
mourait. Sur son tombeau, à Brest, Louis XVI fit graver ces mots : « Jeunes élèves de la
marine, admirez et imitez l'exemple de du Couëdic. »

VI

HÉROINES, HÉROS

1789 à 1870

LA FRANCE CONTRE L'EUROPE

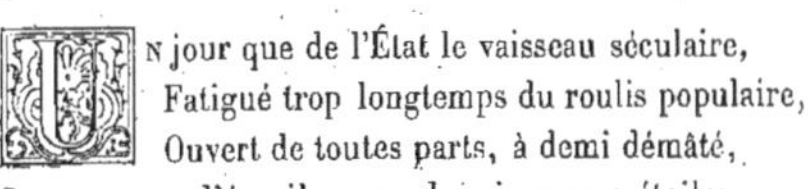

N jour que de l'État le vaisseau séculaire,
Fatigué trop longtemps du roulis populaire,
Ouvert de toutes parts, à demi démâté,
Sur une mer d'écueils, sous des cieux sans étoiles,
Au vent de la Terreur qui déchirait ses voiles,
S'en allait échouer la jeune Liberté :

Tous les rois de l'Europe, attentifs au naufrage,
Tremblèrent que la masse, en heurtant leur rivage,
Ne mît du même choc les trônes au néant ;
Alors, comme forbans qui guettent une proie,
On les vit tous s'abattre, avec des cris de joie,
Sur les flancs dégarnis du colosse flottant.
Mais lui, tout mutilé des coups de la tempête,
Se dressa sur sa quille et, relevant la tête,
Hérissa ses sabords d'un peuple de héros,
Et, rallumant soudain ses foudres désarmées,
Comme un coup de canon lâcha quatorze armées,
Et l'Europe à l'instant rentra dans son repos.

(Auguste Barbier.)

VIALA

1793

Le dernier couplet de la *Marseillaise* est chanté par un chœur d'enfants qui s'écrie :

ous entrerons dans la carrière,
   Quand nos aînés n'y seront plus :
   Nous y trouverons leur poussière
Et la trace de leurs vertus.
Bien moins jaloux de leur survivre
Que de partager leur cercueil,
Nous aurons le sublime orgueil
De les venger ou de les suivre.
Aux armes, citoyens ! Formez vos bataillons !...

Il y eut des enfants qui n'attendirent pas pour entrer dans la carrière que leurs aînés en fussent sortis. Tel Viala.

En juillet 1793, les ennemis s'étaient rendus maîtres de la rive gauche de la Durance, et se disposaient à la franchir pour marcher sur Avignon, qui est sur la rive droite. Les patriotes, inférieurs en nombre, car ils étaient huit cents contre quatre mille, ne purent les empêcher de s'emparer des pontons qui servaient à passer la rivière. Il n'y avait qu'un moyen d'empêcher le passage, c'était de couper les câbles des pontons, qui auraient été ainsi emportés par le courant. Mais pour couper les câbles, il fallait s'avancer sous un feu terrible et courir à une mort certaine. Le capitaine demande un homme de bonne volonté ; un enfant de treize ans se présente : il se nommait Agricole Viala et commandait une petite garde nationale d'enfants appelée l'*Espérance de la patrie*. Le capitaine repousse l'offre de l'enfant; mais, sans mot dire, Viala s'échappe, prend une hache et s'élance vers le poteau où le câble était fixé. Avec son léger mousquet, il fait feu quatre fois sur les insurgés ; puis, arrivé au poteau, il jette son fusil et attaque le câble à coups de hache. Les balles pleuvent autour de lui et il s'affaisse blessé à mort, avant d'avoir pu couper le câble : « Ils ne m'ont pas manqué, dit l'enfant en mourant, mais cela m'est égal, je meurs pour la liberté. »

Par un décret du 18 floréal an II (10 mai 1794), la Convention décerna à Viala les honneurs du Panthéon. Son père et sa mère écrivirent à la Convention : « Il nous reste quatre enfants, pour qui votre décret du 18 floréal devient l'engagement sacré d'imiter leur frère. Nous donnerions notre vie pour préserver celle de nos enfants ; mais la patrie est là : veut-elle de nouveaux sacrifices? Périssent nos enfants, et vive la République! Vive la France ! »

LA TOUR-D'AUVERGNE
1745-1800

Dans un temps où l'on pouvait être tout, la Tour-d'Auvergne mit son ambition à n'être rien, et à la gloire de commander, il préféra l'honneur d'être non pas même le *premier*, mais le plus *ancien* grenadier de la République.

Théophile-Malo Corret de Kerbeauffret était né à Carhaix (Finistère), en 1745. Sa famille était de la petite noblesse de Bretagne, mais par un frère naturel de Turenne, elle se rattachait à l'illustre maison de la Tour-d'Auvergne, dont notre héros demanda, et obtint plus tard, de porter le nom. Son père était avocat. Il fit ses études au collège de Quimper, puis à l'école militaire de la Flèche, d'où il sortit, en 1767, comme sous-lieutenant dans le régiment d'Angoumois.

Réduit à l'existence monotone de la garnison, le jeune officier, pour se distraire, étudia les langues celtiques.

Ce savant était aussi un soldat qui aurait bien laissé la grammaire pour les beaux coups d'épée. Mais il ne put partir pour la guerre d'Amérique, et comme l'avancement était réservé à la haute noblesse, il n'était encore que capitaine en 1779. Il demanda un congé (1781), et partit pour le siège de Mahon, où il servit comme volontaire, dans les rangs de l'armée espagnole. Il resta sous les boulets comme au milieu de ses livres, calme et froid. Un jour, après une attaque, on s'aperçut qu'un blessé était abandonné sous les murs de la place. La Tour-d'Auvergne s'en alla au pas, sous le feu de la ville et de la flotte, chargea l'Espagnol sur ses épaules, et le rapporta tranquillement à l'ambulance. Son courage émerveilla tous les soldats. De retour en France, et rendu à la vie de garnison, il se remit aux études celtiques. Il en fut tiré par la Révolution.

Tout en revivant au milieu des anciens Gaulois, la Tour-d'Auvergne était de son siècle. Il ne se contenta pas de saluer la Révolution, il la servit. Aux camarades qui le pressaient de déserter, — on appelait cela *émigrer*, — il répondit : « Périsse le lâche qui abandonne son pays au moment du danger. J'appartiens à la patrie. Jusqu'à mon dernier soupir je servirai sa cause. Soldat, je lui dois mon bras; citoyen, je dois respect à ses lois. » Le gouvernement l'envoya, avec son grade, dans Chambéry, puis en Espagne (1793).

Servan imagina de réunir toutes les compagnies de grenadiers pour en faire un corps d'élite de 8000 hommes, dont le commandement serait dévolu au plus ancien capitaine. Notre héros fut ainsi le chef de cette division d'avant-garde qui fut la terreur des Espagnols sous le nom de *colonne infernale*. Les exploits les plus extraordinaires se succèdent dès lors. Les passages réputés impraticables sont franchis au cœur de l'hiver, comme le val d'Arran. Les rochers garnis de redoutes sont gravis et emportés. Des forts s'ouvrent devant des poignées d'hommes, conduits par la Tour-d'Auvergne. Presque seul, avec une pièce de canon, il prend Saint-Sébastien. Tout cela accompli simplement, avec la ténacité du Breton, le calme du savant et la gaieté du soldat. Un jour il arriva sur les bords d'une rivière dont l'autre rive était occupée par les Espagnols. Avec une malicieuse ostentation, ceux-ci se mirent à préparer leur repas, certains de n'être pas dérangés. Pas de pont sur la rivière; aucune barque aux environs. Nos grenadiers, affamés, se désolaient. « Qui veut dîner me suive! » s'écrie tout à coup la Tour-d'Auvergne, et il se jette à la nage. Les soldats en font autant. Les Espagnols, effrayés, se dispersent en abandonnant leur batterie, batterie de cuisine, s'entend. Nos grenadiers n'eurent plus que la peine de s'attabler. Jamais dîner ne fut mieux gagné et ne fut mangé avec plus d'appétit.

Il se battait d'ailleurs en gentilhomme, l'épée à la main, tête nue, le chapeau sous le bras, toujours en tête au-devant des canons et sous la fusillade, mais jamais atteint. Au dire des soldats, *il avait le don de charmer les balles.*

Pendant qu'il faisait merveille de la sorte, il se trouva sous le coup d'un décret qui excluait les nobles de l'armée, les ci-devant. Il fallut céder aux réclamations des soldats qui ne voulaient pas se séparer de lui. Le représentant du peuple en mission, touché de ses services et de son dénûment, lui offrit son crédit, avec insistance. « Eh bien, lui dit la Tour-d'Auvergne, puisque vous êtes si puissant, demandez pour moi.... — Un régiment ? — Non, une paire de souliers. »

La guerre d'Espagne terminée, il obtint un congé pour revoir sa Bretagne, et s'embarqua à Bordeaux pour Brest. Mais le bâtiment fut pris en route par les Anglais. Ceux-ci, fort durs pour les *jacobins*, comme ils les appelaient, leur arrachèrent brutalement leur cocarde tricolore. La Tour-d'Auvergne détacha la sienne, l'enfila jusqu'à la garde de son épée, et dit aux

Anglais : « Venez la prendre ! » On la lui laissa, mais on le jeta à fond de cale. Il resta dix-huit mois prisonnier dans le comté de Cornouailles, avec d'autres Français, comme eux soumis à d'indignes traitements. Il consolait et égayait ses compagnons d'infortune par des récits de la Bretagne. Quand on apprenait quelque victoire de la France, il leur faisait chanter la Marseillaise en chœur, au nez des Anglais. Un échange de prisonniers lui permit de rentrer en France, en 1797.

Mais sa place était prise dans son régiment, et comme il avait trente ans de service, il fut mis à la retraite avec une pension de 800 francs—en assignats.—Le ministre de la guerre, instruit de sa pauvreté, lui fit offrir un secours de 400 francs. Il en prit 120, en disant : « Si j'ai d'autres besoins je reviendrai. » Il s'était établi au village de Passy, où il vivait seul, sans domestique. Qu'en aurait-il fait? Du pain et deux sous de lait par jour lui suffisaient. Avec cela, il trouvait encore le moyen de faire l'aumône. Ce héros râpé avait ses pauvres.

Jamais il ne s'était trouvé aussi parfaitement heureux. La guerre lui manquait, mais il lui restait ses livres.

Il sortit pourtant de cette humble et studieuse retraite en apprenant que la conscription enlevait à son vieil ami le Brigant, son maître dans les études celtiques, le dernier de ses enfants ; il obtint de le remplacer, et s'engagea comme simple grenadier, dans la 46ᵉ demi-brigade. Il avait alors cinquante-six ans. Il servit dans l'armée d'Helvétie, sous Masséna, assista à la bataille de Zurich, et revint à Paris.

Sur le rapport de Carnot, ministre de la guerre, au Premier Consul, il reçut alors un sabre d'honneur, avec le titre de *premier grenadier de la République*. La Tour-d'Auvergne accepta le sabre, mais refusa le titre qu'on lui décernait, et que la postérité lui a conservé. « Parmi nous autres soldats, disait-il, il n'y a ni premier ni dernier. » Puis il demanda à rejoindre son corps à l'armée du Rhin. Il partit avec de sombres pressentiments.

Six jours après son arrivée, la Tour-d'Auvergne avec quelques grenadiers, attaquait, une hauteur, près de Neubourg, à *Oberhausen*. Tout à coup il fut frappé au cœur par la lance d'un uhlan autrichien, et tomba, sans prononcer une parole. Il fut enseveli à l'endroit même où il venait de tomber, et ses grenadiers le placèrent, *comme ils l'avaient toujours vu de son vivant, faisant face à l'ennemi.*

Mais son cœur fut déposé dans une urne d'argent que la première compagnie de la 46ᵉ demi-brigade porta toujours avec elle jusqu'en 1814. De cette façon, le bon capitaine restait sous les drapeaux et ne quittait pas ses camarades. Chaque jour, lorsqu'on faisait l'appel de la compagnie, l'officier criait: La Tour-d'Auvergne ! et le plus ancien grenadier répondait : Mort au champ d'honneur !

Le sabre de la Tour-d'Auvergne fut suspendu à la voûte des Invalides. Son épée, des mains de ses amis, passa à son neveu, le capitaine Kersausie, qui fut un des plus vaillants défenseurs de l'idée républicaine, sous Louis-Philippe. En 1860, Kersausie la donna à Garibaldi, qui venait de conquérir la Sicile avec une poignée de compatriotes. Garibaldi répondit : « J'ai reçu cette épée que les consuls de la République décernèrent au plus brave de l'armée française, au plus brave de cette armée qui foulait sous ses pas de géant, et ensevelissait dans la poussière trônes et tyrans de l'Europe. Cet honneur passe tout ce que les aspirations d'un homme de guerre peuvent rêver. Je l'accepte, non seulement avec toute la gratitude dont je suis capable, mais de plus comme un signe de sympathie de la France humanitaire aux nationalités opprimées. »

Garibaldi est mort, et son gendre, le général Canzio, est venu en 1883, offrir à la ville de Paris l'épée de la Tour-d'Auvergne.   (E. Guillon.)

LA BATAILLE DE VALMY
20 septembre 1792.

Les Prussiens ignoraient si parfaitement à qui ils avaient affaire qu'ils crurent avoir pris Dumouriez, lui avoir coupé le chemin. Ils s'imaginèrent que cette armée de *vagabonds, de tailleurs, de savetiers*, comme disaient les émigrés, avait hâte d'aller se cacher dans Châlons, dans Reims. Ils furent un peu étonnés quand ils les virent audacieusement postés à ce moulin de Valmy. Ils supposèrent du moins que ces gens-là, qui, la plupart, n'avaient jamais entendu le canon, s'étonneraient au concert nouveau de soixante bouches à feu. Soixante leur répondirent, et tout le jour cette armée, composée en partie de gardes nationales, supporta une épreuve plus rude qu'aucun combat : l'immobilité sous le feu. On tirait dans le brouillard au matin, et plus tard dans la fumée. La distance néanmoins était petite. On tirait dans une masse; peu importait de tirer juste. Cette masse vivante, d'une armée toute jeune, émue de son premier combat, d'une armée ardente et française, qui brûlait d'aller en avant, tenue là sous les boulets, les recevant par milliers, sans savoir si les siens portaient, elle subissait, cette armée, la plus grande épreuve peut-être. On a tort de rabaisser l'honneur de cette journée. Un combat d'attaque ou d'assaut aurait moins honoré la France.

Un moment, les obus des Prussiens, mieux dirigés, jetèrent de la confusion. Ils tombèrent sur deux caissons qui éclatèrent, tuèrent, blessèrent beaucoup de monde. Les conducteurs de chariots, s'écartant à la hâte de l'explosion, quelques bataillons semblaient commencer à se troubler. Le malheur voulut encore qu'à ce moment un boulet vînt tuer le cheval de Kellermann et le jeter par terre. Il en remonta un autre avec beaucoup de sang-froid, et raffermit les lignes flottantes. Il était temps. Les Prussiens, laissant la cavalerie en bataille pour soutenir l'infanterie, formaient celle-ci en trois colonnes, qui marchaient vers le plateau de Valmy. Kellermann voit ce mouvement, forme aussi trois colonnes en face, et fait dire sur toute la ligne : « Ne pas tirer, mais attendre, et les recevoir à la baïonnette. »

Il y eut un moment de silence. La fumée se dissipait. Les Prussiens avaient descendu; ils franchissaient l'espace intermédiaire avec la gravité d'une vieille armée de Frédéric, et ils allaient monter aux Français. Brunswick dirigea sa lorgnette, et il vit un spectacle surprenant, extraordinaire. A l'exemple de Kellermann, tous les Français, ayant leurs chapeaux à la pointe des sabres, des épées, des baïonnettes, avaient poussé un grand cri... Ce cri de trente mille hommes remplissait toute la vallée : c'était comme un cri de joie, mais étonnamment prolongé ; il ne dura guère moins d'un quart d'heure ; fini, il recommençait toujours, avec plus de force ; la terre en tremblait... C'était : « Vive la Nation ! »

Les Prussiens montaient, fermes et sombres. Mais, tout ferme que fût chaque homme, les lignes flottaient, elles formaient par moment des vides, puis elles les remplissaient. C'est que de gauche elles recevaient une pluie de fer, qui leur venait de Dumouriez.

Brunswick arrêta ce massacre inutile, et fit sonner le rappel. Le spirituel et savant général avait très bien connu, dans l'armée qu'il avait en face, un phénomène qui ne s'était guère vu depuis les guerres de religion : une armée de fanatiques, et, s'il l'eût fallu, de martyrs. Il répéta à son roi ce qu'il avait toujours soutenu, contrairement aux émigrés, que l'affaire était difficile, et, qu'avec les belles chances que la Prusse avait en ce moment pour s'étendre dans le nord, il était absolument inutile et imprudent de se compromettre avec ces gens-ci. Le roi était extrêmement mécontent, mortifié. Vers quatre ou cinq heures, il se lassa de cette éternelle canonnade qui n'avait guère de résultat que d'aguerrir l'ennemi. Il ne consulta pas Brunswick, mais dit qu'on battît la charge. Lui-même, dit-on, approcha avec son état-major, pour reconnaître de plus près ces furieux, ces sauvages. Il poussa sa courageuse et docile infanterie sous le feu de la mitraille, vers le plateau de Valmy et, en avançant, il reconnut la ferme attitude de ceux qui l'attendaient là-haut. Ils s'étaient déjà habitués au tonnerre qu'ils entendaient depuis tant d'heures, et ils commençaient à en rire. Une sécurité visible régnait dans leurs lignes. Sur toute cette jeune armée planait quelque chose, comme une lueur héroïque, où le roi ne comprit rien, sinon le retour en Prusse. Cette lueur était la foi.

Et, cette joyeuse armée, qui d'en haut le regardait, c'était déjà l'armée de la République.

Fondée le 20 septembre, à Valmy, par la victoire, elle fut le 21, décrétée à Paris, au sein de la Convention.

(MICHELET.)

O SOLDATS DE L'AN DEUX

soldats de l'an deux ! ô guerres ! épopées !
Contre les rois tirant ensemble leurs épées,
    Prussiens, Autrichiens,
Contre toutes les Tyrs et toutes les Sodomes,
Contre le czar du Nord, contre ce chasseur d'hommes,
    Suivi de tous ses chiens,
Contre toute l'Europe avec ses capitaines,
Avec ses fantassins couvrant au loin les plaines,
    Avec ses cavaliers,

Tout entière debout comme une hydre vivante,
Ils chantaient, ils allaient, l'âme sans épouvante
    Et les pieds sans souliers!
Au levant, au couchant, partout, au sud, au pôle,
Avec de vieux fusils sonnant sur leur épaule,
    Passant torrents et monts,
Sans repos, sans sommeil, coudes percés, sans vivres,
Ils allaient, fiers, joyeux, et soufflant dans des cuivres.
    Ainsi que des démons!
La liberté sublime emplissait leurs pensées.
Flottes prises d'assaut, frontières effacées
    Sous leur pas souverain,
O France, tous les jours c'était quelque prodige,
Chocs, rencontres, combats; et Joubert sur l'Adige,
    Et Marceau sur le Rhin!
On battait l'avant-garde, on culbutait le centre;
Dans la pluie et la neige et de l'eau jusqu'au ventre,
    On allait en avant!
Et l'un offrait la paix, et l'autre ouvrait ses portes,
Et les trônes, roulant comme des feuilles mortes,
    Se dispersaient au vent!
Oh! que vous étiez grands au milieu des mêlées,
Soldats! L'œil plein d'éclair, faces échevelées
    Dans le noir tourbillon,
Ils rayonnaient, debout, ardents, dressant la tête;
Et comme les lions aspirent la tempête
    Quand souffle l'aquilon,
Eux, dans l'emportement de leurs luttes épiques,
Ivres, ils savouraient tous les bruits héroïques,
    Le fer heurtant le fer,
La Marseillaise ailée et volant dans les balles,
Les tambours, les obus, les bombes, les cymbales,
    Et ton rire,   Kléber!
La Révolution leur criait : — Volontaires,
Mourez pour délivrer tous les peuples vos frères! —
    Contents, ils disaient oui.
— Allez, mes vieux soldats, mes généraux imberbes!
Et l'on voyait marcher ces va-nu-pieds superbes
    Sur le monde ébloui!
La tristesse et la peur leur étaient inconnues;
Ils eussent, sans nul doute, escaladé les nues,
    Si ces audacieux,
En retournant les yeux dans leur course olympique,
Avaient vu derrière eux la grande République
    Montrant du doigt les cieux!   (Victor Hugo.)

LE VENGEUR

E *Vengeur du Peuple*, par abréviation *le Vengeur*, avait pour capitaines les deux cousins germains, Jean-François Renaudin, capitaine en premier, et Mathieu Cyprien Renaudin, capitaine en second. Les fils des deux capitaines servaient comme mousses avec leurs pères. Les deux Renaudin étaient nés d'une famille de marins : Jean-François le 15 juillet 1750, à Saint-Laurent du Gua, dans la Charente-Inférieure ; Cyprien à Saint-Denis d'Oleron, le 27 mars 1757.

Jean-François Renaudin, dont le nom est inséparable désormais de celui du *Vengeur*, avait fait son apprentissage fort jeune dans la marine marchande. Successivement lieutenant de frégate auxiliaire en 1779, sous-lieutenant de vaisseau en 1785, lieutenant en 1792, il avait commandé avec honneur la flûte *la Dorade*, puis la frégate *l'Andromaque*. La République, qui l'avait trouvé officier bleu, c'est-à-dire officier auxiliaire, le fit capitaine de vaisseau en 1793, et lui donna le commandement du *Vengeur*, attaché à la flotte de Brest.

Dans le combat du 10 prairial, Renaudin avait soutenu sans faiblir le feu de dix vaisseaux anglais et avait empêché l'amiral Howe de couper la ligne française. Il avait de graves avaries quand deux vaisseaux français vinrent le dégager.

Le 13 prairial, le *Vengeur* soutint un combat acharné contre le *Brunswick* qui l'avait accroché avec son ancre. Les deux navires étaient liés l'un à l'autre. « Ils étaient si rapprochés que les canonniers français ne pouvaient, faute d'espace, faire usage de leurs écouvillons en bois, tandis que les Anglais, qui en avaient en corde, pouvaient facilement se servir des leurs. L'Anglais avait donc la disposition de toutes ses pièces, tandis que le Français était réduit à celles de son avant et de son arrière. Malgré ce désavantage, elles furent si bien servies et si bien appuyées par la mousqueterie, que bientôt le capitaine du *Brunswick*, mortellement blessé, fut emporté et remplacé sur son banc ; qu'un grand nombre de ses officiers, soldats et matelots, furent tués ou hors de combat ; que son pont désert n'offrait plus qu'une faible résistance, et qu'un double incendie éclatait à bord. » (MOULIN.)

Déjà plusieurs hommes du *Vengeur* étaient passés sur le navire ennemi, et Renaudin allait l'enlever lorsqu'il fut assailli par deux nouveaux vaisseaux, dont l'un, le *Ramillies*, avait pour capitaine le propre frère du commandant du *Brunswick*. Renaudin ne se laissa pas abattre. La lutte reprit, acharnée ; les deux vaisseaux s'éloignèrent. Mais le *Vengeur* avait terriblement souffert dans ce nouveau combat de deux heures. Il avait perdu tous ses mâts ; l'eau avait pénétré dans les soutes ; malgré les efforts de l'équipage, elle montait et était déjà arrivée à l'entrepont. « Il n'y avait pas, dit un historien, un seul point de la guibre du *Vengeur* où l'on pût placer une règle de deux pieds de long sans toucher deux trous de boulets. »

Ce fut alors seulement que, abandonné du reste de l'escadre, son navire rasé comme un ponton, troué, faisant eau de toutes parts, menacé de sombrer d'un instant à l'autre, Renaudin se rendit. Il fit amener son pavillon qu'on mit en berne, c'est-à-dire qu'on roula sur lui-même dans sa longueur, et qu'on montra dans cet état à l'ennemi pour lui faire comprendre qu'on renonçait à une résistance inutile. Les canots anglais s'approchèrent, et « reçurent tous ceux qui les premiers purent s'y jeter ». Renaudin y prit place avec son fils et 267 hommes de son équipage. Mais les malades et les blessés, au nombre de 206, étaient restés sur le *Vengeur* qui s'enfonçait peu à peu. « Le plus affreux spectacle, dit Renaudin, s'offrit à nos regards ; ceux de nos camarades qui étaient restés sur le *Vengeur*, les mains levées au ciel, imploraient, en poussant des cris lamentables, des secours qu'ils ne pouvaient plus espérer ; bientôt disparurent et le vaisseau et les malheureuses victimes qu'il contenait. Au milieu de l'horreur que nous inspirait à tous ce tableau déchirant, nous ne pûmes nous défendre d'un sentiment mêlé d'admiration et de douleur.

« Nous entendions, en nous éloignant, quelques-uns de nos camarades former encore des vœux pour leur patrie : les derniers cris de ces infortunés furent ceux de « Vive la France ! Vive la République ! » Ils moururent en les prononçant. Plusieurs hommes revinrent sur l'eau, les uns sur des planches, d'autres sur des mâts et d'autres débris du vaisseau. Ils furent sauvés par un cutter, une chaloupe et quelques canots, et conduits à bord des vaisseaux anglais. » Les matelots du *Vengeur* étaient morts, le drapeau déployé, avec un dernier cri pour la patrie ; mais un capitaine ne doit jamais quitter son vaisseau ; l'héroïsme de l'équipage englouti sous les eaux ressort plus encore devant l'abandon de Renaudin, qui tachait ainsi sa belle conduite pendant l'action.

WATTIGNIES & CARNOT

E boulet court mobile ainsi qu'un serpenteau.
Wattignies imprenable habite un fort plateau
Aux abords menaçants par mille artilleries.
Sinistre et promettant de prochaines tueries.
Qu'importe ! Les Français y vont comme au gala,
Libres, insouciants, légers…. Carnot est là ;
Carnot dans tous ces cœurs a soufflé sa grande âme..
L'Autriche a beau s'armer et de bronze et de flamme.
Chacun de nos petits enrôlés est enclin
A prendre le tonnerre au vol comme Franklin,
Et leur vive chanson dit bonjour à la foudre.
Ils chantent, alléchés par l'odeur de la poudre,

Et montent au-devant du canon, par d'étroits
Sentiers où l'on ne peut marcher que trois à trois.
Toute l'armée au pas de course s'échelonne,
L'œil fixé sur Carnot qui guide la colonne.
S'ils hésitent parfois, Carnot gravit toujours,
Aux balles des hulans, aux sabres des pandours
Insensible, et songeant bien moins à la mitraille
Qu'à l'héroïque amour qui dans son sein tressaille,
L'amour de la patrie en danger. Son cheval
S'abat. Lui va toujours, et le soldat rival
Du tribun qui le mène à la gloire en silence,
D'un pas jeune et joyeux à sa suite s'élance.
Nos chétifs fantassins au fond des chemins creux
Brisent le choc puissant des cavaliers poudreux,
Et sur ces corps géants que la mort amoncelle,
A travers un orage enflammé qui ruisselle,
Hâtent le dur travail de leur ascension.
O race de vaillants! ô Révolution!
Déjà sur le coteau, déjà les batteries
Se taisent, et soudain nos bandes aguerries
Dispersent les ramas des blancs Autrichiens,
Comme un veneur qui chasse une meute de chiens.
Wattignies est à nous et l'Autriche est en fuite.
Or, tandis que Jourdan active la poursuite,
Carnot, posant enfin son fusil dans un coin,
Se recueille, immobile et sérieux témoin,
Heureux d'avoir franchi ce périlleux passage,
Brave comme un héros, modeste comme un sage.

(Emmanuel des Essarts.)

HOCHE

1768-1797

ON raconte qu'un jour de revue, à Versailles, à l'aspect d'un soldat de haute taille et de fière allure qui passait devant elle, une grande dame s'écria : « Quel beau général on ferait de cet homme ! » Sans la Révolution le beau soldat serait resté sous-officier. Grâce à elle, il devint le premier général de la République. Ce soldat, c'était Lazare Hoche.

Lazare Hoche était né à Versailles, le 24 juin 1768. Son père, ancien soldat, était garde du chenil des chasses de Louis XV. Privé de sa mère, tout enfant, Lazare fut confié aux soins d'une tante, fruitière à Montreuil, puis recueilli par un oncle maternel, curé de Saint-Ger-

main-en-Laye, qui éveilla en lui le goût de l'étude. Dès l'âge de quinze ans, Hoche obtint un emploi dans les écuries royales. Mais il avait l'humeur active et entreprenante. Il s'engagea à seize ans pour aller aux Indes. Trompé par le sergent recruteur, il se trouva, sans l'avoir voulu, incorporé dans les gardes françaises (1784).

Le jeune soldat travailla à développer son instruction, et pour grossir sa solde, il ne recula devant aucune fatigue. L'hiver, il brodait des gilets et des bonnets de police qu'il vendait aux officiers. L'été, à Montreuil, il louait ses bras aux maraîchers. Avec son gain il achetait des livres.

Ces goûts élevés ne l'empêchaient pas d'être plein d'entrain et de gaieté, joyeux compagnon et ami dévoué, brave jusqu'à la témérité, admirablement français. Un caporal de son régiment s'était rendu odieux à ses camarades par ses délations, et s'en faisait redouter par son habileté à l'escrime. Hoche le provoqua en duel, reçut de lui un coup de sabre qui lui fendit le front, et dont il conserva toujours la marque, mais il lui enfonça son arme dans le corps jusqu'à la garde.

Il n'était encore que grenadier dans les gardes françaises lorsque éclata la Révolution. Caporal, puis sergent-major sous les ordres de Lafayette, lieutenant en mai 1792, puis capitaine au 58ᵉ, il se signala dans l'évacuation de Maestrich et devint aide de camp du général Le Veneur, ancien ci-devant, qui sorti de la noblesse allait au peuple et ne croyait pas descendre.

Aussitôt que ces deux hommes se connurent, ils s'aimèrent. Avec l'expérience de l'âge et la finesse qu'il tenait de son ancienne éducation, Le Veneur dirigea les travaux de Hoche, choisit ses lectures, corrigea ce que son style avait d'exubérant et de déclamatoire. Hoche accepta cette tutelle morale, et y répondit par une reconnaissance affectueuse qui ne s'éteignit qu'avec sa vie. Ses livres lui avaient appris à penser ; Le Veneur lui avait appris à écrire ; il n'avait besoin de personne pour apprendre à vaincre.

Il fut envoyé comme chef de bataillon à Dunkerque assiégée par vingt mille Anglais du duc d'York, tandis que seize mille autres couvraient les opérations du siège du côté de Lille. La place, commandée par le général Souham, ne renfermait que sept à huit mille soldats découragés ; les remparts étaient en mauvais état ; la ville, mal disposée pour la Convention. Une résistance sérieuse paraissait impossible.

Hoche, qui n'a que vingt-quatre ans et qui n'est qu'un officier subalterne, est à peine arrivé qu'il commande en maître. Son activité entraîne tout le monde. Il rend à la garnison sa discipline et la confiance ; travaille aux fortifications, fait chasser de la ville les étrangers et les gens suspects, ranime l'ardeur patriotique des habitants, à la fois chef d'armée, administrateur ; et il put attendre l'arrivée de l'armée du Nord. Houchard livre la bataille d'Hondschoote (8 septembre). Pendant la journée Hoche fait une sortie qui contribue au succès. Les Anglais lèvent le siège, Dunkerque est sauvée.

Cette belle défense attira l'attention sur Hoche. De Dunkerque Hoche avait adressé à Carnot un mémoire que celui-ci fit lire à ses collègues, en leur disant : « Voilà un officier qui fera son chemin. » — Il fut en six semaines promu successivement général de brigade, général de division et général en chef de l'armée de la Moselle, le 20 octobre 1793.

Hoche, dès son arrivée, avant d'avoir rien fait, avait conquis l'affection des troupes. Un de ses officiers écrivait : « J'ai vu le nouveau général. Son regard est celui de l'aigle, fier et vaste. »

Hoche avait devant lui les Prussiens du duc de Brunswick, établis sur la rive droite de la Sarre et appuyés sur les Vosges, par où ils donnaient la main aux Autrichiens de Wurmser. Le plan imposé par le Comité était de franchir la Sarre, de repousser les Prussiens et de longer les Vosges jusqu'à Kayserslautern pour prendre à revers les Autrichiens. Après s'être emparé de Bliescastel, il échoua contre Kayserslautern, malgré trois jours de lutte acharnée (28, 29, 30 novembre).

Hoche, laissant alors sur la Sarre une partie de ses forces, franchit les Vosges avec douze mille hommes pour tomber sur le flanc droit des Autrichiens, tandis que ceux-ci étaient aux prises avec Pichegru. Il chassa les Prussiens de Wœrth et de Frœchwiller le 22 décembre. Les positions ennemies étaient couvertes de batteries qui décimaient les rangs républicains; les soldats hésitaient. Hoche, sous le feu des canons, imagina de les mettre à l'enchère. « Camarades! s'écria-t-il gaiement, à quatre cents, à cinq cents, à six cents livres pièce les canons! — Adjugé! » répondent les soldats, et ils s'élancent sur les batteries à la baïonnette. En moins d'une heure les canonniers sont tués sur leurs pièces, les Prussiens battent en retraite, et le soir, dix-huit canons, traînés devant le général, sont payés comptant, au prix de l'adjudication.

Hoche avait lié ses opérations à celles de Pichegru, mais le succès complet exigeait l'unité dans le commandement et dans l'action. Un arrêté du 24 décembre lui confia le commandement des deux armées réunies, de la Moselle et du Rhin, en lui subordonnant Pichegru. Hoche n'avait que vingt-cinq ans! Il prépara tout pour une offensive rapide et décisive. On était au cœur de l'hiver, la neige couvrait la terre. Mais Hoche supprime les tentes. Les régiments campent en plein air, sous les sapins des Vosges, au bord des ravins glacés. Personne ne se plaint. Tous sont réchauffés de l'ardeur enthousiate qui anime leur jeune général. Et cependant la veille de la bataille, songeant à la gloire qui l'attend ou qui va trahir ses espérances, Hoche redevient calme et grave.

Le lendemain 26 décembre, toute l'armée est debout, avant le jour. Elle s'ébranle aux cris mille fois répétés de : « Vive la République! Landau ou la mort! » et court au plateau du Geisberg. En cinq jours de combats furieux, toutes les positions des alliés sont conquises. Wurmser, rejeté au nord de la Lauter, se brouille sur le champ de bataille avec Brunswick, accouru trop tard au bruit du canon; Landau est débloqué; les Autrichiens repassent le Rhin à Philipsbourg, les Prussiens sont rejetés sous Mayence ; la frontière est délivrée.

Quelle récompense obtinrent ces triomphes? Tout l'honneur en fut attribué à Pichegru. Hoche, malheureux et dégoûté du commandement, chercha des consolations dans le mariage. Il avait vu à Thionville une jeune fille belle et modeste, nommée Adélaïde Dechaux; il demanda sa main. Le père, simple garde-magasin, ne voulait pas croire que le général pût épouser sa fille. Il crut se dérober à cet honneur en alléguant qu'elle n'avait pas de dot. — « C'est une femme que je cherche, répondit Hoche, non pas une dot. » — Et il emporta d'assaut le père et la fille sans dot.

Pour le consoler d'une vaine tentative de descente en Angleterre, de ce grand rêve évanoui, le Directoire le nomma général en chef de l'armée de Sambre-et-Meuse (janv. 1797). Elle était cantonnée sur le Rhin, entre Neuwied et Dusseldorf, appuyée à droite sur l'armée du Rhin, commandée par Moreau. Avec quel plaisir et quel orgueil Hoche prit possession de cette armée ! Il se retrouvait donc là en face de cette Allemagne qu'il avait déjà combattue ! avec des hommes dont il avait suivi, du fond de la Vendée, et avec une noble envie, les marches victorieuses : les Lefèvre, les Championnet, les Ney, les Richepanse, les Grenier et tant d'autres. C'est à de pareils hommes qu'il commandait maintenant, et que de grandes choses il allait faire à leur tête ! Il écrivait au Directoire « Il est impossible d'avoir une armée plus belle, plus brave et mieux disciplinée. Avec elle, un général est sûr de battre les ennemis... Que la campagne s'ouvre, et rien ne pourra nous empêcher d'aller jusqu'à Vienne. »

La campagne s'ouvrit en effet. Le jour même où Bonaparte signait avec l'Autriche les préliminaires de Leoben, le 18 avril, Hoche forçait le passage du Rhin devant l'ennemi. En cinq jours, l'armée de Sambre-et-Meuse faisait trente-cinq lieues, livrait trois batailles, (Neuwied, Ukerath, Altenkirchen) et cinq combats, prenait aux Autrichiens huit mille hommes, sept drapeaux, soixante pièces de canon. L'avant-garde, commandée par Lefèvre, s'avançait vers Francfort, quand un courrier apporta l'armistice signé par Bonaparte. Hoche arrêté ainsi dans sa marche victorieuse écrivit au Directoire pour se féliciter de la paix prochaine, et il reprit ses projets sur l'Irlande.

Peu après, il fut nommé à la place de Moreau destitué, et il réunit le commandement des deux armées de Sambre-et-Meuse et du Rhin.

Mais ses forces s'en allaient. Ce grand et beau jeune homme, aux cheveux noirs, aux yeux profonds, était consumé d'un feu qu'il ne pouvait éteindre. Après quelques jours de souffrances, il expira dans son camp de Wetzlar, le 19 septembre 1797. Il n'avait que vingt-neuf ans.

Le deuil de l'armée fut inexprimable. Elle rendit à son chef bien-aimé des honneurs funèbres auxquels s'associèrent les Autrichiens et les paysans de l'Allemagne. Hoche fut déposé sur les bords du Rhin, près Coblentz, dans le monument qui avait déjà reçu les restes de Marceau (21 septembre). A ces obsèques répondit la cérémonie funèbre que le Directoire organisa le 1er octobre au champ de Mars, où furent convoqués tous les corps de l'État, l'armée et le peuple, et où s'exhala en regrets éloquents la douleur de la patrie.

La mort de Hoche était en effet une calamité nationale, parce que Hoche n'était pas seulement un militaire. Grand général, il eût encore été un grand homme d'État. Soldat glorieux, il eût été un citoyen illustre.

Ces regrets sont superflus. L'histoire est faite. Il faut s'en tenir à l'inscription gravée sur le piédestal de la statue de Hoche à Versailles et qui se termine ainsi :

> *Mort trop tôt pour la France,*
> *S'il eût vécu, sa gloire toujours croissante*
> *N'eût jamais rien coûté à la liberté de son pays.*

C'est le plus beau résumé d'une vie qui fut si courte et si pleine pourtant de nobles actions et de magnifiques espérances. (E. Guillon.)

HOCHE ET MARCEAU

Espoirs trop tôt ravis du siècle à son berceau,
Cher couple immaculé, passagères merveilles,
O jumeaux dans la gloire et dans la mort pareilles,
Rayonnez à jamais sur nous, Hoche et Marceau!
Aux limpides lueurs de votre double exemple,
Éclairez-nous. Hélas! notre chemin est noir :
Pour nos yeux blessés d'ombre il est bon de vous voir,
Ainsi que deux flambeaux à la voûte d'un temple.
Et pourtant qu'étiez-vous, fils chaleureux, au jour
Où vous vous êtes dit : « En avant pour la France! »
Des enfants... mais déjà majeurs par la souffrance,
Grands par l'enthousiasme et très grands par l'amour.
Le saint amour transforme en géants les pygmées :
L'enfant qui veut mourir est plus qu'un homme... tels
A vingt ans vous alliez, prêts aux labeurs mortels,
Imberbes entraîneurs de nos mâles armées.
Lorsque vous dispersiez les pâles combattants
On eût dit, à voir fuir des maréchaux séniles,
L'hiver qui se hâtait vers des plages stériles,
Vaincu par les archers lumineux du printemps.
Même, ô jeunes vaillants, dans votre tombe encore
Vous semblez retenir de l'âge adolescent
Je ne sais quoi de doux, d'aimable et d'innocent.
Et vous portez au front les grâces de l'aurore.
Espoirs trop tôt ravis du siècle à son berceau,
Cher couple immaculé, passagères merveilles,
O jumeaux dans la gloire et dans la mort pareilles,
Rayonnez à jamais sur nous, Hoche et Marceau!

(Emmanuel des Essarts).

MARCEAU
1789

RANÇOIS Séverin des Graviers, dit Marceau, était né à Chartres le 1er mars 1769. Son père, greffier au baillage de Chartres, le destinait au barreau et le mit au collège. Batailleur et turbulent, le jeune écolier dédaigna les livres, n'écouta que d'une oreille distraite les remontrances paternelles, et déclara qu'il voulait être soldat. Retiré du collège et durement traité dans sa famille, dès qu'il eut seize ans, Marceau s'engagea dans le régiment d'Angoumois (2 décembre 1785),

Au régiment, Marceau, comme Hoche, lut, travailla, s'instruisit. En 1789, il était sergent. Libéré le 12 juillet, il était à Paris le 14. Il fut de ceux, avec Elie et Hulin, qui conduisirent le peuple à l'attaque de la Bastille. Revenu à Chartres, et nommé instructeur de la garde nationale, il partit avec les volontaires d'Eure-et-Loir, dont il commanda le 2e bataillon, figura dans l'armée de Lafayette, et se trouva assiégé dans Verdun par les Prussiens le 2 septembre 1792.

Beaurepaire commandant des volontaires de Maine-et-Loire, voulait défendre la place, et, il fut soutenu par Marceau. La municipalité s'y refusa. Beaurepaire se tua, la ville ouvrit ses portes.

Adjudant-major, le 1er décembre 1792, il fut nommé au commandement des cuirassiers de la légion germanique, que venait d'organiser Westermann et envoyé dans la Vendée.

Après la déroute du Mans, on recueillit derrière les vaincus une jeune fille dont les parents venaient d'être tués. Égarée par la douleur, elle cherchait la mort. Elle était noble et belle. On l'amena à Marceau, qui la remit aux soins de son aide de camp Savary; Savary la conduisit à Laval. En passant à Laval, Marceau accompagné de Kléber vint s'informer de sa protégée. « On ne vit jamais, dit Kléber, de femme plus jolie, mieux faite, plus intéressante à tous égards. » Mlle des Mesliers, c'était son nom, admira la haute taille de Kléber, sa large poitrine et cette puissante et loyale figure où la bonté s'épanouissait dans la force. Mais elle ne se lassa pas de contempler le visage de Marceau, ce grand jeune homme aux yeux vifs et profonds, à la longue chevelure. Eh quoi! ces féroces dont on lui avait enseigné la haine, *ces buveurs de sang*, contre lesquels on soulevait les campagnes, c'étaient ces hommes qu'elle voyait auprès d'elle attentifs, respectueux et doux! C'était le même Marceau qui écrivait à sa sœur : « Ne me parle pas de mes lauriers, ils sont trempés de sang humain. »

Après le départ de l'armée, Mlle des Mesliers fut dénoncée et reprise. Devant le tribunal, elle invoqua le nom des généraux. Elle les compromit, sans éviter la mort. Avant d'y marcher, elle se souvint encore de Marceau, elle lui légua sa montre, une petite montre en argent. Tel fut cet épisode touchant de la vie toute militaire de Marceau. Il lui valut une nouvelle dénonciation.

Il reçut ensuite le commandement d'une division de l'armée du Nord.

Sous les ordres de Jourdan, et dans les rangs de l'armée de Sambre-et-Meuse, où servaient avec lui Kléber, Championnet, Lefèvre, Marceau franchit la Sambre, et commanda l'aile droite à la bataille de Fleurus (26 juin 1794) où il mérita d'être appelé, suivant un rapport au comité, le *lion de l'armée française*. Dans la même campagne, il se couvrit de gloire à

la difficile journée d'Aldenhoven (2 octobre) et s'empara de Coblentz, pendant que Kléber faisait tomber Maestricht. Ces succès nous donnèrent la rive gauche du Rhin.

En 1795, les Français passèrent sur la rive droite, mais furent contraints de reculer.

Marceau commandait l'arrière-garde. L'officier du génie chargé de détruire les ponts, à Dusseldorf, s'y prit trop tôt, et une partie de l'armée se trouva exposée à tout l'effort des Autrichiens. Marceau, croyant son honneur engagé, voulait se donner la mort. Un de ses aides de camp l'en empêcha. Sur ces entrefaites arriva Kléber qui lui reprocha son désespoir, et lui dit : « Montons à cheval, et tout sera réparé. » En effet, pendant plus d'une journée, tous les deux soutinrent le choc des Autrichiens, laissèrent le temps de refaire les ponts derrière eux, et regagnèrent la rive gauche.

En 1796, lorsque Carnot, dans le Directoire, reprit la guerre contre l'Autriche, Marceau fit encore partie de l'armée de Sambre-et-Meuse. Elle franchit le Rhin, entre Dusseldorf et Neuwied. Elle comptait 76 000 hommes, commandés par Jourdan, et sous lui, par Kléber, Marceau, Lefèvre, Championnet, Bernadotte. Victorieuse à Altenkirchen et à Ukerath, elle franchit la Lahn, la Nidda, le Mayn, et s'approcha du Danube.

De son côté, l'armée du Rhin, commandée par Moreau, traversa la forêt Noire et suivit une marche parallèle à celle de Jourdan. Mais l'archiduc Charles se jeta entre les deux généraux, livra à Moreau la bataille de Neresheim, et porta le gros de ses forces contre Jourdan. Jourdan, vaincu à Amberg et rejeté sur Wurtzbourg, fut forcé de battre en retraite. C'est dans cette retraite que fut tué Marceau, dans la vallée de Lahn, près d'Altenkirchen.

Le 20 septembre au matin, Marceau, qui commandait l'arrière-garde, traversait le défilé d'Altenkirchen avec quelques officiers. Il avait le bras levé pour leur montrer un hussard ennemi qui chevauchait à quelque distance quand un chasseur tyrolien, caché derrière un arbre, le visa et l'atteignit sous le bras, entre les côtes. Il tomba, et fut déposé dans une maison d'Altenkirchen. Jourdan accourut, avec son état-major, mais n'en fut pas moins forcé de continuer son mouvement de retraite, en abandonnant le blessé à la générosité de l'Autriche.

Le général Haddick envoya aussitôt une sauvegarde, et l'archiduc Charles son premier chirurgien. Le vieux maréchal Kray vint serrer la main à son jeune adversaire, et Marceau se trouva entouré des soins les plus empressés. Mais la blessure était mortelle. Le 21 septembre au matin, il expira. Quelques instants après arriva l'archiduc Charles avec ses officiers. Il contempla les traits du général et sortit tout ému.

Les honneurs funèbres furent rendus à Marceau, par la garnison française de Coblentz, le 25 septembre. Les Autrichiens s'y associèrent. Il fut inhumé dans le camp de Coblentz.

« Non loin de Coblentz une simple pyramide couronne un tertre de gazon. Sous sa base reposent les cendres d'un héros. Il fut un de nos ennemis. Mais n'en rendons pas moins hommage à la mémoire de Marceau.... Hélas ! sa carrière fut courte et glorieuse, on vit deux armées suivre ses funérailles. On y vit pleurer ses amis et ses ennemis. Que l'étranger s'arrête auprès de son monument et y prie pour le repos de cette âme valeureuse. Marceau fut le champion de la liberté. Il avait conservé la pureté de son âme, et il fut pleuré. » (Lord Byron.)

Marceau n'avait que vingt-sept ans. Par ses qualités guerrières, par ses vertus modestes, par sa figure gracieuse, par la fin touchante d'une existence sitôt brisée, il est entré profondément dans le cœur du peuple. (E. Guillon.)

MERLIN DE THIONVILLE

1790

Comme un épais cordon de chasseurs cerne un bois,
Pour prendre sûrement les fauves à son piège,
Ainsi toute la Prusse, acharnée à ce siège,
Investit Mayence aux abois.
La Prusse avec son roi qui lui-même dragonne,
Comme un soldat devant nos redoutes, épris
De la ville, et jaloux d'effacer à ce prix
Le récent affront de l'Argonne.
Or Mayence résiste, elle veut s'obstiner
A retarder la chute où le sort la destine,
Et parfois elle écoute au loin si de Custine
Le clairon ne va pas sonner.
Mais Custine s'abstient, et la cité s'entête,
Magnanime, à subir l'épreuve des assauts,
Comme un de ces rochers où s'usent les vaisseaux,
Impassible dans la tempête.
Car Mayence recèle un peuple de héros
Invincible à la mort qui sur leurs têtes tonne ;
Là, semblables aux vents belliqueux de l'automne,
Se déchainent six généraux.
Tels que les chevaliers du drapeau tricolore,
Quelques-uns retrempant un blason féodal ;
C'est Marigny qui semble avoir pris Durandal
Au paladin dompteur du More ;
C'est Dubayet, Beaupuy, l'athlète au noble front,
Meunier, penseur promis au deuil de la patrie ;
C'est ta fièvre, c'est ton courroux, c'est ta furie,
O Kléber que les sphynx craindront !
Mais, plus que ces héros et que ces preux, éclate,
Imaginez Achille au secours d'Ilion,
Un être formidable aux cheveux de lion
Où flotte un panache écarlate ;
Un jeune homme, un tribun, soldat improvisé,
Chef imprévu plongeant au loin son regard d'aigle,
Inspiré de la guerre et docile à la règle,
Calme et sans cesse électrisé.
Ce lutteur sans orgueil comme sans défaillance,

Simple et sublime, c'est Merlin, l'homme au cœur fort,
Soutien d'une cité dans un suprême effort,
    Incarnation de Mayence,
Merlin de Thionville, un descendant d'Hercule,
Inventant le remède où surgit le besoin,
Criant à l'Épouvante : « Arrière! », au Mal : « Plus loin! »
    Et qui dit à la Faim : « Recule. »
Puis, tel qu'un épervier se précipite, il part ;
Dans les rangs ennemis, tête baissée, il plonge,
Cueille ses prisonniers, agile comme un songe,
    Et retourne sur le rempart.
Là, pour se reposer d'escarmouches épiques
Ou de combats pareils aux chocs des vieux géants,
Il aime à manier les lourds canons béants,
    Comme des cestes olympiques ;
Et poussant devant lui ces cratères d'airain,
Que de fois accoudé sur leur masse robuste !
Il fixe enfin ce bronze et le pointe et l'ajuste
    Avec un geste souverain ;
Et là, l'éclair aux yeux et la pourpre à la joue,
Visant des ennemis la vivante forêt,
Il dispose à loisir ses pièces... on dirait
    Qu'avec ses chers canons il joue ;
Si bien qu'en le voyant incomparable au jeu
Des batailles, présent partout, partout superbe,
Les Allemands qu'il fauche à loisir comme l'herbe
    Murmurent : « Le Diable de feu ! »

(Emmanuel des Essarts).

KLÉBER

1753

Kléber doit tout à la Révolution. Son enfance avait été turbulente, sa jeunesse dissipée. Sa maturité végétait dans la paix d'un labeur obscur. La guerre le rendit à sa véritable vocation. La République le jeta dans ses armées, le promena du Rhin à la Loire, des bords de la Sambre aux rives du Nil, et en sept ans inscrivit son nom sur deux pages immortelles : le siège de Mayence, l'expédition d'Égypte.

Kléber est un enfant de l'Alsace, et il est sorti des rangs du peuple. Il naquit à Strasbourg, en 1753.

Kléber allait atteindre quarante-ans, sans que sa vive intelligence, sa force musculaire, son besoin d'activité et d'expansion eussent encore trouvé leur emploi, quand la guerre vint lui ouvrir une courte mais glorieuse destinée.

Au mois de janvier 1792, Kléber s'enrôla au 4° bataillon des volontaires du Haut-Rhin, dont il fut, presque aussitôt, nommé adjudant-major, puis il partit pour l'armée du Rhin que commandait Custine, et fut enfermé dans Mayence. La garnison était de vingt mille hommes presque tous volontaires.

Les munitions de guerre abondaient, mais les vivres et les fourrages manquaient. L'investissement commença, en avril 1793. Avant qu'il fût achevé, dans la nuit du 5 au 6, Kléber fit une audacieuse sortie, et ramena des villages voisins du bétail et du grain, pour plusieurs semaines. Ces coups de main redoublèrent quand les ennemis travaillèrent à l'installation de leurs tranchées et de leurs lignes de siège. Le 30 mai, une sortie générale faillit enlever le roi de Prusse dans son quartier de Marienbourg.

Mais les sorties devinrent bientôt impraticables. La place était entièrement cernée par quarante-cinq mille Prussiens, qui la bombardaient avec deux cents grosses pièces de canon, et qui avaient même établi sur le Rhin des batteries flottantes. « Pendant quatre mois, disait plus tard Kléber, j'ai vécu sous une voûte de feu. »

Custine ne tentait rien pour débloquer Mayence, et la disette s'y faisait sentir.

Aux souffrances physiques se joignaient les angoisses morales. Depuis trois mois les assiégés étaient sans nouvelles de la France. Désespérant d'en triompher, même par la famine, les Prussiens imprimaient de faux *Moniteurs* qu'ils distribuaient aux avant-postes, et où on racontait les défaites de toutes les autres armées. Sans se laisser abattre par ces nouvelles, nos soldats tenaient toujours. Pourtant, que devenait la France? Était-elle écrasée ou victorieuse? Songeait-elle à Mayence? La garnison se le demandait chaque jour, et tendait l'oreille du côté de la France pour entendre le canon. Rien ne venait, il fallut se rendre. Le roi de Prusse accorda tous les honneurs de la guerre aux Mayençais.

Kléber, chef de brigade le 6 avril 1793, fut nommé général le 17 août et envoyé en Vendée. En avril 1794, le Comité le rappela pour lui confier une division de l'armée du Nord. Puis il revint à l'armée de Sambre-et-Meuse et prit part aux campagnes de 1795-1796. En 1798 Bonaparte l'emmena en Égypte. On débarqua précipitamment le 1ᵉʳ juillet, à l'ouest d'Alexandrie. Le 2, avec quelques milliers d'hommes, Kléber courut sur la ville. Il n'attendit pas qu'une brèche fût ouverte; il fit dresser des échelles sur les murs et sauta dans la place. Il fut blessé, mais la ville fut prise. Il resta avec une poignée d'hommes pour gouverner tout le Delta.

Kléber, à Alexandrie, révélait des qualités toutes nouvelles d'administrateur habile et conciliant. Il préludait, en quelque sorte, dans les limites de son gouvernement, aux travaux qu'il allait, plus tard, étendre à l'Égypte tout entière.

Or nous allions être assiégés en Égypte. Bonaparte prévint les Turcs, en allant les chercher en Syrie.

Dans cette campagne de Syrie, c'est Kléber qui joua le principal rôle. C'est lui qui conduisit l'avant-garde. C'est lui qui entra le premier dans El-Arysch, dans Gaza, dans Jaffa. Pendant que Bonaparte assiégeait Saint-Jean d'Acre, c'est lui qui marcha au-devant de l'armée turque de Damas. Il la rencontra en plaine, au pied du mont Thabor, et pendant toute la journée lutta audacieusement avec trois mille hommes contre vingt-cinq mille. Il allait être écrasé sous le nombre quand Bonaparte accourut au canon et acheva la victoire.

Il avait pris une telle part à la conquête et il témoignait une telle connaissance du pays et de ses besoins; il avait, en outre, une telle influence sur l'armée, que c'est à lui que Bonaparte confia l'Égypte lorsqu'il l'abandonna.

Resté avec vingt mille hommes dont quinze mille seulement en état de porter les armes,

15

Kléber, après le premier mouvement de colère et de découragement, ranima ses compagnons abattus. Mais il ne voyait pas d'autre terme à l'expédition qu'une évacuation. Le 24 janvier 1800, Kléber se résigna à signer la convention d'El-Arysch. L'armée devait évacuer l'Égypte et rentrer librement en France sur des vaisseaux turcs. Le gouvernement anglais, qui croyait Kléber à bout de ressources désavoua la convention, exigea que l'armée se rendît prisonnière de guerre et commençât par déposer les armes. Cette humiliation rendit à Kléber tout son génie. Le géant de Mayence redressa sa tête puissante un moment courbée sous le découragement. Le 16 mars il avait reçu la lettre de lord Keith, le commandant anglais. Le 17, il mit cette lettre à l'ordre du jour de l'armée, en ajoutant : « Soldats! on ne répond à de telles insolences que par des victoires. Préparez-vous à combattre! » Le 19, il rompit les négociations avec le grand vizir, et le 20 mars, avec quinze mille hommes, il culbuta cinquante mille Turcs à Héliopolis. Le grand vizir s'enfuit en Syrie. Tout le Delta fut replacé dans l'obéissance. Le 27, Kléber revenait au Caire. La ville s'était soulevée pendant la bataille, et avait accumulé des défenses formidables. Kléber négocia avec Mourad-Bey, obtint son alliance et bombarda la ville, où il rentra, le 24 avril 1800. La soumission du pays paraissait assurée.

C'était une nouvelle conquête de l'Égypte. Kléber s'occupa de l'organiser et l'organisa.

Tant de résultats n'avaient pu être atteints sans aller contre les préjugés religieux des musulmans. Le 14 juin 1800, après déjeuner, il se promenait dans les jardins du quartier général, au Caire, quand un jeune fanatique, du nom de Soleiman, se précipita sur lui et le frappa de plusieurs coups de poignard. Kléber mourut quelques instants après.

Kléber n'avait que quarante-sept ans. Ce qu'il avait fait promettait encore d'immenses services. Fils du peuple, il en avait le courage, la bonne humeur et la force. Il était plus qu'un admirable soldat : il était un chef de guerre. Bonaparte a dit : « De tous les généraux que j'ai eus sous moi, Kléber et Desaix étaient ceux qui avaient le plus de talents. »

Les restes de Kléber furent rapportés en France, d'abord à Marseille, puis à Strasbourg, en 1818. En 1840, la ville de Strasbourg lui a élevé une statue; mais ce pauvre et grand Alsacien n'a pas eu de chance avec les Bonaparte. Grâce à l'un, il est mort sur une terre d'exil. Grâce à l'autre, sa statue n'est plus sur une terre française.   (E. Guillon.)

LA JEUNE FEMME DE SAINT-MIHIEL

 Tels que des vents du Nord, durs habitants des cimes,
Soufflant le froid, soufflant le deuil, soufflant la mort,
Dans Saint-Mihiel conquis après un long effort,
Les Prussiens déchaînés fondent sur leurs victimes.
Comme en un tourbillon qui jonchera le sol
Tremblent confusément les fragiles feuillages,
Tout ploie à la brutale approche des pillages,
Chaque maison pressent la rapine et le vol.
Seule, dans sa boutique entr'ouverte, une femme
Ménageant à l'orage un indomptable accueil,
Garde, avec un front haut et l'azur dans son œil,
La pureté du corps par la vigueur de l'âme.
Et tous ces ravageurs qui passent triomphants
A franchir l'humble seuil ne se peuvent résoudre :
Car elle les attend, sur un baril de poudre,
Les pistolets au poing, entre ses deux enfants !

(E. DES ESSARTS).

DESAIX

1768-1800

Louis-Charles-Antoine Desaix de Veygoux naquit au château d'Ayat, près de Riom (Puy-de-Dôme), le 17 août 1768.

Sa famille était une des plus anciennes de la vieille province d'Auvergne ; de celles qui vivaient modestement sur leurs terres, au milieu de leurs paysans, et dont le sang se conservait généreux et fort.

Desaix se fit remarquer par la vivacité de son intelligence et par son goût particulier pour l'histoire et la géographie, qui lui fit regretter de ne pas servir dans la marine. L'expédition d'Égypte devait donner comme une satisfaction lointaine à ses rêves d'écolier.

Troisième sous-lieutenant en pied, sans appointements, à la première compagnie du régiment de Bretagne, en garnison dans le Dauphiné, Desaix, gagné aux idées nouvelles, refusa d'émigrer. Aux sollicitations de plusieurs parents et de beaucoup de ses camarades, il répondit avec fermeté : « Je ne veux pas servir contre mon pays. » Desaix appartint à la France.

C'était le moment où la coalition menaçait l'Alsace, et repoussait notre armée sur la Lauter. Desaix contribua à la fois, par sa prudence, à couvrir la retraite, et par sa valeur à

MORT DE DESAIX.

exciter le soldat. On le vit, à Nothweiler, les deux joues percées d'une balle, refuser tout pansement jusqu'à la fin de l'action, et, ne pouvant parler, continuer à commander du geste. Témoins de tant de courage, les représentants le nommèrent général de division sur le champ de bataille. Le soir même, au sortir de l'ambulance, la tête enveloppée d'un bandeau, il revint au milieu des troupes, qui le saluèrent d'unanimes acclamations.

Ce qui dominait déjà, dans Desaix, avec cette valeur tantôt calme et tantôt impétueuse, c'était la bonté. Il n'était pas seulement excellent pour les soldats, dont il prévoyait les besoins, dont il partageait les privations ; il était encore doux pour les paysans, pour les ennemis. Plus tard, en Égypte, les Arabes le surnommèrent le *sultan juste*. Déjà, en Allemagne, au lieu de s'enfuir sur son passage, les paysans disaient : « Pour aujourd'hui, nous n'avons rien à craindre ; c'est le corps de M. Desaix. »

Rien de plus touchant que de voir Desaix se délasser de la lutte en écrivant à sa famille.

C'est là un trait commun à tous les soldats de la Révolution. Ces hommes de fer avaient le cœur tendre. C'était l'âme de la France, qui toujours fut si bonne, qui souriait en eux.

Le siège qu'il soutint dans Kehl, et où il apporta, plus encore que dans la défense de l'Alsace, ses qualités de montagnard auvergnat : le labeur, la patience, l'opiniâtreté ; ce siège consacra sa réputation militaire.

Moreau croyait que la place de Kehl était « dans un état de défense formidable. » Desaix n'y trouva qu'un fort en terre, délabré, avec quelques pièces de campagne. Quelque temps auparavant, il l'avait pris en deux heures. Il le garda deux mois (nov. janv). A peine arrivé, il demanda qu'on lui adjoignît le général Gouvion Saint-Cyr, son ami et son émule, caractère loyal et pur, à l'image de Desaix. On les surnommait tous deux *les Spartiates de l'armée*. Puis il travailla sans relâche aux retranchements, qu'il ne pouvait rendre bons en si peu de jours, dit Saint-Cyr, mais enfin qu'il rendit moins mauvais. Il ne tarda pas à être investi par les troupes de l'archiduc Charles.

Les Autrichiens, savants et méthodiques, entourèrent le fort d'ouvrages énormes qu'ils armèrent avec des canons amenés de Mayence et de Manheim. Desaix, qui n'avait pas d'artillerie, força les lignes ennemies, prit dix pièces et encloua celles qu'il ne put enlever. Ses sorties de jour et de nuit tenaient les Autrichiens en haleine et les décourageaient. Cependant il ne recevait pas de secours. Aussi, après quarante jours de tranchée ouverte, quand l'archiduc Charles eut perdu douze mille hommes, Desaix consentit à capituler, mais à une condition, c'est qu'il emporterait « tout ce qu'il jugerait convenable. » Il demanda pour cela vingt-quatre heures. Il emporta le fort. Canons, affûts, madriers, palissades, jusqu'aux éclats de bombes qui jonchaient le sol, les soldats enlevèrent tout en s'en allant, et Desaix sortit le dernier (9 janvier 1797). L'ennemi, ne trouvant plus que des monceaux de terre, demanda où était le fort.

Voilà comment on défend une place.

Il fit partie de l'expédition d'Égypte. Sa mission terminée, Desaix, embarqué sur un petit bâtiment, tomba dans une croisière anglaise. L'amiral Keith, avec une générosité toute britannique, lui alloua vingt sous par jour pour frais de table, sous prétexte que la France étant soumise au régime de l'égalité, le chef devait se contenter du même traitement que le soldat.

Délivré le 29 avril, après un mois de captivité, il était le 3 mai à Toulon, et le 5 il offrait ses services au Premier Consul. Celui-ci, lui ordonna de le rejoindre en Italie.

Bonaparte se trouvait alors devant Alexandrie où il avait enfermé, par d'habiles manœuvres, le général en chef autrichien, le baron de Mélas. Après quelques jours d'attente, ne voyant pas paraître l'ennemi, il craignit qu'il ne se fût dérobé par le sud, et le 13 juin au soir, il détacha Desaix sur la route de Gênes. Mélas cependant était dans Alexandrie. Il en sortit, le lendemain, pour livrer bataille à Bonaparte dans la plaine de Marengo. Il y eut, en réalité, trois batailles dans cette journée. Les deux premières furent perdues par Bonaparte. La troisième fut gagnée par l'arrivée inattendue de Desaix.

Desaix, dans la matinée du 14, n'avait rien rencontré devant lui. Tout à coup, il entendit le canon au nord. Plus de doute, les Autrichiens étaient aux prises avec Bonaparte. Alors, il rebroussa chemin et courut au canon. Il était cinq heures quand il arriva près de Bonaparte. Celui-ci lui dit, en l'apercevant : « La bataille est perdue. » Desaix regarda sa montre, et répondit tranquillement : « Oui, la bataille est perdue, mais nous avons encore le temps d'en gagner une autre. »

Puis il entraîna sa division et se jeta sur les Autrichiens, à la tête de la 9e demi-brigade, celle qui, depuis, fut appelée l'*Incomparable*. Les Autrichiens le reçurent par une fusillade qui le renversa, dès les premiers coups. Les soldats furieux le vengèrent en remportant la victoire.

Son corps, retrouvé sur le champ de bataille, fut reconnu à sa belle chevelure noire. Ses traits avaient gardé, jusque dans la mort, l'expression de calme et de mélancolie qui leur était habituelle.

Desaix a sa statue à Clermont. Mais la France lui a également élevé un monument aux bords du Rhin.

C'est là qu'avaient été déposés Hoche et Marceau ; là, Meunier, le défenseur de Mayence. C'est là, en effet, que tant de héros ont lutté, souffert, triomphé, pour défendre une frontière qui ne nous appartient plus. Il faut la reprendre. C'est la meilleure façon d'honorer ces grands soldats qui furent avant tout de grands patriotes.

WALHUBERT

1800

E soleil d'Austerlitz n'a pas encore lui.
 Avec ses maréchaux groupés autour de lui,
 Et, près de là, tenant en réserve sa garde,
Du haut d'un mamelon Napoléon regarde,
Monté sur un cheval gris aux naseaux fumants,
S'en aller, l'arme au bras, les derniers régiments

Vers la plaine déjà par d'autres occupée.
Tous l'acclament. Aux chefs saluant de l'épée,
L'empereur fait un signe, et quand passe un drapeau,
Calme, il porte la main à son petit chapeau.
Dans cette steppe au loin par la brume obscurcie,
Tout ce qu'ont de soldats l'Autriche et la Russie
Aujourd'hui va barrer la route au conquérant.
L'heure est grave. Effrayé presque d'être si grand,
Celui qui vient dans Ulm d'écraser l'Allemagne
Et qui, pour terminer d'un seul coup la campagne,
Veut une fois de plus, ce soir, être vainqueur,
Sent un léger frisson lui traverser le cœur.
— N'as-tu jamais aucun vertige, aigle qui planes ?
Or, comme défilait au pas le corps de Lannes,
— On en était à la brigade Walhubert, —
Le soleil, jusqu'alors de nuages couvert,
Éclaira tout à coup l'immense paysage ;
Et le grand fataliste, y voyant un présage,
Et sentant que l'espoir en son cœur renaissait,
Sourit au général Walhubert qui passait.
L'obscur soldat partit, ivre de ce sourire.
La veille d'Austerlitz, on avait fait prescrire,
De peur de dégarnir les rangs, que les blessés,
Officiers ou soldats, ne fussent ramassés
Que le soir, une fois la bataille finie.
Chose affreuse ! ils devaient traîner leur agonie
Dans ce champ clos glacé par la bise du Nord,
Où la pitié viendrait seulement quand la mort
Aurait enfin cuvé sa sanglante débauche.
Le maréchal devait opérer sur la gauche,
Par la route d'Olmütz, forte position
Prise par Lichtenstein et par Bagration ;
Et Walhubert servait sous lui. — Quelle tuerie !
D'abord ce fut un grand choc de cavalerie,
Et les carrés français sur leurs quadruples fronts,
Eurent à repousser quatre-vingts escadrons ;
Puis Kellermann, sabrant, nous fit la place nette ;
Et nos vieux régiments, croisant la baïonnette,
Marchèrent les tambours devant, l'aigle au milieu,
Vers Pratzen, où tonnaient trente bouches à feu.
Quand ces grands mouvements sous le canon s'opèrent,
C'est terrible ! Combien de braves gens tombèrent
Dans cette plaine où rêve aujourd'hui le berger !
Castex, le colonel du treizième léger,

Un officier superbe et de très haute taille,
Fut frappé d'une balle au front, et la mitraille
Enleva d'un seul coup un groupe de tambours.
N'importe ! sur Pratzen, dont brûlaient les faubourgs
Et dont les grenadiers du tzar gardaient l'entrée,
Nos petits fantassins, en colonne serrée,
S'avançaient lentement, commandés par Suchet :
Et, dans cet ouragan formidable, on marchait :
— Car, pour vaincre, il fallait prendre cette bourgade.
Ce fut à Walhubert d'enlever sa brigade,
A Walhubert, à qui l'Empereur a souri !
« En avant ! » commanda le héros.

                A ce cri
D'un effort furieux ses bataillons partirent ;
Et par un feu nourri les Russes répondirent ;
Et comme Walhubert joyeux, caracolait,
Poitrine au vent et sabre à la main, un boulet
Le jeta sur le sol, la cuisse fracassée.
La colonne d'attaque était trop bien lancée :
Elle ne cessa pas pour si peu de courir.
Mais, comme des soldats venaient le secourir,
L'intrépide blessé les écarta d'un signe,
Et dit sévèrement :

              « Eh bien ! Et la consigne !
Qu'on me prenne un drapeau russe pour mon linceul !...
Grenadiers, à vos rangs !... Je peux mourir tout seul !... »

                    (François Coppée.)

MASSÉNA

1758 — 1847

MASSÉNA, né à Nice, en 1758, avait eu une enfance très négligée. Orphelin de bonne heure, il fut embarqué comme mousse et fit deux voyages au long cours.

A dix-sept ans il s'engagea dans le régiment Royal-italien, et monta rapidement jusqu'au grade de sous-officier, sans pouvoir aller plus loin (1777). Comme Hoche, comme Marceau, comme tant d'autres, il fut arrêté par les récentes ordonnances de Louis XVI qui réservaient à la noblesse même la sous-lieutenance. Après avoir végété douze ans dans son grade subalterne, Masséna se retira du service en 1789 et revint à Nice.

La Révolution le décida à rentrer dans les rangs. Adjudant-major au 3ᵉ bataillon des volontaires du Var, il fut, dès 1792, attaché à l'armée du Midi, cette armée dont la physionomie n'était pas moins originale que celle de ses rudes sœurs du Nord et du Rhin ; armée

de têtes chaudes et enthousiastes, armée de marcheurs robustes et endurants, cuits au soleil de Provence, qui devait former la rapide et foudroyante armée d'Italie. Masséna aida le général Anselme dans la conquête du comté de Nice (1792), fut promu général de brigade en 1793, et peu après général de division (20 décembre) ; servit, en 1794, sous Dumerbion ;

en 1795, sous Scherer, et contribua à la victoire de Loano ; enfin, en 1796, il se trouva placé sous les ordres de Bonaparte. Il fut un des principaux lieutenants de Bonaparte dans cette admirable campagne qui commença près de Gênes, et finit au cœur de l'Allemagne, à Leoben. Il se distingua au pont de Lodi, à Rivoli, au col de Tarvis, et c'est de Bonaparte qu'il reçut le surnom d'*Enfant chéri de la Victoire*.

En février 1798, il fut nommé général en chef de l'armée de Rome, à la place de Berthier. L'armée, laissée sans solde, était réduite au dénuement. Il résigna son commandement.

Masséna devint nécessaire quand une deuxième coalition menaça la France (1799). Cette coalition, qui réunissait, avec l'Angleterre, l'Autriche, la Russie, la Turquie, la Sardaigne et les Bourbons de Sicile, mit sur pied 540 000 hommes. Elle se proposa, au nord, d'attaquer la république batave et de tourner le Rhin ; au centre, d'envahir la Suisse ; au sud, de menacer les Alpes-Maritimes, après avoir écrasé les républiques romaine et cisalpine.

Le Directoire ne put opposer à tant d'ennemis que 170 000 hommes, partagés en cinq corps ; ceux de Brune et de Macdonald, aux deux extrémités, en Hollande et à Naples ; ceux de Jourdan, en Allemagne, et de Schérer, sur l'Adige : Masséna, au centre, avec *l'armée d'Helvétie*, gardait la Suisse.

BATAILLE DE ZURICH

1799

Tout le poids de la campagne retomba sur Masséna. De lui allait dépendre le salut de la France. Il était prêt, confiant dans le talent de ses généraux, dans la valeur et la discipline de ses troupes.

Jalouse des succès des Russes en Italie, la cour de Vienne, dans les premiers jours de septembre, modifia le plan de campagne. Elle appela l'archiduc Charles sur le Danube, et décida que Souvarow passerait d'Italie en Suisse, pour s'y réunir à Korsakov. Ainsi il n'y aurait plus désormais d'Autrichiens en Suisse, ni de Russes en Italie.

Masséna s'était jusqu'alors tenu sur la défensive. Il en sortit par un de ces mouvements, faits d'audace, de rapidité et de précision, où se révèlent les grands capitaines. Il résolut d'attaquer Korsakov, juste au moment où il était quitté par l'archiduc Charles, et avant qu'il eût été rejoint par Souvarow. Korsakov s'était concentré dans Zurich. Le 25 septembre, Masséna fait passer la Linth à Oudinot, qui surprend les Russes par derrière. Après deux jours d'une lutte acharnée, Zurich est prise, et Korsakov s'enfuit vers le Rhin, abandonnant 13 000 hommes, tués ou pris, et 100 pièces de canon (25, 26 septembre 1799).

C'était aussi le moment où Souvarow descendait du Saint-Gothard. L'exterminateur de la Pologne, le fléau des Turcs, le vainqueur d'Italie, Souvarow l'*Invincible*, comme il s'appelait lui-même, comptait prendre les Français à revers et les écraser entre lui et Korsakov. Mais, dans l'étroite vallée de la Reuss, il se heurta à Lecourbe, qui recula lentement, de ravins en ravins, dont les tirailleurs, embusqués derrière les rochers, abattaient les Russes à coup sûr, et dont l'admirable résistance sauvait Masséna, qui sauvait la France.

BATAILLE DE ZURICH

En effet, Souvarow ne put atteindre le lac des Quatre-Cantons, à Altorf, que le 26 septembre. Trop tard. Masséna, délivré de Korsakov se retournait contre lui, l'arrêtait sur la Muotta, et le forçait de se rejeter sur Coire, à travers les montagnes, le long d'affreux précipices où tombaient ses hommes, ses canons et ses voitures. Enfin, après des efforts inouïs, il atteignit Coire et le Rhin, plein de rage et de désespoir, maudissant l'Autriche, à laquelle il attribuait son désastre, et l'ogre qui devait engloutir la France alla mourir en Russie.

La *victoire de Zurich* fut connue du Directoire le 10 octobre. L'enthousiasme fut extraordinaire, et l'on décréta, à l'unanimité, que l'armée d'*Helvétie*, avait bien mérité de la patrie. Telle était la simple récompense qu'on décernait alors à des hommes qui sauvaient leur pays.

Masséna, au lendemain de Zurich, trouva l'occasion de se surpasser lui-même.

SIÈGE DE GÈNES

1800

 ASSÉNA arriva à Gênes le 18 février 1800. L'armée, qui ne comptait plus guère que 35 000 hommes, avait à lutter contre des forces bien supérieures, et dès les premières opérations elle fut coupée en deux par les Autrichiens (5 avril). Une moitié, avec Suchet fut rejetée sur le Var. L'autre moitié, sous Masséna, se retira dans Gênes, où elle fut aussitôt assiégée. De brillantes sorties, dans lesquelles Masséna fit de nombreux prisonniers, n'empêchèrent point les Autrichiens d'investir la place, qui fut encore cernée, du côté de la mer, par la flotte anglaise de l'amiral Keith.

Le siège dura deux mois, du 6 avril au 4 juin 1800, et ne tarda pas à engendrer la famine dans une ville de 70 000 habitants, privés brusquement du nécessaire. Les horreurs de Gênes firent oublier les souffrances de Mayence.

Quand les provisions furent épuisées, on se disputa les chevaux morts de maladie et transportés à la voirie. On s'arracha les animaux domestiques de toute taille et de tout poil. On mangea des rats, des souris, des mulots ; puis de l'herbe, et jusqu'à des souliers et des gibernes. Les riches, à force d'or, étaient parvenus à se soutenir. La farine, du 50 mai au 4 juin, se paya 25 francs, le pain 50 francs les 250 grammes ; le riz, 10 francs ; les légumes, 60 francs ; le biscuit n'avait pas de prix, on n'en trouvait plus. Mais au 21 mai la ration fut réduite de 557 à 150 grammes de pain, à 244 grammes de viande de cheval, à 1 litre de vin. Il mourait alors plus de 100 personnes par jour. Les carrefours étaient encombrés de cadavres qu'on enlevait par charretées, tous les matins.

Masséna, qui savait que Bonaparte allait franchir les Alpes, sur les derrières des Autrichiens, crut qu'il fallait gagner du temps. Bonaparte aurait dû courir droit à Gênes. Mais il sacrifia tout, et Masséna, et ses braves soldats, et la ville, à son succès personnel de Marengo.

Le 50 mai, Masséna reçut des Autrichiens la proposition d'une capitulation honorable. L'honneur, d'ailleurs, était sauf. Il voulut attendre encore et projeta une trouée à travers les lignes ennemies. Mais les soldats ne pouvaient pas tenir leurs fusils ; les officiers eux-mêmes lui représentèrent les dangers d'une pareille tentative. Alors il se résigna. Le 5 juin, il conclut une convention qui lui permettait d'évacuer Gênes pour se retirer sur le Var, et d'où le terme de capitulation était soigneusement écarté. En signant, il dit aux Autrichiens : « Avant vingt jours je reviendrai devant Gênes. » Comme il quittait la conférence, l'amiral Keith lui prit la main et s'écria : « Ah ! général, si la France et l'Angleterre pouvaient s'entendre, elles domineraient le monde. — La France suffit, » répondit Masséna.

Il quitta la ville, le lendemain. De 15 000 hommes de garnison, il ne lui en restait plus que 8 000. Les trois quarts de ses officiers étaient blessés. Mais sa résistance avait permis l'exécution du plan de Bonaparte, et assuré les combinaisons de Marengo. Dès le 24 juin il put rentrer dans Gênes. Il s'était tenu parole. (E. Guillon.)

LE CIMETIÈRE D'EYLAU

A mes frères aînés, écoliers éblouis,
Ce qui suit fut conté par mon oncle Louis,
Qui me disait à moi de sa voix la plus tendre :
« Joue, enfant! » me jugeant trop petit pour comprendre.
J'écoutais cependant, et mon oncle disait :
Une bataille, bah ! Savez-vous ce que c'est?
De la fumée. A l'aube on se lève, à la brume
On se couche ; et je vais vous en raconter une.
Cette bataille-là se nomme Eylau ; je crois
Que j'étais capitaine et que j'avais la croix ;
Oui, j'étais capitaine. Après tout, à la guerre,
Un homme c'est de l'ombre et ça ne compte guère,
Et ce n'est pas de moi qu'il s'agit. Donc Eylau,
C'est un pays en Prusse : un bois, des champs, de l'eau,
De la glace, et partout l'hiver et la bruine.
Le régiment campa près d'un mur en ruine ;
On voyait des tombeaux près d'un vieux clocher
Benningsen ne savait qu'une chose, approcher
Et fuir ; mais l'empereur dédaignait ce manège,
Et les plaines étaient toutes blanches de neige.
Le soir on fit les feux et le colonel vint;
Il dit :«Hugo?—Présent!—Combien d'hommes?—Cent vingt.
— Bien. Prenez avec vous la compagnie entière
Et faites-vous tuer. — Où? — Dans le cimetière. »
Et je lui répondis : « C'est en effet l'endroit. »
J'avais ma gourde, il but et je bus ; un vent froid
Soufflait. Il dit : « La mort n'est pas loin, capitaine,
J'aime la vie, et vivre est la chose certaine ;
Mais rien ne sait mourir comme les bons vivants.
Moi, je donne mon cœur, mais ma peau je la vends.
Gloire aux belles ! trinquons. Votre poste est le pire. »
Car notre colonel avait le mot pour rire.
Il reprit : « Enjambez le mur et le fossé!
Et restez là ; ce point est un peu menacé,
Ce cimetière étant la clef de la bataille.
Gardez-le. — Bien. — Ayez quelques bottes de paille.
— On n'en a point. — Dormez par terre. — On dormira.
— Votre tambour est-il brave? — Comme Bara.
— Bien. Qu'il batte la charge au hasard et dans l'ombre,
Il faut avoir le bruit quand on n'a pas le nombre. »

Et je dis au gamin : « Entends-tu, gamin ? — Oui,
Mon capitaine, » dit l'enfant presque enfoui
Sous le givre et la neige, et riant. — « La bataille
Reprit le colonel, sera toute à mitraille ;
Moi, j'aime l'arme blanche, et je blâme l'abus
Qu'on fait des lâchetés féroces de l'obus;
Le sabre est un vaillant; la bombe une traîtresse ;
Mais laissons l'empereur faire. Adieu, le temps presse.
Restez ici demain sans broncher. Au revoir.
Vous ne vous en irez qu'à six heures du soir. »
Le colonel partit. — Je dis : « Par file à droite; »
Et nous entrâmes tous dans une enceinte étroite :
De l'herbe, un mur autour, une église au milieu,
Et dans l'ombre, au-dessus des tombes, un bon Dieu.
Un cimetière sombre, avec de blanches lames,
Cela rappelle un peu la mer. Nous crénelâmes
Le mur et je donnai le mot d'ordre, et je fis
Installer l'ambulance au pied du crucifix.
« Soupons, dis-je, et dormons. » La neige cachait l'herbe;
Nos capotes étaient en loques; c'est superbe,
Si l'on veut, mais c'est dur quand le temps est mauvais.
Je pris pour oreiller une fosse ; j'avais
Les pieds transis ayant des bottes sans semelle;
Et bientôt, capitaine et soldats pêle-mêle,
Nous ne bougeâmes plus, endormis sur les morts.
Cela dort, les soldats; cela n'a ni remords,
Ni crainte, ni pitié, n'étant pas responsable ;
Et, glacé par la neige ou brûlé par le sable,
Cela dort; et d'ailleurs se battre rend joyeux.
Je leur criai : « Bonsoir ! » et je fermai les yeux;
Combien fut-on de temps à dormir de la sorte?
Je veux, si je le sais, que le diable m'emporte!...

Tout à coup, à travers mon sommeil un bruit sombre
Me secoua, c'était au canon ressemblant.
Je m'éveillai; j'avais quelque chose de blanc
Sur les yeux; doucement, sans choc, sans violence,
La neige nous avait tous couverts en silence
D'un suaire, et j'y fis en me dressant un trou :
Un boulet qui nous vint je ne sais trop par où,

M'éveilla tout à fait; je lui dis : « Passe au large ! »
Et je criai : « Tambour, debout! et bats la charge ! »
Cent vingt têtes alors ainsi qu'un archipel
Sortirent de la neige; un sergent fit l'appel :
Et l'aube se montra, rouge, joyeuse et lente;
On eût cru voir sourire une bouche sanglante.
Je me mis à penser à ma mère; le vent
Semblait me parler bas; à la guerre souvent
Dans le lever du jour, c'est la mort qui se lève.
Je songeais. Tout d'abord, nous eûmes une trêve,
Les deux coups de canon n'étaient rien qu'un signal.
La musique parfois s'envole avant le bal,
Et fait danser en l'air une ou deux notes vaines.
La nuit avait figé notre sang dans nos veines,
Mais sentir le combat venir nous réchauffait.
L'armée allait sur nous s'appuyer, en effet.
Nous étions les gardiens du centre, et la poignée
D'hommes sur qui la bombe, ainsi qu'une cognée,
Va s'acharner, et j'eusse aimé mieux être ailleurs.
Je mis mes gens le long du mur, en tirailleurs;
Et chacun se berçait de la chance peu sûre
D'un bon grade à travers une bonne blessure.
A la guerre, on se fait tuer pour réussir.
Mon lieutenant, garçon qui sortait de Saint-Cyr,
Me cria « Le matin est une aimable chose :
Quel rayon de soleil charmant! la neige est rose.
Capitaine, tout brille, tout rit; quel frais azur!
Comme ce paysage est blanc, paisible et pur!
— Cela va devenir terrible, » répondis-je.
Et je songeais au Rhin, aux Alpes, à l'Adige,
A tous nos fiers combats sinistres d'autrefois.
Brusquement la bataille éclata. Six cents voix
Énormes, se jetant la flamme à pleines bouches,
S'insultèrent du haut des collines farouches;
Toute la plaine fut un abîme fumant;
Et mon tambour battait la charge éperdument.
Aux canons se mêlait une fanfare altière,
Et les bombes pleuvaient sur notre cimetière
Comme si l'on cherchait à tuer les tombeaux.
On voyait du clocher s'envoler les corbeaux.
Je me souviens qu'un coup d'obus troua la terre,
Et le mort apparut stupéfait dans sa bière,
Comme si le tapage humain le réveillait.
Puis un brouillard cacha le soleil. Le boulet
Et la bombe faisaient un bruit épouvantable.
Berthier, prince d'empire et vice-connétable,
Chargea sur notre droite un corps hanovrien
Avec trente escadrons, et l'on ne vit plus rien

Qu'une brume sans fond de bombes étoilée,
Tant toute la bataille et toute la mêlée
Avaient dans le brouillard tragique disparu.
Un nuage tombé par terre, horrible, accru
Par des vomissements immenses de fumées,
Enfant, c'est là-dessous qu'étaient les deux armées.
La neige en cette nuit flottait comme un duvet;
Et l'on s'exterminait, ma foi, comme on pouvait
On faisait de son mieux. Pensif, dans les décombres,
Je voyais mes soldats rôder comme des ombres,
Spectres le long du mur rangés en espalier;
Et ce champ me faisait un effet singulier.
Des cadavres dessous, et dessus des fantômes.
Quelques hameaux flambaient;au loin brûlaient des chaumes.
Puis la brume où du Harz on entendait le cor
Trouva moyen de croître et d'épaissir encor,
Et nous ne vîmes plus que notre cimetière.
A midi nous avions notre mur pour frontière;
Comme par une main noire dans de la nuit
Nous nous sentîmes prendre et tout s'évanouit.
Notre église semblait un rocher dans l'écume.
La mitraille voyait fort clair dans cette brume,
Nous tenait compagnie, écrasait le chevet
De l'église et de la croix de pierre, et nous prouvait
Que nous n'étions pas seuls dans cette plaine obscure.
Nous avions faim, mais pas de soupe. On se procure
A manger avec peine en un tel lieu. Voilà
Que la grêle de feu tout à coup redoubla.
La mitraille, c'est fort gênant : c'est de la pluie;
Seulement ce qui tombe et ce qui vous ennuie,
Ce sont des grains de flamme et non des gouttes d'eau.
Des gens à qui l'on met sur les yeux un bandeau,
C'était nous. Tout croulait sous les obus, le cloître,
L'église et le clocher; et je voyais décroître
Les ombres que j'avais autour de moi debout.
Une de temps en temps tombait. « On meurt beaucoup »
Dit un sergent pensif comme un loup dans un piège,
Puis il reprit, montrant les fosses sous la neige :
« Pourquoi nous donne-t-on ce champ déjà meublé ! »
Nous luttions. C'est le sort des hommes et du blé
D'être fauchés sans voir la faux. Un petit nombre
De fantômes rôdaient encor dans la pénombre.
Mon gamin de tambour continuait son bruit.
Nous tirions par-dessus le mur presque détruit.
Mes enfants, vous avez un jardin ; la mitraille
Était sur nous, gardiens de cette âpre muraille,
Comme vous sur les fleurs avec votre arrosoir;
« Vous ne vous en irez qu'à six heures du soir! »

Je songeais, méditant tout bas cette consigne.
Des jets d'éclairs mêlés à des plumes de cygne,
Des flammèches rayant dans l'ombre les flocons,
C'est tout ce que nos yeux pouvaient voir.
        « Attaquons,
Me dit le sergent. — Qui ? dis-je, on ne voit personne.
— Mais on entend, les voix parlent, le clairon sonne.

Partons, sortons, la mort crache sur nous ici ;
Nous sommes sous la bombe et l'obus.
         — Restons-y. »
J'ajoutai : « C'est sur nous que tombe la bataille,
Nous sommes le pivot de l'action. — Je bâille, »
Dit le sergent. Le ciel, les champs, tout était noir.
Mais, quoique en pleine nuit, nous étions loin du soir,

BATAILLE D'EYLAU

Une blême lueur, dans le brouillard éparse,
Éclairait vaguement le cimetière. Au loin
Rien de distinct, sinon que l'on avait besoin
De nous pour recevoir sur nos têtes les bombes.
L'empereur nous avait mis là parmi les tombes,
Mais seuls, criblés d'obus et rendant coups pour coups.
Nous ne devinions pas ce qu'il faisait de nous.
Et je me répétais tout bas : « Jusqu'à six heures ! »
— « Morbleu ! nous aurons peu d'occasions meilleures
Pour avancer ! » me dit mon lieutenant. Sur quoi,
Un boulet l'emporta. Je n'avais guère foi
Au succès ; la Victoire, au fond, n'est qu'une garce.

Nous étions au milieu de ce combat la cible.
Tenir bon et durer le plus longtemps possible,
Tâcher de n'être morts qu'à six heures du soir,
En attendant, tuer, c'était notre devoir.
Nous tirions au hasard, noirs de poudre, farouches,
Ne prenant que le temps de mordre les cartouches.
Nos soldats combattaient et tombaient sans parler.
« Sergent, dis-je, voit-on l'ennemi reculer ?
—Non.—Que voyez-vous ? —Rien.—Ni moi.—C'est le déluge,
Mais en feu. — Voyez-vous nos gens ? — Non, si j'en juge
Par le nombre de coups qu'à présent nous tirons,
Nous sommes bien quarante. » Un grognard à chevrons

Qui tiraillait pas loin de moi dit : « On est trente. »
Tout était neige et nuit ; la bise pénétrante
Soufflait, et grelottants nous regardions pleuvoir
Un gouffre de points blancs dans un abîme noir.
La bataille pourtant semblait devenir pire :
C'est qu'un royaume était mangé par un empire !
On devinait derrière un voile un choc affreux :
On eût dit des lions se dévorant entre eux ;
C'était comme un combat des géants de la fable.
On entendait le bruit des décharges, semblable
A des écroulements énormes ; les faubourgs
De la ville d'Eylau prenaient feu ; les tambours
Redoublaient leur musique horrible, et sous la nue
Six cents canons faisaient la basse continue ;
On se massacrait. Rien ne semblait décidé ;
La France jouait là son plus grand coup de dé ;
Le bon Dieu de là haut était-il pour ou contre ?
Quelle ombre ! et je tirais de temps en temps ma montre.
Par intervalle un cri troublait ce champ muet ;
Et l'on voyait un corps gisant qui remuait.
Nous étions fusillés l'un après l'autre ; un râle
Immense remplissait cette ombre sépulcrale,
Les rois ont les soldats comme vous vos jouets.
Je levais mon épée et je la secouais
Au-dessus de ma tête et je criais : « Courage ! »
J'étais sourd et j'étais ivre tant avec rage
Les coups de foudre étaient par d'autres coups suivis ;
Soudain mon bras pendit, mon bras droit, et je vis
Mon épée à mes pieds qui m'était échappée :
J'avais un bras cassé ; je ramassai l'épée

Avec l'autre et la pris dans ma main gauche : « Amis,
Se faire aussi casser le bras gauche est permis ! »
Criai-je, et je me mis à rire, chose utile,
Car le soldat n'est point content qu'on le mutile,
Et voir un chef un peu blessé ne déplaît point.
Mais quelle heure était-il ? je n'avais plus qu'un poing
Et j'en avais besoin pour lever mon épée,
Mon autre main battait mon flanc de sang trempée
Et je ne pouvais plus tirer ma montre. Enfin
Mon tambour s'arrêta. « Drôle, as-tu peur ? — J'ai faim,
Me répondit l'enfant. » En ce moment la plaine
Eut comme une secousse, et fut brusquement pleine
D'un cri qui jusqu'au ciel sinistre s'éleva.
Je me sentais faiblir. Tout un homme s'en va,
Par une plaie ; un bras cassé, cela ruisselle,
Causer avec quelqu'un soutient quand on chancelle ;
Mon sergent me parla ; je dis au hasard : « Oui »,
Car je ne voulais pas tomber évanoui.
Soudain le feu cessa, la nuit sembla moins noire
Et l'on criait : « Victoire ! » Et je criai : « Victoire ! »
J'aperçus des clartés qui s'approchaient de nous.
Sanglant sur une main et sur les deux genoux
Je me traînai, je dis : « Voyons où nous en sommes. »
J'ajoutai : « Debout, tous ! » Et je comptai mes hommes.
« Présent ! » dit le sergent ; « Présent » dit le gamin.
Je vis mon colonel venir l'épée en main,
« Par qui donc la bataille a-t-elle été gagnée ?
— Par vous, dit-il. » La neige était de sang baignée.
Il reprit : « C'est bien vous, Hugo ? c'est votre voix ?
— Combien de vivants êtes-vous ici ? — Trois. »

(Victor Hugo).

DU CHAYLA

1798

ARMAND Simon Marie Blanquet du Chayla était né à Marvejols en 1759. Aspirant garde de marine à seize ans, il avait fait la guerre de l'Indépendance. Il avait combattu, avec d'Estaing, à la bataille de Newport. Avec le comte de Grasse, il avait pris part aux combats de la Martinique, de la baie de Chesapeake, de Saint-Christophe et des Saintes. Blessé dans cette dernière affaire, il devint lieutenant en 1783. Après deux ans de captivité en Angleterre, il fut nommé capitaine de vaisseau et commanda le *Tonnant*. Peu de temps après, il devint contre-amiral.

Il commanda en cette qualité la deuxième division de la flotte pour l'expédition d'Égypte, et mit son pavillon sur le *Franklin*.

Le *Franklin* eut, pendant deux heures, à faire tête à trois vaisseaux, à portée de pistolet, deux qui l'enserraient de tribord et de bâbord, et le troisième, « entraversé sous son beaupré, qui l'enfilait de l'avant à l'arrière. Pendant deux heures, il les combattit avec vivacité ; son feu était rapide et bien nourri. » (Rapport de l'enseigne la Chadenède, de l'*Orient*.) « A huit heures, presque en même temps que Nelson, du Chayla fut frappé à la tête et renversé par un paquet de mitraille. Emporté sans connaissance, il fut remplacé par Gillet, son capitaine de pavillon, qui lui-même ne tarda pas à être mortellement atteint. » (MOULIN.)

A la suite de l'explosion qui annonça aux deux flottes que l'*Orient* venait de s'engloutir, le combat cessa partout. « Un silence profond, dit l'amiral Jurien de la Gravière, succéda à la canonnade la plus vive. Le ciel, obscurci par un tourbillon de fumée épaisse, noire et enflammée, semblait annoncer l'anéantissement des deux armées. On ne revint de cette espèce de stupeur qu'au bout d'un quart d'heure. » Ce fut le *Franklin* qui rompit cette sorte de trève.

Du Chayla, revenu de son évanouissement, et n'entendant plus tirer, demanda la cause de cette inaction.

« Il n'y a plus, lui dit-on, que trois canons de 36 en état de servir. — Eh ! bien, reprit-il vivement, servez-vous-en ! Eh ! tirez, tirez toujours ; c'est peut-être le dernier coup qui nous donnera la victoire. » Et le feu recommença, et ces trois pièces furent servies par le capitaine Martinet lui-même. Mais le *Franklin* fut aussitôt entouré par cinq vaisseaux anglais, auxquels s'en joignit même un sixième, qui le couvrirent de boulets et de mitraille.

Cette lutte suprême en fit un débris informe. Il avait plus de mille boulets dans sa coque traversée de part en part ; tous ses mâts, sauf un, le bas-mât de misaine, étaient tombés ; toutes ses batteries démontées ; son pont, balayé pendant plusieurs heures par plus de cent pièces de canon, était jonché de débris et de cadavres ; son capitaine et la plupart de ses officiers étaient blessés, et les deux tiers de son équipage hors de combat. (LECÈNE.)

DUPETIT-THOUARS & CASABIANCA

1798

UPETIT-THOUARS, né à Saumur en 1760, sortit de l'école militaire de la Flèche et de Paris pour devenir en 1778 garde de la marine. « Ce jour-là, dit-il dans ses mémoires, je me crus maréchal de France. » Embarqué aussitôt sur le *Fendant*, puis sur la *Couronne*, il assista pour ses débuts à la bataille d'Ouessant, à la prise du fort Saint-Louis, au Sénégal, au siège de la Grenade, aux trois combats soutenus par le comte de Guichen contre Rodney et à celui de la Dominique; lieutenant, il résolut d'aller à la recherche de la Pérouse, dont on ignorait le sort; il partit comme volontaire à bord du *Diligent*, navire équipé à ses frais et à l'aide d'une souscription, et revint en France sans avoir rien appris sur le célèbre navigateur; appelé à prendre part à l'expédition d'Égypte comme chef de division, il reçut le commandement du vaisseau le *Tonnant*.

Tandis que le *Franklin*, avant l'explosion de l'*Orient*, tenait tête au *Leander* et au *Swiftsure*, Dupetit-Thouars, sur le *Tonnant*, fut attaqué par le *Majestic* et le *Bellerophon*, auxquels d'autres vaisseaux vinrent successivement se joindre. Il força le *Bellerophon* à amener et le *Majestic* à s'éloigner; puis il infligea à l'*Alexander* et au *Swiftsure* des pertes sensibles et de graves avaries. « Le *Majestic*, dont le beaupré s'était engagé dans le gréement de son grand mât, fut pris en enfilade; il eut en peu de temps son capitaine tué, presque tous ses officiers blessés, 200 hommes hors de combat. Il fut heureux de pouvoir se dégager et s'éloigner, pour se réparer.

« Le *Bellérophon*, encore plus désemparé, rasé comme un ponton, avec 200 hommes tués ou blessés, sans un seul mât debout pour se diriger, fut obligé d'amener et se laissa aller à la dérive.

« Restaient le *Swiftsure* et l'*Alexander*, avec lesquels les bordées s'échangeaient sans interruption; mais Dupetit-Thouars, dans ce cratère de feu, avait perdu un bras, puis le second, sans quitter son poste et en encourageant son équipage. Il avait voulu conserver son commandement; un boulet vint lui enlever une jambe. Héroïque jusqu'au bout, il se fit mettre dans une barrique pleine de son, près de son banc de quart, d'où il pouvait encore suivre les péripéties de l'action. »   (MOULIN.)

Tel était cet homme au cœur héroïque, digne commandant du navire que Decrès a appelé « le valeureux *Tonnant*. »

Le *Tonnant* conserva le dernier les couleurs nationales; elles y flottaient encore, clouées au tronçon de son grand mât, deux jours après la bataille, et ne furent amenées que le troisième jour, après une double sommation de deux nouveaux assaillants, et sur une menace d'abordage que le navire eût été dans l'impossibilité de repousser.

Au moment de l'explosion de l'*Orient*, le *Tonnant* fut atteint par des débris enflammés, et, à peine le commencement d'incendie qui s'était déclaré à bord était-il éteint, que le vais-

BATAILLE D'ABOUKIR.

seau français fut entouré par presque toute l'escadre ennemie. L'équipage, réduit de moitié et ne pouvant se servir que d'une batterie, les autres ayant été abandonnées faute d'hommes, se battit avec une opiniâtreté sans exemple; ce fut la lutte du désespoir, la résistance d'hommes décidés à ne pas survivre à leur capitaine.

Dupetit-Thouars, mourant, avait fait promettre à ses officiers de ne pas se rendre. « Si le vaisseau est enlevé à l'abordage, faute de bras pour le défendre, avait-il ajouté, jurez-moi de jeter à la mer notre pavillon et mon cadavre, afin que ni l'un ni l'autre ne soient souillés par la main des Anglais. » Tous avaient juré, tous avaient crié : « Vive la République! » et Dupetit-Thouars était mort, rassuré par ces promesses et par cet enthousiasme.

Plus d'une fois pendant le combat, qui se prolongea presque jusqu'au jour, les capitaines anglais avaient crié au porte-voix : « Rends-toi, brave Dupetit-Thouars! » Dupetit-Thouars ne pouvait plus les entendre; mais le lieutenant Bréard et son équipage, qui avaient hérité du courage et de la résolution de leur commandant, répondaient avec les canons qui n'étaient pas encore démontés. »

Le *Tonnant* coupa son câble pour échapper à la destruction et alla s'échouer au fond de la baie. Lorsque les Anglais en prirent possession, criblé de boulets, rasé comme un ponton, il coulait bas d'eau. Leur conquête était une épave.

L'un des épisodes les plus touchants de la nuit d'Aboukir fut la mort du jeune Casabianca.

Lorsque le Corse Louis Casabianca avait accepté de Brueys le commandement de l'*Orient*, en qualité de capitaine de pavillon, son jeune fils, à peine âgé de dix ans, s'était embarqué avec son père, dont il n'avait pas voulu se séparer. Le père et le fils ne s'épargnèrent pas pendant la bataille, et l'enfant fit preuve d'une intrépidité peu commune à son âge. « Lorsque, gravement atteint, le père tomba, ce fut son fils qui le reçut dans ses bras et aida à le porter au poste des blessés. Cependant l'incendie qui dévorait l'*Orient* faisait de rapides progrès, et chacun se hâtait de se jeter à la mer et de s'éloigner. Un matelot vient offrir au jeune Casabianca une place dans une chaloupe, la dernière peut-être, qui va quitter le bord. Il la refuse, malgré les supplications de son père, décidé qu'il est à le sauver ou à mourir avec lui. Aidé de l'intendant de l'escadre Joubert, il attache le blessé sur un tronçon de mât, et s'y place, gardien vigilant, près de lui et de son compagnon. Il était encore trop près de l'*Orient* quand l'explosion de la sainte-barbe a lieu, et les trois malheureux disparaissent dans le gouffre ouvert par la submersion du vaisseau. » (Moulin). Ce dévouement héroïque a rendu immortel le nom du jeune Casabianca. (Lecène.)

LA SÉRIEUSE

1798

L faisait beau. — La mer, de sable environnée,
Brillait comme un bassin d'argent entouré d'or ;
Un vaste soleil rouge annonça la journée
    Du quinze thermidor. .
La *Sérieuse* alors s'ébranla sur sa quille :
Quand venait un combat, c'était toujours ainsi ;
Je la reconnus bien, et je lui dis : « Ma fille,
    Je te comprends, merci ! »
J'avais une lunette exercée aux étoiles ;
Je la pris, et la tins ferme sur l'horizon.
— Une, deux, trois, — je vis treize et quatorze voiles ;
    Enfin, c'était Nelson.
Il courait contre nous en avant de la brise ;
La *Sérieuse* à l'ancre, immobile s'offrant,
Reçut le rude abord sans en être surprise,
    Comme un roc un torrent.
Tous passèrent près d'elle en lâchant leur bordée ;
Fière, elle répondit aussi quatorze fois,
Et par tous les vaisseaux elle fut débordée,
    Mais il en resta trois.
Trois vaisseaux de haut bord — combattre une frégate !
Est-ce l'art d'un marin ? le trait d'un amiral ?
Un écumeur de mer, un forban, un pirate,
    N'eût pas agi si mal !
N'importe ! elle bondit, dans son repos troublée,
Elle tourna trois fois jetant vingt-quatre éclairs,
Et rendit tous les coups dont elle était criblée,
    Feux pour feux, fers pour fers.
Ses boulets enchaînés fauchaient des mâts énormes,
Faisaient voler le sang, la poudre et le goudron,
S'enfonçaient dans le bois, comme au cœur des grands ormes
    Le coin du bûcheron.
Un brouillard de fumée où la flamme étincelle
L'entourait ; mais, le corps brûlé, noir, écharpé,
Elle tournait, roulait et se tordait sous elle,
    Comme un serpent coupé.
Le soleil s'éclipsa dans l'air plein de bitume.
Ce jour entier passa dans le feu, dans le bruit ;

Et, lorsque la nuit vint, sous cette ardente brume
> On ne vit pas la nuit.
Nous étions enfermés comme dans un orage ;
Des deux flottes au loin le canon s'y mêlait ;
On tirait en aveugle à travers le nuage ;
> Toute la mer brûlait.
Mais, quand le jour revint, chacun connut son œuvre,
Les trois vaisseaux flottants démâtés, et si las
Qu'ils n'avaient plus de force assez pour la manœuvre :
> Mais ma frégate, hélas !
Elle ne voulait plus obéir à son maître ;
Mutilée, impuissante, elle allait au hasard ;
Sans gouvernail, sans mâts, on n'eût pu reconnaître
> La merveille de l'art !
Engloutie à demi, son large pont à peine,
S'affaissant par degrés, se montrait sur les flots :
Et là ne restaient plus, avec moi, capitaine,
> Que douze matelots.
Je les fis mettre en mer à bord d'une chaloupe,
Hors de notre eau tournante et de son tourbillon ;
Et je revins tout seul me coucher sur la poupe,
> Au pied du pavillon.
J'aperçus des Anglais les figures livides,
Faisant pour s'approcher un inutile effort,
Sur leurs vaisseaux flottants comme des tonneaux vides,
> Vaincus par notre mort.
La *Sérieuse* alors semblait à l'agonie,
L'eau dans ses cavités bouillonnait sourdement ;
Elle, comme voyant sa carrière finie,
> Gémit profondément.
Je me sentis pleurer, et ce fut un prodige,
Un mouvement honteux ; mais bientôt l'étouffant :
« Nous nous sommes conduits comme il fallait, lui dis-je ;
> Adieu donc, mon enfant ! »
Elle plongea d'abord sa poupe et puis sa proue ;
Mon pavillon noyé se montrait en dessous ;
Puis elle s'enfonça, tournant comme une roue,
> Et la mer vint sur nous.

(Alfred de Vigny.)

LES MARIE-LOUISE

1814

ous n'aurez pas sans doute occasion, mes enfants, de faire à votre âge de grands sacrifices à la patrie. Mais il faut que vous sachiez ce qu'ont fait pour elle d'autres enfants, nés avant vous sur la terre française. S'il le fallait, soyez prêts comme eux à tout souffrir pour la patrie.

Voici ce que raconte un vaillant soldat, le général Fabvier, dans ses récits de la campagne de France en 1814 : « Si, parmi tant de braves gens, j'osais faire une mention particulière, ce serait pour les plus jeunes. Levés et incorporés à la hâte, leur innocence, leur simplicité, amusaient les vieux soldats. Leur habillement consistait en une redingote grise et un petit bonnet qui ressemblait à un bonnet de femme. On les appelait les Marie-Louise. Ces enfants manquaient de force et d'instruction ; mais chez eux l'honneur remplaçait tout, et leur courage était indomptable. Au cri : En avant, les Marie-Louise ! on voyait leurs figures se colorer ; leurs genoux, affaiblis par la faim et la fatigue, se raidissaient pour marcher à l'ennemi. Quant à ce qu'ils savaient faire, les grenadiers russes peuvent le dire ; peut-être se rappellent-ils Champaubert. A cette bataille, les Marie-Louise du 115° marchaient en tête ; des pelotons de tirailleurs furent placés autour du bois pour l'attaquer en même temps, soutenus de deux brigades. Avant le signal, le duc de Raguse parcourut les pelotons de tirailleurs en répétant les ordres ; à l'un d'eux il demanda : « Qui commande ici? Y a-t-il un officier? — Non, lui dit un enfant. — Un sous-officier? — Non, mais nous sommes tous là. » Plus loin, un autre lui dit : « Oh ! je tirerais bien mon coup de fusil, seulement je voudrais bien avoir quelqu'un pour le charger. » Avec de pareilles gens, on pouvait donner le signal : tout s'élança en même temps, le bois fut enlevé.

Le corps russe, composé de neuf mille grenadiers, fut totalement détruit. Le général russe fut pris par un chasseur à six mois de service. Un enfant de treize ans amena d'une lieue deux grenadiers. Il avait pour arme un grand couteau de boucher qu'il brandissait d'un air tout à fait plaisant. « Ces gaillards-là voulaient broncher, disait-il, **mais je les ai bien fait marcher.** »

(Mézières.)

LA PLACE CLICHY

POLYTECHNICIENS & GARDES NATIONAUX

29 mars 1814

E la plaine Saint-Denis à la barrière du Trône, le combat durait depuis plusieurs heures, acharné, implacable, avec une sorte de rage, car pour les ennemis, coalisés contre la France, il s'agissait d'atteindre d'un seul coup le but de la guerre, et, pour nous, d'arracher la Patrie à un désastre. Ici se placent deux faits à jamais glorieux, l'un pour la jeunesse française, l'autre pour la garde nationale de Paris.

En avant de la barrière du Trône se trouvait une batterie servie par des élèves de l'École polytechnique, qu'on avait laissés presque sans appui, dans la largeur rapide de la ligne de bataille. Dans leur ardeur à tirer contre la cavalerie ennemie, ces jeunes gens avaient engagé leur batterie trop en avant sur l'avenue de Vincennes. Des escadrons ennemis les tournèrent et vinrent les prendre à revers. Les braves de l'École, sabrés sur leurs pièces, résistèrent jusqu'à l'arrivée d'un secours de gardes nationaux et de dragons. Avec eux, les survivants s'élancèrent, reprirent les canons, et les ramenèrent sur les hauteurs de Charonne, où, avec de simples fusils de chasse, ils continuèrent un feu meurtrier.

Malgré tout, il fallait reculer. L'ennemi arriva à la barrière de Clichy. Il n'y avait là que des gardes nationaux. Ils furent héroïques. Le général Moncey, qui les commandait, leur donna l'exemple d'une extrême bravoure. Songez à la masse qui, partie des quatre coins de l'Europe, tombait ivre de colère et de fureur aux portes de Paris, de ce Paris dont le séparaient quelques soldats improvisés, bons bourgeois et pères de famille. Que vouliez vous qu'ils fissent? Mourir ! Beaucoup tombèrent en effet, héros anonymes, et Thiers dit de cette défense par la garde nationale de la porte de Paris, que ce courage prouva ce qu'on aurait pu obtenir de la population parisienne. En 1870, elle fut digne de son aînée. Que l'avenir nous épargne une semblable et nouvelle épreuve !

LA GARDE MEURT ET NE SE REND PAS !

1815

'un côté c'est l'Europe et de l'autre la France.
Choc sanglant! Des héros Dieu trompait l'espérance ;
Tu désertais, victoire, et le sort était las.
O Waterloo! je pleure et je m'arrête, hélas !
L'espoir changea de camp, le combat changea d'âme,
La mêlée en hurlant grandit comme une flamme.
La batterie anglaise écrasa nos carrés.
La plaine où frissonnaient les drapeaux déchirés
Ne fut plus, dans les cris des mourants qu'on égorge,
Qu'un gouffre flamboyant, rouge comme une forge ;
Gouffre où les régiments, comme des pans de murs,
Tombaient, où se couchaient, comme des épis mûrs,
Les hauts tambours-majors aux panaches énormes,
Où l'on entrevoyait des blessures difformes !
Carnage affreux! moment fatal ! l'homme inquiet
Sentit que la bataille entre ses mains pliait.
Derrière un mamelon *la garde* était massée,
La garde, espoir suprême et suprême pensée !
— Allons ! faites donner *la garde*, cria-t-il, —
Et Lanciers, Grenadiers aux guêtres de coutil,
Dragons que Rome eût pris pour des légionnaires,
Cuirassiers, Canonniers qui traînaient des tonnerres,

Portant le noir colback ou le casque poli,
Tous, ceux de Friedland et ceux de Rivoli,
Comprenant qu'ils allaient mourir dans cette fête,
Saluèrent leur dieu, debout dans la tempête.
Leur bouche, d'un seul cri, dit : Vive l'Empereur !
Puis, à pas lents, musique en tête, sans fureur,
Tranquille, souriant à la mitraille anglaise,
La *garde* impériale entra dans la fournaise.
Hélas ! Napoléon, sur sa *garde* penché,
Regardait, et, sitôt qu'ils avaient débouché
Sous les sombres canons crachant des jets de soufre,
Voyait, l'un après l'autre, en cet horrible gouffre,
Fondre ces régiments de granit et d'acier,
Comme fond une cire au souffle d'un brasier.
Ils allaient, l'arme au bras, front haut, graves, stoïques.
Pas un ne recula. Dormez, morts héroïques !

(Victor Hugo.)

L'ENSEIGNE DE VAISSEAU BISSON

1827

ENDANT la guerre de l'indépendance grecque, en 1827, un fait s'est passé qui est particulièrement glorieux pour la marine française : nous voulons parler de la mort héroïque d'Hippolyte Bisson.

Bisson était enseigne de vaisseau quand il fut chargé de conduire un brick à Smyrne, le *Payanoti*, monté par des pirates grecs, et dont la frégate française *la Magicienne* venait de s'emparer.

Bisson avait avec lui quinze hommes, c'est-à-dire juste le strict nécessaire pour la manœuvre ; aussi le mauvais temps étant survenu, il avait dû relâcher dans une des îles de l'Archipel, à Stampalia.

Il était onze heures du soir, tout était tranquille. La mer, de moins en moins houleuse, faisait à peine entendre le clapotis de ses vagues le long des bordages. Le ciel était encore sombre, mais la brise avait molli, et c'est à peine si quelques rafales venaient par moments agiter encore les manœuvres courant le long des mâts. Doucement bercés par le balancement du navire, les matelots, harassés par la fatigue reposaient à plat pont.

Tout à coup des cris sauvages retentissent, deux cents pirates attaquent le *Payanoti*. A la faveur de la nuit, leurs légères embarcations ont cerné le brick, et elles l'abordent de tous côtés, aussi bien par son arrière que par ses bossoirs.

Bisson veut résister, mais déjà les cadavres de neuf de ses hommes endormis jonchent le pont, lui-même est blessé. La situation n'est pas tenable.

Il n'hésite pas, sa résolution est prise. Ses hommes ont une chance de salut : se sauver à la nage à la faveur de l'obscurité ; il leur donne l'ordre de se jeter à la mer. Pour lui, il ne rendra pas le brick qui lui a été confié ; seul il reste à son bord, dont il est le maître absolu.

Une mèche enflammée à la main, il gagne l'écoutille donnant accès à la sainte-barbe, et là il s'arrête, il attend ; d'un œil avide il parcourt ce pont où de tous côtés aborde l'ennemi, et lorsqu'il le voit complètement envahi, seulement alors il disparaît.

Quelques secondes après une formidable détonation réveillait les échos de Stampalia. Du *Payanoti*, des bateaux pirates et de leurs équipages, il ne restait plus trace.

Je me trompe, il restait le souvenir de l'héroïsme de Bisson.

Il avait mis le feu aux poudres.

(G. DURUY.)

LE CAPITAINE LELIÈVRE

1840

N 1840 il y avait déjà dix ans que notre drapeau avait été planté sur la Kasbah ou citadelle d'Alger, mais nous n'étions pas encore paisibles possesseurs de notre conquête. De fréquentes révoltes nous avaient appris que les populations arabes n'acceptaient qu'à contre-cœur la domination de la France. Toutes ces rébellions avaient été successivement comprimées ; un chef arabe intelligent et ambitieux, le célèbre Abd-el-Kader, n'en eut pas moins l'audace de prêcher contre nous une guerre d'extermination, et comme il était aussi éloquent que noble et courageux, il n'eut pas de peine à conquérir une immense popularité parmi ses compatriotes. Une formidable insurrection éclate donc ; à la voix d'Abd-el-Kader les Arabes courent aux armes et se jettent sur nos établissements. La révolte s'étend de proche en proche avec la rapidité d'une traînée de poudre qui s'enflamme : en quelques jours, l'Algérie entière est en feu.

La ville de Mostaganem, dans la province d'Oran, fut bientôt menacée d'une attaque. Pour couvrir les approches de la place, on détacha de la garnison une compagnie de 123 hommes ; le capitaine Lelièvre, qui la commandait, reçut l'ordre d'occuper et de défendre énergiquement un village du voisinage, Mazagran. La petite troupe partit, emmenant avec elle quelques provisions, un baril de poudre, un canon et 40 000 cartouches. Elle se retrancha dans un petit fort construit à la hâte : les fossés en étaient peu profonds et les murailles peu épaisses ; mais quels remparts ont jamais valu de vaillants cœurs où règnent l'amour de la patrie, le respect de la discipline et l'esprit de sacrifice ! Or les soldats du capitaine Lelièvre avaient toutes ces vertus, et c'est pour cela qu'ils purent accomplir un glorieux fait d'armes que nos fastes militaires enregistrent avec orgueil.

Le 15 décembre 1839 l'ennemi parut pour la première fois devant Mazagran. Des cavaliers envoyés en éclaireurs vinrent reconnaître la position, puis 3000 hommes de pied s'élancèrent à l'assaut de nos faibles retranchements. La petite garnison les laissa approcher jusqu'à quelques mètres et les accueillit à bout portant par un feu roulant qui fut très meurtrier, car toute balle portait. Les Arabes eurent en quelques minutes tant de monde hors de combat, qu'ils prirent le parti de se retirer plus vite encore qu'ils n'étaient venus.

Cette sanglante leçon ne fut pas suffisante. Un des lieutenants d'Abd-el-Kader rassembla une véritable armée, 15 000 hommes d'infanterie ou de cavalerie, 4 canons, et se présenta avec ces forces imposantes devant le petit fort, où flottait fièrement, planté sur un bastion, le drapeau aux trois couleurs.

Le 2 février 1840, une nouvelle attaque commença. Rendus plus prudents par l'expérience du premier combat, les Arabes postèrent quelques centaines d'hommes dans les maisons du village : de là ils tiraient contre les nôtres presque sans péril et les incommodaient par un feu incessant. En même temps leur artillerie, heureusement assez mal dirigée, se mit à canonner vigoureusement le fort. Pendant quatre jours et quatre nuits les assauts se succédèrent sans interruption; mais l'héroïsme de la défense répondait à l'acharnement de l'attaque. Noirs de poudre, épuisés par quatre nuits d'insomnie, soutenant seulement leurs forces avec un morceau de pain trempé dans du vin et mangé précipitamment entre deux attaques, nos soldats furent stoïques, admirables de constance et d'abnégation. Personne ne se plaignait, nul ne parlait de se rendre. Pour ménager les munitions, dont on avait fait une énorme consommation dans le premier combat, le capitaine Lelièvre avait ordonné de ne plus repousser les assauts de l'ennemi qu'à l'arme blanche. On laissait les Arabes grimper sur les retranchements puis on les perçait à coups de baïonnette et de sabre, on les assommait à coups de crosse. Plusieurs fois la hampe de notre drapeau fut coupée par les projectiles ennemis : Un soldat quittait alors son poste et, au milieu d'une grêle de balles, relevait et redressait pieusement l'emblème sacré de la patrie. Quand il avait fini sa tâche périlleuse, les acclamations joyeuses des Français et les cris furieux des Arabes saluaient l'apparition des trois couleurs; puis le combat recommençait, plus acharné que jamais.

Dans la soirée du 4 février, il ne restait plus que 10 000 cartouches, c'est-à-dire moins de 100 coups à tirer pour chaque homme. Le capitaine Lelièvre rassembla ses soldats et leur fit connaître sa résolution de combattre jusqu'à la dernière extrémité. Quand il annonça qu'il était décidé à faire sauter le fort plutôt que de capituler, pas un murmure ne s'éleva. On convint donc d'utiliser le mieux possible les cartouches qui restaient : si l'enceinte était forcée, on lutterait à la baïonnette; enfin, quand le fort serait rempli d'ennemis, le capitaine mettrait le feu au baril de poudre. Nul ne protesta contre la sauvage énergie de ce projet : si le chef fut sublime, les soldats furent héroïques. Chacun retourna à son poste de combat sans que la pensée de la mort prochaine glissât dans l'âme d'aucun d'eux soit la crainte, soit le découragement.

Heureusement, le sanglant sacrifice n'eut pas lieu de s'accomplir. Les Arabes commençaient à se lasser d'une pareille lutte. Ils avaient déjà perdu plus de 600 hommes : leurs chefs ordonnèrent un nouvel assaut, qui fut repoussé comme les autres avec de grandes pertes pour les assaillants. Alors il se retirèrent, ignorant que ce combat suprême avait épuisé les dernières munitions de la petite garnison, et qu'il ne lui restait plus que tout juste assez de poudre pour s'ensevelir sous les ruines du fort. Les nôtres, voyant l'ennemi battre en retraite, crurent à une feinte. Ils ne pouvaient comprendre que 15 000 hommes s'avouassent ainsi vaincus par 123 combattants, et pensaient que les Arabes simulaient un mouvement de retraite afin d'attirer la petite troupe dans la plaine. N'ayant plus la protection de leurs retranchements, nos soldats, en effet, auraient été infailliblement écrasés par cette multitude. On resta donc prudemment dans le fort, attendant toujours quelque retour offensif, l'œil et l'oreille au guet, la baïonnette au canon. Mais tout à coup une fanfare joyeuse éclate au loin, les sons bien connus du clairon français retentissent, le vent qui passe apporte à nos braves les notes sourdes du tambour qui bat la charge. Qui pourrait dire la joie folle, irrésistible, qui envahit alors le cœur des soldats de Lelièvre? Ils avaient fait le sacrifice de leur vie, et voici qu'au lieu de la mort, c'est le salut, c'est la délivrance qui arrive! En effet, l'avant-garde d'une colonne de secours envoyée de Mostaganem apparaît sur une colline voisine de Mazagran. Le grand soleil d'Afrique fait étinceler les sabres des chasseurs et les baïonnettes des zouaves. Les pantalons rouges s'avancent en bon ordre, rangés en bataille, tout prêts à engager le combat qui doit délivrer la garnison de Mazagran. Alors les soldats de Lelièvre poussent une immense clameur et courent au-devant de leurs camarades. On s'aborde, on s'embrasse, on se raconte les exploits accomplis contre l'ennemi ; on visite les fossés du fort encore remplis de cadavres, les murailles croulantes que les Arabes n'ont pu conquérir : on salue respectueusement le drapeau, lacéré par les balles, qui flotte sur ces ruines. Le nom du capitaine Lelièvre vole de bouche en bouche; chacun veut contempler ce modeste héros qui cherche en vain à se dérober à l'universelle admiration. Et quand on l'interroge, il répond seulement : « Ce que nous avons fait, ce que nous voulions faire est bien simple. Il suffisait d'avoir, comme nous l'avions tous, le sentiment du devoir et le culte de l'honneur national. »

(Georges Duruy.)

LE SERGENT BLAUDAN

1842

Vous ne savez pas ce que c'est que le sergent Blaudan.

C'est le nom d'un de ces héros obscurs qui font tous les jours ce que les Léonidas et les Horatius Coclès n'ont fait qu'une fois.

Le 11 avril 1842, Blaudan sortit de Bouffarick avec dix-huit hommes, un docteur, un brigadier, un chasseur et un bourgeois, pour aller porter la correspondance à Mered.

Un ravin, sur lequel la route a jeté une espèce de pont, traverse la plaine.

En arrivant en vue du ravin, Blaudan s'aperçut qu'il était plein d'Arabes et forma aussitôt sa petite troupe en bataille.

Alors un nègre parlant parfaitement français quitta les rangs ennemis et s'approcha à portée de pistolet de Blaudan.

— Rends-toi, sergent, dit-il, et il ne te sera rien fait, ni à toi, ni à tes hommes.

— Tiens, dit Blaudan, voilà comme nous nous rendons.

Et en même temps il l'ajuste et le tue.

Aussitôt il se porte derrière son peloton et ordonne de commencer le feu.

Sous la grêle des balles qui leur arrive, les Arabes commencent par reculer.

Puis ils reviennent à la charge et font feu à leur tour.

Huit hommes tombent, Blaudan a reçu deux balles, ce qui ne l'empêche pas de commander le feu, qui continue.

Au premier feu des Arabes, le cheval du brigadier avait été blessé et avait jeté son cavalier par terre.

— Prends le commandement du peloton! lui dit Blaudan, car pour moi je n'en puis plus.

Les Arabes chargèrent plusieurs fois; mais chaque charge, si acharnée qu'elle fût, vint échouer sur la pointe des baïonnettes.

Les hommes blessés chargeaient les armes, ceux qui étaient restés debout tiraient.

Ces hommes étaient des recrues d'un an qui n'avaient pas encore vu le feu.

Il y avait à Beni-Merel un blockaus qui avait deux ou trois signes télégraphiques : il agita ceux qui annonçaient la présence des Arabes.

Au même instant on cria : — A cheval! à Bouffarick! Chacun se précipita du côté où l'on entendait les coups de fusil.

On en fit autant à Beni-Mered, une trentaine d'hommes, tant militaires qu'ouvriers civils et à la tête desquels se trouvait le lieutenant Giannetti, avaient précédé le renfort arrivant de Bouffarik.

Les Arabes reculaient, mais ne fuyaient pas; les chasseurs de Bouffarik achevèrent de les disperser,

Les morts et les blessés étaient groupés autour de Blaudan. Blaudan était assis sur deux morts, et soutenu par un Parisien nommé Malachard, qui avait la cuisse cassée.

Il y avait sept hommes debout et sans blessures.

Blaudan perdit connaissance au moment où on le souleva, et en disant : — Il était temps!

Revenu à lui et transporté à Bouffarik, il mourut avec le délire, en criant : — Tirez toujours!

Cependant il eut un moment de calme, au moment suprême le colonel Morris en profita pour lui mettre sa propre croix dans la main.

Il la baisa et mourut.

ALEXANDRE DUMAS

LES COLONELS

CLEAR, FILLOL DE CAMAS & PICARD

ALMA & SÉBASTOPOL

E 20 septembre 1854, à la bataille de l'Alma, le colonel Clear, du 2ᵉ zouaves, mort général à Magenta, arrivé le premier de son régiment au pied de la tour du Télégraphe, arbore l'aigle de son régiment sur l'échafaudage. Le sergent-major Fleury, du 1ᵉʳ zouaves, qui a pu atteindre les échafaudages supérieurs et soutenir le drapeau du régiment, tombe frappé à la tête par une balle. Le lieutenant Poitevin, porte-drapeau du 50ᵉ, arrive pour placer l'aigle du régiment à côté de celle des zouaves, mais un boulet atteint en pleine poitrine ce brave officier.

A l'affaire du Mamelon vert (6 juin 1855), le colonel Brancion est frappé mortellement au moment où il plantait sur la redoute du Kamtchatka l'aigle du 50ᵉ.

A l'affaire du 16 août 1855, le sous-lieutenant Bose, porte-drapeau du 2ᵉ de zouaves, fait preuve de la plus grande bravoure et reçoit une balle en pleine poitrine; le sapeur Ménard, le caporal Blondel sont également blessés en défendant leur drapeau.

Après la victoire de l'Alma, les armées alliées, contournant par l'intérieur des terres le périmètre de Sébastopol, à travers de profondes vallées dans lesquelles ils eussent pu être aisément écrasés par les Russes, si ceux-ci n'avaient point été démoralisés par l'échec qu'ils venaient de recevoir, allèrent établir leur place d'armes et leur port militaire à Balaclava et à Kamiesch.

A la suite de plusieurs attaques successives dirigées contre les ouvrages avancés de la partie méridionale de la ville, et de nombreuses sorties de la garnison constamment repoussées par les nôtres; à la suite de fréquentes canonnades et fusillades réciproques, qui firent plus ou moins de mal des deux côtés, le 8 novembre 1854, avant le jour, l'armée russe, grossie par des renforts venus du Danube, par les réserves réunies dans les provinces du Sud, et animée par la présence des grands-ducs Michel et Nicolas, essaya de prendre sa revanche en attaquant la droite de la position anglaise devant Sébastopol.

45,000 hommes, favorisés par la nuit et le brouillard, surprirent la pointe des hauteurs d'Inkermann, que l'armée britannique n'avait pu occuper avec des forces considérables; 6000 Anglais seulement, commandés par le général Cathcart, qui fut blessé mortellement dans cette affaire, prirent part à l'action, le surplus étant employé aux travaux du siège; mais ils soutinrent vaillamment ce choc inattendu jusqu'au moment où le général de brigade Monet, puis le général de division Bosquet, accourant avec une partie de la division de ce dernier, purent leur prêter un énergique concours, qui détermina le succès. On ne sait ce qu'on doit le plus louer dans cette rencontre, de l'inébranlable solidité avec laquelle nos alliés firent face pendant longtemps à l'orage, ou de l'intelligente vigueur que les généraux Monet et Bosquet, entraînant une partie des brigades Bourbaki et d'Autemarre, déployèrent en attaquant l'ennemi qui les débordait par leur droite.

On s'aborda trois fois à la baïonnette, par une pluie battante, et l'ennemi ne céda, qu'après ce troisième choc, le terrain qu'il laissait jonché de ses morts et de ses blessés.

L'artillerie russe de position et de campagne était très supérieure en nombre et avait une position dominante. Deux de nos batteries à cheval et une batterie de notre 2ᵉ division d'infanterie n'en soutinrent pas moins, concurremment avec l'artillerie anglaise, la lutte pendant toute la journée.'

Le 3ᵉ de zouaves justifia sa réputation; les tirailleurs algériens, nos soldats de la ligne et nos chasseurs soutinrent dignement le combat. Le 6ᵉ de ligne rivalisa d'ardeur.

Le porte-drapeau du 6ᵉ régiment qui s'était jeté en avant, tomba roide mort, et son étendard, ramassé par un chasseur d'Ockhotsk, passa de main en main jusqu'aux dernières files, ce que voyant, le colonel Filliol de Camas se précipite, l'épée haute, en criant :

« Au drapeau, mes enfants ! »

Un coup de feu dans la poitrine l'arrête en chemin. Le lieutenant-colonel Goze et un des chefs de bataillon, qui le suivent de près, arrivent jusqu'au drapeau, mais ils tombent en y touchant : enfin, un lieutenant saisit sa hampe et le rapporte triomphalement au régiment.

En recevant la balle qui lui troue la poitrine de part en part, le colonel de Camas dit au sergent Ricci qu'il se sent mortellement frappé, et réclame son appui pour regagner le camp. Tous deux s'acheminent à travers la mêlée, lorsqu'une faiblesse oblige le blessé à s'asseoir. Le sergent appelle à son aide un soldat du 7e léger, et tous deux, soutenant le colonel par-dessous les épaules, l'entraînent à une trentaine de pas ; mais, arrivé là, ce dernier, qui perd ses forces avec son sang, se laisse glisser à terre.

« Je n'ai plus qu'à mourir, dit-il. Rejoignez vos camarades, mes amis, allez ! On a besoin de vous là-bas. »

Ricci insiste pour demeurer près de lui et le soulager jusqu'au moment où il sera possible de le transférer aux ambulances....

« C'est ton colonel qui te donne un ordre pour la dernière fois ; ne lui désobéis pas. »

Alors il détache sa croix de la Légion d'honneur, en priant le sergent de la remettre à son lieutenant-colonel, lui adresse quelques recommandations pour son frère, sa mère et sa femme ; puis il ajoute :

« Si tu apprends que quelqu'un ait eu à se plaindre de moi, dis-lui que je lui en demande pardon. »

Sur ces derniers mots, il perd un instant connaissance.... Rappelé à lui par les soins du sous-officier, il roule des yeux égarés, étend les mains dans le vide, semble y chercher quelque chose, et expire en murmurant :

« Mon épée !... le drapeau ! »

Le dévoué Ricci est resté jusqu'à la fin près de son chef agonisant : le brusque retour des Russes, qui refoulent à leur tour les Français et regagnent le terrain précédemment perdu, le force d'abandonner le cadavre. Il a mieux à faire d'ailleurs qu'à veiller sur cette dépouille inanimée, il a à la venger.

Le brave sous-officier Ricci fut décoré de la médaille militaire le mois suivant, ainsi que les sous-officiers Girod, Christoffni, Odinet et Pic.

A l'assaut du 18 juin, le drapeau du 91e est brisé par un obus qui tue sept hommes ; les lambeaux sont rapportés au colonel Picard qui, blessé, ne voulait pas quitter la tranchée sans revoir l'enseigne de son régiment.

A cet assaut le régiment fut presque entièrement détruit (220 hommes de troupe tués, 1,154 blessés, 275 prisonniers, 15 officiers tués, 22 blessés et 7 faits prisonniers).

« Ayez bon courage, dit le colonel Picard aux survivants. Je sais bien que tant qu'il restera une goutte de sang dans les veines du 91e de ligne, tant qu'il restera un lambeau à son drapeau glorieusement mutilé, il pourra le présenter avec orgueil et assurance à l'ennemi ! »

Le 8 septembre, jour de la prise de Sébastopol, le 91e (division Bourbaki), s'installe carrément sur la courtine et renouvelle trois fois ses munitions. Il reste à son poste avec un courage et une constance inébranlables. Le drapeau du régiment avait été planté au-dessus d'une poudrière. Tout à coup retentit une terrible explosion, saluée par les hourras des Russes. La poudrière venait de sauter ; le parapet est renversé dans le fossé, des milliers de débris obscurcissent l'air et écrasent dans leur chute tout ce qu'ils rencontrent. Le drapeau reste enseveli dans le gouffre qu'a creusé l'explosion ; neuf officiers qui l'entouraient disparaissent sous cette avalanche ; un grand nombre de soldats sont tués ou écrasés.

Le feu de l'ennemi avait déjà décimé la poignée de braves qui survivaient à l'attaque du 18 juin. Ceux qui restent travaillent, sous la fusillade la plus vive, à retirer de dessous les décombres leurs camarades engloutis, et plus d'un tombe victime de son dévouement. L'obscurité arrive enfin, et ces héroïques soldats passent la nuit au milieu des explosions de toutes sortes qui éclatent au pied de la tour Malakoff. Le lendemain, dès qu'il fit jour, ces hommes, quoique brisés de fatigue, creusent le sol pour retrouver le drapeau. L'aigle reparaît enfin entourée de cadavres mutilés. Depuis seize heures qu'il était couché dans son glorieux tombeau, le drapeau du 91e n'était plus qu'un lambeau de terre et de sang. Le porte-drapeau Ganichon le serrait encore convulsivement de ses mains raidies par la mort.

Le 9 septembre, à neuf heures du matin, deux cent quatre-vingt-dix-sept hommes et cinq officiers, tout ce que la mort avait laissé debout, rapportaient le drapeau au camp. Partout sur son passage, ce trophée mutilé était salué des cris enthousiastes de toutes les troupes.

(Désiré Lacroix.)

VII

HÉROINES, HÉROS

1870-1884

REISCHOFFEN

I. LES TURCOS

Nous combattions depuis l'aurore, un contre dix !
— Il fallait de leurs bois déloger ces maudits
    Qui font mentir jusques à la mitraille...
Et nous allions, perçant ces rideaux ténébreux !
Après ceux-ci ceux-là, toujours ! et derrière eux
    Se reformait l'éternelle muraille.
Les turcos, noirs veneurs au lion familiers,
Comme on flaire le fauve aux senteurs des halliers,
Dépistaient les canons au fumet de la poudre,
Et rampants, ramassés dans l'ombre, sabre aux dents,
Ils s'accrochaient d'un bond à leurs affûts grondants,
    Et corps à corps, luttaient avec la foudre.
Par des feux inconnus les chênes foudroyés
Tordaient d'horreur leurs bras dépouillés et broyés
    S'effondraient au sein de ce cratère ;
Et leurs rameaux, voilant ce spectacle de sang,
Semblaient vouloir cacher au soleil tout-puissant
    L'œuvre de mort que réclamait la terre.
Dans ces débris fumants se frayant un chemin,
Si serrés qu'on eût dit qu'ils se tenaient la main,

Ceux de la ligne allaient.... Ah! je pleure et je prie
Et je tombe à genoux, ô peuple, devant toi,

Toi qui marches, martyr d'une sublime foi,
A ta semelle emportant la Patrie!

(Émile Bergerat.)

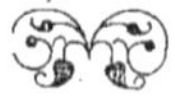

II. LES CUIRASSIERS

ᴇ maréchal sent que la bataille est perdue et, dans cette infortune, son grand cœur se montre à la hauteur du plus effrayant péril. Écrasé sous le nombre, il abandonne en frémissant des positions choisies avec un coup d'œil supérieur et défendues avec héroïsme. Ce doit être un moment poignant ; mais les minutes valent des heures. Le maréchal fait sonner la retraite.

Pour le salut des débris de notre armée se trouvaient là les 8ᵉ et 9ᵉ régiments de cuirassiers ; ce sont eux qui vont couvrir la retraite, soutenus par un bataillon de turcos, il s'agit de charger à travers Morsbronn et de descendre, comme une trombe humaine, jusqu'au fond du vallon ; dans le village, des milliers de Badois sont embusqués dans les maisons ; au delà, les cuirassiers se trouveront sous le feu de cinquante pièces de canon ; c'est à la mort qu'ils vont marcher ; ils le savent et ne frémissent point.

L'heure est venue ; leur chef échange avec le maréchal un touchant et dernier adieu ; ils s'élancent dans la fournaise. Dans leur course folle ils traversent la grande rue de Morsbronn, en pente raide, décimés à bout portant par le feu qui sort des maisons, contre lesquelles ils piquent avec rage leurs sabres impuissants ; l'ennemi, invisible, les abat, mais leur cœur est intrépide. Au bas du village, ils se reforment sous la mitraille, pour charger dans le fond du vallon. Alors commence cette folie sublime : déchirés par une pluie de fer, ils chargent dans les champs de lin où les chevaux disparaissent jusqu'au ventre ; ils font des trouées dans les houblonnières où culbutent hommes et chevaux ; ces géants remontent en selle ; la fureur de mourir les saisit, ils chargent, ils chargent encore.... Où donc sont-ils ? La retraite est sauvée, mais les cuirassiers n'existent plus !

C'est au presbytère, où l'on soigne les blessés que le curé m'introduit auprès de M. de Finance, chef d'escadrons au 8ᵉ cuirassiers ; cet officier nous explique, d'une voix affaiblie mais encore vibrante, la terrible mission de ces deux régiments, disparus, mais que la légende immortalisera.

(Émile Delmas.)

Mac-Mahon fit venir ses cuirassiers, au pas....
Apprenez-moi des mots qui ne périssent pas !
J'ai besoin... j'ai besoin d'une langue immortelle !...
— Vous voyez, leur dit-il, là-bas, ces mamelons !
C'est là qu'on se repose !... Allez ! et soyez longs !...
— Mais, fit le colonel, la route ?... où donc est-elle ?
— Colonel, répondit Mac-Mahon, la voilà !...
Et quand le chef la vit, son regard se voila.
— Ah ! je comprends, dit-il, je n'ai plus qu'à la faire !...
Combien sont-ils ?... — Ils sont sans nombre !... — C'est la mort ?...
— Oui ! — J'y vais ! maréchal, dit-il avec effort,
Voulez-vous me donner la main ? car je suis père.

LES CUIRASSIERS A REISCHOFFEN.

L'homme de Magenta ne la. lui donna pas,
Mais il se découvrit, et, prenant dans ses bras
Celui qu'il envoyait mourir, non sans envie,
Il l'embrassa devant l'armée et devant Dieu,
Et, l'immortalisant par ce sublime adieu,
Il lui fit une mort plus belle que la vie.   (Emile Bergerat.)

UNE MÈRE

ui, cette femme au cœur français, à l'âme fière,
Qui mena vaillamment ses deux fils aux combats,
Oui, cette femme-là, cette femme est ma mère,
Et c'est mon frère et moi qu'elle a créés soldats,
Et c'est devant ceux-là, mère, que je t'honore,
Devant eux qu'à genoux, je tends vers toi les bras,
Et que d'un accent fier comme un clairon sonore,
Je viens jeter ton nom, ma mère, à mes soldats.
Je veux leur révéler ton cœur et ton courage.
Ils disent que tes fils ont fait tout leur devoir :
Le devoir qu'il ont fait, mère, c'est ton ouvrage,
L'honneur qu'ils en ont eu, c'est toi qui dois l'avoir.
Ils ne sont pas partis, furtifs, pour les batailles,
S'arrachant sans adieux à des bras révoltés ;
Ils ne l'ont pas volé le sang de tes entrailles,
C'est toi, mère, c'est toi qui leur as dit «Partez!
« Partez, ils sont vaincus les soldats de la France !
« Mon cœur pour conquérir ne vous eût pas prêtés ;
« Ce n'est plus la conquête, enfants, c'est la défense.
« Le sol est envahi, je vous donne, partez ! »
Hélas! c'est à te voir tant souffrir, pauvre femme,
Que j'entrevois quel deuil cachaient tous tes efforts ;
Tes deux enfants partis t'avaient emporté l'âme ;
Tes deux enfants blessés auront brisé ton corps.
Et voilà que vieillie et qu'infirme avant l'heure,
Ta main tremble à jamais, qui n'a jamais tremblé.
Voilà qu'encor plus haute et que toujours meilleure,
L'âme seule est debout dans ton être accablé.
Tu sentais tout cela pourtant à l'heure sainte
Où tes yeux dans nos yeux mettaient ta volonté ;
Tu le sentais sans peur, tu le ressens sans plainte,
Et c'est pourquoi j'en puis parler avec fierté.   (Paul Deroulède.)

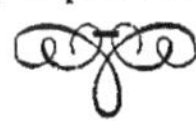

LE GÉNÉRAL MARGUERITTE

Nous la connaissons tous sa mort, sa mort sublime,
Telle que sur son nom l'apothéose a lui.
Oh ! les cœurs que l'amour de leur pays anime,
Doivent battre plus fort quand on parle de lui !
Sedan ! gouffre tragique où s'engloutit l'armée,
Où, pareils aux troupeaux qu'un maître a condamnés,
Sous la balle et l'obus croulaient dans la fumée
Les régiments français par l'ennemi cernés !
Margueritte était là, rêvant une trouée.
Comme les Prussiens avancent d'un pas sûr,
Rétrécissant la chaîne étroitement nouée,
Il jette ses chasseurs d'Afrique sur leur mur.
Les chasseurs sont partis ainsi qu'une rafale,
Mais une fusillade ardente a riposté.
Margueritte s'élance en avant; une balle
Le frappe en plein visage. Il tombe ensanglanté.
Tombé, lui qui menait ses soldats à la gloire !
Voudront-ils, maintenant qu'il n'est plus devant eux,
S'acharner aux périls d'une charge illusoire?
Iront-ils vers la mort, quand le but est douteux?
Oui ! car malgré l'horreur de sa langue coupée,
Margueritte est debout, le pas mal affermi.
En avant ! dit son geste. — Il lève son épée
Et, muet surhumain, il montre l'ennemi.
En avant ! Quel éclair dans nos heures néfastes,
Quand on le vit passer, pour un suprême effort,
Le tourbillon sacré de ces enthousiastes,
Poussés par un mourant qui reculait la mort !
Margueritte vivra ! ce monument l'atteste.
Il surgit du tombeau, combattant retrouvé.
Le bronze impérissable éternise son geste;
Son bras pour nous guider sera toujours levé.

> Des héros comme lui, plus haut que les orages
> Planent; le piédestal de leurs œuvres est fort.
> Gardés dans la mémoire immortelle des âges,
> Plus vivants que jamais ils sortent de la mort.

(G. Vauteray.)

LE CURÉ DE BAZEILLES

E blâme qui voudra, moi je l'aime ce prêtre,
Est-ce sa faute à lui s'il perdit la raison,
Si des frissons de haine ont traversé son être,
Lorsque les Bavarois, les poings pris de salpêtre,
Brûlaient homme par homme et maison par maison?
Ils avançaient ainsi, dévastant le village
Ne laissant derrière eux que ruine et que mort,
Et qu'importait le sexe, et que leur faisait l'âge!
N'avait-on pas tenté d'arrêter leur passage?
Féroces par calcul, ils tuaient sans remord.
La place de l'église était encore à prendre,
Mais nos soldats luttaient d'un cœur mal assuré,
Et quelques-uns déjà murmuraient de se rendre
Lorsque sur le parvis un cri se fit entendre :
« Aux armes! mes enfants! » C'était le vieux curé;
Et passant sa soutane aux plis de sa ceinture,
Faisant aux paysans signe de l'imiter.
Il ramasse un fusil que la mort lui procure :
Chacun s'arme, chacun s'excite et se rassure,
Et la poudre aussitôt recommence à chanter.
Pif, paf, les Bavarois s'avançaient en colonne;
Derrière un petit mur on se mit à couvert :
« Feu, commandait le prêtre, et que Dieu me pardonne! »
Les habits bleus tombaient comme les bois d'automne,
Mais leur flot grossissait toujours comme la mer.
La lutte se finit, hélas, comme on peut croire,
Mais les fiers Allemands ont regardé, surpris,
Ces paysans couchés sous la muraille noire;
Ce fut court, mais ce fut assez long pour la gloire :
Le curé de Bazeille est mort pour son pays!   (Paul Deroulède).

LES PATRIOTES DE BOUGIVAL

I l n'y a qu'un Bougival en France, dit la chanson, et comme toujours la chanson dit vrai ! Pays de poètes et d'artistes ! Il semble que tous s'y donnent rendez-vous, et cette terre est assurément la terre promise ; de tous côtés, sur la berge ensoleillée, ou sur le versant des coteaux qui se déroulent en amphithéâtre, ce ne sont que jardins, villas, cottages.... M. L. Autié, un poète, après ce tableau ravissant du Bougival heureux et pacifique, nous rappelle que voici bientôt quatorze ans, ces côteaux étaient noirs de Prussiens et ces maisons criblées de projectiles. Cette population si gaie et si joyeuse maintenant, tout en ayant le souvenir impérissable au cœur, eut l'honneur de produire pendant la guerre, une foule de héros. Gloire à elle !

Le 29 septembre 1870, deux régiments d'infanterie ennemie occupèrent Bougival et établirent un fil télégraphique entre leurs cantonnements et l'état-major de Versailles. Le fil fut aussitôt coupé, puis rétabli, puis coupé, et cela jusqu'à cinq fois. Dès lors, une active surveillance s'organisa. Un matin, des espions surprirent un paysan qui grimpait aux poteaux télégraphiques pour recommencer la besogne déjà faite tant de fois. L'arrêter, le conduire devant un colonel prussien, fut l'affaire d'un instant. Le paysan subit un inter-rogatoire détaillé. Il s'appelait François Debergue, jardinier de son état, avait soixante et un ans, était père de quatre enfants, dont trois garçons et une fille.

« Dans quel but avez-vous agi, lui demanda-t-on ?

— Dans le but de vous nuire, répondit-il simplement.

— Promettez-vous de ne plus recommencer ?

— Non, je suis Français ; je dois tout entreprendre contre vous ; si vous me rendez à la liberté, je recommencerai. »

Dès qu'on apprit son arrestation, ce fut dans le village une indignation générale. Des démarches, des prières, des supplications, tout fut tenté pour obtenir sa liberté. Elle fut estimée 10 000 francs, mais Debergue refusa énergiquement la rançon. « A quoi sert ? disait-il toujours, je recommencerai. »

Il fut condamné à mort. Le 27 septembre, à 4 heures du soir, vingt-quatre Prussiens l'escortèrent jusqu'au rond-point des Bourbiers. Le trajet, d'un kilomètre, s'accomplit dans un profond silence. Seul, l'officier qui commandait le peloton murmurait avec son accent barbare : « Patriotismus, patriotismus. » Arrivé sur la place d'exécution, Debergue fut attaché à un pommier chargé de fruits ; il sortit lui-même un mouchoir de sa poche, se banda les yeux et présenta sa poitrine à l'ennemi. Visé à quatre mètres de distance, il s'affaissa, frappé de dix-huit balles.

Cependant il ne fut pas la seule victime. Un mois plus tard, le 21 octobre, le canon tonnait aux alentours, et même le son du clairon français sonnant la charge, parvenait jusqu'à Bougival ; une action très vive étant engagée du côté du mont Valérien. Les Prussiens se sauvèrent dans la direction de Versailles ; deux ouvriers se portèrent dans les bois et firent le coup de feu contre les fuyards. Le soir, hélas! les Prussiens revenaient et s'emparaient des deux ouvriers, Martin et Cardon. Traduits comme Debergue devant un conseil de guerre, condamnés comme lui, ils furent traînés à la même place et fusillés : « Allez dire que nous mourons pour la patrie. » Un monument commémoratif à été construit, et deux plaques encastrées dans la pierre rappellent ces faits et ces noms héroïques.

CHATEAUDUN

ILS étaient deux mille.

Deux mille hommes de troupe ? Non. Des francs-tireurs, des gardes nationaux, de bons bourgeois, des paysans, de braves gens qui, il y a six mois, vendaient leurs bestiaux, leurs laines et leurs cuirs, cultivaient leur chanvre.

Deux mille soldats ? Non. De pacifiques laboureurs d'Eure-et-Loir, des fermiers du pays chartrain, d'honnêtes campagnards, riches par leur travail et joyeux de voir pousser la moisson prochaine.

Deux mille. Ils se sont barricadés dans leurs rues, fortifiés dans leurs maisons, ils ont fait de leur jolie et riante petite ville — une des plus gaies de la France — une citadelle redoutable.

Ils ont chargé leurs fusils, ils se sont retranchés sur le coteau, vert et souriant au printemps, et, le doigt sur la gâchette, la résolution au cœur, le nom de la patrie aux lèvres, ils ont attendu.

Bords paisibles du Loir, aviez-vous jamais vu pareilles journées ?

L'an dernier, les paysans et les paysannes passaient, se tenant par la main. L'eau courante reflétait leurs ombres et doucement répétait leur chanson. Pays heureux, pays fortuné, qui t'eût dit, pays d'Eure-et-Loir, que tes rivières rougiraient de sang et qu'on les verrait charrier des cadavres ?

Mais quoi ! les rois le veulent et les empereurs ont le droit de guerre et le droit de paix; guerres atroces, paix cyniques. Ils ont aussi le droit de capitulation honteuse.

Pauvre pays paisible d'Eure-et-Loir !

A Châteaudun, les Prussiens sont venus. Ils étaient cinq mille. Près de trois contre un. Les gardes nationaux chartrains ont fait leur devoir. Il y a près de deux mille morts prussiens sous les ruines de Châteaudun. Homme pour homme. Tout Français a tué son ennemi. Bismarck doit être content, et Guillaume ! Le tas des cadavres augmente.

Ils ont lutté, ces paysans, ces bourgeois, ces bonnes gens, ces braves gens, près de dix heures, lutté pied à pied, disputé leur ville pierre à pierre.

Il y a un proverbe à Châteaudun. On dit des enfants du canton, tous intelligents et fins :

— Il est de Châteaudun, il entend le demi-mot.

On dira mieux et plus ; on dira :

— Il est de Châteaudun, et il dicte le mot, le mot sacré, le mot : *devoir*.

Après Strasbourg, après Phalsbourg, après Toul, après Bitche, après Metz, voici Châteaudun qui écrit son nom en traits inoubliables et donne à la République le sang de ses enfants. La Beauce imite l'Alsace. Qui disait donc que la France est finie ?

C'est qu'ils avaient à Châteaudun, pour soutenir, aiguillonner et rajeunir la ferveur de leur patriotisme, un vivant stimulant, une image vaillante du passé.

Dans le vieux château où logea Dunois, dans ce château où la tour de Thibaut le Tricheur dressait encore ses créneaux sombres, M. de Luynes avait conservé, tel qu'il fut autrefois, un tribunal révolutionnaire. Drapeaux de l'an II, proclamations de la Commune, affiches de la Convention, tout était demeuré dans l'état primitif. Le temps avait respecté ces drapeaux tricolores, immaculés alors que les Hoche et les Desaix les tenaient en leurs mains. Siège du ministère public, meubles, murailles, tout était vivant encore. Il semblait que la rude voix des hommes du temps se fît toujours entendre dans ce lieu terrible.

Les gens de Châteaudun avaient comme la superstition de cette curiosité, dont les Prussiens ont dû faire une ruine.

Il semblait que, sur les bords du Loir et dans la jolie ville, la Révolution immortelle eût gardé comme un antre.

L'âme bronzée des proconsuls était demeurée là.

Héroïque cité de Châteaudun, petit chef-lieu d'arrondissement, hier ignorée, à demi perdue sur une branche du chemin de fer de Vendôme, et éternelle aujourd'hui, éternel exemple de dévouement, de patriotisme et de fierté ! L'enfant de Chartres, le blond et mâle républicain, le superbe Marceau, était de ce pays beauceron, pays qui produit le blé nourrissant, et qui, avec le blé, enfante et fait des hommes.

Maintenant, ils sont morts, morts, ces fermiers, ces bourgeois, ces notaires, ces humbles et ces courageux citoyens. Morts ! et le roi de Prusse répétera encore au monde qu'il faisait la guerre à l'empereur et non au peuple ! Il a dû trembler, le mystique, en voyant au ciel cette lumière rouge, cette traînée de sang !

Mais à l'heure où ces héros combattaient, tombaient, mouraient, que faisait l'armée de la Loire ? Où est l'armée ?

Elle n'entend donc pas le cri des cités qu'on égorge ?

Destin de la patrie, fais que, tout à la fois, la défaite de Forbach, la honte de Sedan, la résistance de Strasbourg, le martyre de Châteaudun, tout ensemble, d'un coup terrible, formidable, inoubliable, toutes ces douleurs, toutes ces blessures, toutes ces capitulations, tous ces sacrifices soient vengés ?

(Jules Claretie.)

MADAME JARTHOUT

Armi tous ces héros était une héroïne, Mme Jarthout, femme au cœur vaillant et fier. Elle allait parmi les maisons qui croulaient, embrasées, au milieu des balles et des boulets qui sifflaient, prodiguant aux combattants ses soins de mère et leur donnant l'exemple d'un courage intrépide et d'un sang-froid épique; elle allait, la superbe cantinière, versant dans l'âme de ces lutteurs à outrance cette force qui semble divine tant elle est surhumaine. Les Prussiens étonnés reculaient, eux le nombre, eux le militarisme exercé, devant cette poignée de soldats improvisés, devant cette Française digne de ses aïeules, Jeanne Hachette et Juliette Duguesclin. La Légion d'honneur était une légitime récompense de la cantinière Jarthout, et nous devons la saluer avec une respectueuse admiration.

LES INSTITUTEURS DE L'AISNE

i vous pénétriez dans la cour de l'École normale de Laon, vous verriez, scellée dans le mur, une grande plaque de marbre noir, portant cette simple inscription :

« A la mémoire de Debordeaux, Poulette, Leroy. »

Ce sont les noms de trois courageux citoyens.

Jules Debordeaux dirigeait l'école de Prasly, près de Soissons, quand l'ennemi s'approcha de cette ville.

Le commandant de la place avait fait sauter le pont de Pommiers, sur l'Aisne. Les Prussiens se mirent en devoir de le rétablir pour effectuer leur passage.

Le brave instituteur ne veut pas que ce passage de l'ennemi s'accomplisse sans résistance.

Il fait appel au patriotisme des gardes nationaux de sa commune, se met à leur tête, et ces soldats improvisés, enflammés par l'exemple de leur chef, repoussent à deux reprises les troupes allemandes.

Mais les Prussiens franchissent l'Aisne sur un autre point, et tournent les braves paysans qui se voient cernés et tombent entre les mains de l'ennemi.

Des adversaires généreux eussent admiré un tel acte de courage; les Prussiens ne surent obéir qu'à leur colère. Ils saccagèrent le village et fusillèrent le jeune et vaillant instituteur, avec un garde national, sur une colline que domine Prasly.

Un autre instituteur, Poulette, de Vaurezis, à la première nouvelle de l'approche de l'ennemi, avait exhorté ses concitoyens à la résistance, et leur avait distribué des armes et des munitions.

Les Allemands l'arrêtèrent, avec deux autres bons patriotes, et les fusillèrent au bord d'une fosse qu'ils avaient été contraints de creuser eux-mêmes. Les habitants du village furent forcés de piétiner sur leurs cadavres.

Voilà ce qu'ont fait les Prussiens, en plein dix-neuvième siècle, là et ailleurs.

Le troisième instituteur, Leroy, n'avait même pas combattu les Allemands ; mais il fut accusé par eux d'avoir fait partie d'un corps de francs-tireurs.

Ils arrêtèrent Leroy au milieu de ses élèves et, sans vouloir l'entendre, le traînèrent à Châlons pour être fusillé.

Il eut beau représenter qu'il n'avait jamais quitté sa classe, et appeler à son aide les témoignages des personnes les plus honorables, rien ne put détourner les Allemands de leur barbare dessein.

Leroy fut passé par les armes.

« Venez voir comment meurt un innocent! » Telles furent les dernières paroles qu'il adressa aux habitants de Châlons, sur le passage du lugubre cortège.

Ainsi moururent, en 1870, ces trois instituteurs de l'Aisne.

Voilà pourquoi on a placé cette plaque commémorative, le 28 août 1872, dans la cour de l'École normale de Laon, pour servir d'exemple patriotique à ceux qui se préparent à faire l'éducation de l'enfance.

Ce qu'ont fait ces héros, tous les instituteurs de France seraient prêts à le faire encore, si l'étranger menaçait de nouveau nos frontières.

Cette fois, ce ne serait plus seulement au fond des hameaux qu'ils donneraient l'exemple du courage, ce serait aux armées qu'ils tiendraient encore à honneur de guider les enfants de la France. (A. Lorrain).

Toute l'Université se distingua, du reste, depuis les humbles élèves de l'École normale primaire jusqu'à cette jeunesse d'élite de l'École normale supérieure, dont les annales peuvent citer des volontaires tels que les Georges Duruy et des héros tels que les Burdeau, et bien d'autres encore, depuis les simples instituteurs jusqu'aux éminents professeurs de Faculté, gardes nationaux ou francs-tireurs, les Cave, les des Essarts, les Mézières.

GAMBETTA

A plus grande œuvre s'appelle : Défense nationale. Nous sommes prêts, nous, les premiers, à ne plus nous souvenir et de ses luttes et de ses victoires remportées au nom du parti qui l'avait pris pour chef. Ne faisait-il pas un honneur aux hommes de la Convention de ne pas s'être nommés républicains, mais de s'être nommés patriotes? Chef de parti, il était avant tout de celui qui aimait la France, et dire comment aux mauvais jours il la défendit, c'est dire comment il l'aimait.

« Ah! oui, la France glorieuse et replacée sous l'égide de la République, à la tête du monde, groupant sous ses ailes tous ses enfants désormais unis pour la défendre au nom d'un seul principe et présentant au monde des légions d'artistes, d'ouvriers, de bourgeois et de paysans ; ah ! oui, il est bon de faire partie d'une France pareille, il n'est pas un homme qui, alors, ne se glorifiât de dire, à son tour : « Je suis citoyen français. »

« Mais il n'y a pas que cette France, que cette France glorieuse, que cette France révolutionnaire, que cette France émancipatrice et initiatrice du genre humain, que cette France d'une activité merveilleuse, et, comme on l'a dit, cette France nourrie des idées générales du monde ; il y a une autre France que je n'aime pas moins, une autre France qui m'est

encore plus chère: c'est la France misérable, c'est la France vaincue et humiliée, c'est la France qui est accablée, c'est la France qui traîne son boulet depuis quatorze siècles, la France qui crie suppliante vers la justice et vers la liberté, la France que les despotes poussent constamment sur les champs de bataille, sous prétexte de liberté, pour lui faire verser son sang par toutes les artères et par toutes les veines ; la France que, dans sa défaite, on calomnie, que l'on outrage ; oh ! cette France-là, je l'aime comme on aime une mère ; c'est à celle-là qu'il faut faire le sacrifice de sa vie, de son amour-propre, de ses jouissances égoïstes ; c'est de celle-là qu'il faut dire : Là où est la France, là est la Patrie ! »

Voilà donc la France qu'il aimait ! Le traité de Francfort avait un an de date, lorsque ces paroles furent prononcées. La mémoire était encore vive, le cœur meurtri, la plaie saignante. Que n'avait-on pas sacrifié, et pour aboutir à quoi ? On comprend, après tant d'efforts devenus inutiles, le désespoir et la rage de ceux qu'on appelait les outranciers. Au lendemain de Sedan, rien, plus rien, ni artillerie, ni munitions, ni fusils, ni intendances, ni cartes même. Tout était à Paris et à Metz, et la province allait cependant s'armer pour secourir Paris et Metz. Gambetta arriva à Tours ; — et il fallut se procurer un exemplaire de la carte d'état-major prussien, la photographier et en distribuer 15000 exemplaires aux officiers français ; — il fallut créer une commission d'armement qui fit des achats sur tous les marchés du monde, et en trois mois livra 1 200 000 fusils ; il fallut dépouiller les arsenaux, fabriquer des canons à Nantes, à Saint-Étienne, au Creuzot, et des cartouches à Angoulème, où l'on en produisit jusqu'à un million par jour. A la fin de la guerre, 1400 pièces avaient été montées. Tel était l'activité dévorante de la délégation de Tours. Gambetta était infatigable, et rien ne le décourageait, pas même la capitulation de Metz, qu'il annonçait par cette retentissante proclamation :

« Français, élevez vos âmes et vos résolutions à la hauteur des effroyables périls qui fondent sur la Patrie. Il dépend encore de nous de lasser la mauvaise fortune et de montrer à l'univers ce qu'est un grand peuple qui ne veut pas périr et dont le courage s'exalte au sein même des catastrophes.

« Metz a capitulé!...

« Oui, quelle que soit l'étendue du désastre, il ne nous trouve ni consternés ni hésitants. Nous sommes prêts aux derniers sacrifices, et, en face d'ennemis que tout favorise, nous jurons de ne jamais nous rendre. Tant qu'il restera un pouce du sol sacré sous nos semelles, nous tiendrons ferme le glorieux drapeau de la République française. Notre cause est celle de la justice et du droit. L'Europe le voit, l'Europe le sent; devant tant de malheurs immérités, spontanément, sans avoir reçu de nous ni invitation ni adhésion, elle s'est émue, elle s'agite. Pas d'illusions; ne nous laissons ni alanguir ni énerver, et prouvons par des actes que nous voulons, que nous pouvons tenir de nous-mêmes l'honneur, l'indépendance, l'intégrité, tout ce qui fait la Patrie libre et fière. »

L'effet de cette proclamation fut magique, et les levées d'hommes s'effectuèrent. L'armée de la Loire se forma dans la Sologne et, le 9 novembre remporta un éclatant succès sur 50 000 Allemands.

Le 13, nouvelle proclamation de la délégation de Tours :

« Soldats de l'armée de la Loire, votre courage et vos efforts nous ont enfin ramené la victoire, depuis trois mois déshabituée de nos drapeaux; la France en deuil vous doit sa première consolation, son premier rayon d'espérance ! »

Jamais l'occasion d'encourager la résistance ne fut ménagée. Le patriotisme de Châteaudun, de Soissons, de Saint-Quentin, était aussitôt salué, et l'exemple gagnait les villes qui lisaient les décrets déclarant que telle ou telle cité avait bien mérité de la Patrie.

L'histoire du gouvernement de Tours, c'est l'histoire de nos armées de la Loire, de l'Est, du Nord et des Vosges. Gambetta avait appelé à les commander Chanzy, Faidherbe, Bourbaki il avait cordialement accepté le concours des zouaves de Charette et des éclaireurs de Cathelineau, et les événements ont montré qu'il avait su remettre notre fortune si compromise entre les mains de défenseurs qui justifiaient certainement une telle confiance. Villers-Bretonneux, Pont-Noyelles, Alençon, Bapaume, Villersexel, Héricourt sont autant de dates la plupart funèbres, mais que l'histoire peut inscrire sans rougir. L'armistice conclu à Paris mit fin à la campagne. Gambetta accepta la capitulation comme une calamité nouvelle et non pas comme le dernier épisode de la guerre. Qui ne sait qu'il fut partisan de la lutte à outrance? Qui ne se rappelle les accents d'éloquence qu'il a trouvés lorsque, partout le vent était à la paix? Qui n'a lu cette page digne de Mirabeau qu'il écrivait à Bordeaux le 31 janvier, et qui, le lendemain, était affichée sur tous les murs.

« Français, songeons à nos pères qui nous ont livré une France compacte et indivisible; ne trahissons pas notre histoire; n'aliénons pas notre domaine traditionnel aux mains des barbares ! »

Gambetta, l'avocat de la Défense, est mort, et la France l'a bien pleuré. Vous connaissez bien l'histoire, — une belle histoire, — celle de ces deux vieux officiers qui s'étaient pro-

mis sur l'honneur de faire le voyage de Berlin, et de dérober au musée le drapeau de leur régiment livré à Metz. L'un d'eux mourut, avant d'avoir pu tenter d'accomplir son serment, et, en mourant, il dit à son camarade : « Le jour où tu auras repris le drapeau, viens sur ma tombe, frappe du pied, et je te jure que je t'entendrai. »

Eh bien! le jour où nous aurons repris la Patrie perdue, allons frapper sur la tombe de Gambetta; et, moi, je vous jure qu'il nous entendra.　　　　　(L. Autié.)

CHANZY

ORSQU'APRÈS s'être rendu à Tours, Gambetta fit au patriotisme cet appel suprême qui, par un prodige, sut se maintenir à la même hauteur pendant toute la durée de la guerre, c'est au général Chanzy qu'il confia le commandement de l'armée de la Loire.

Ces deux hommes professaient des opinions totalement différentes, cependant l'entente des choses militaires fut parfaite entre eux. Le lien puissant qui avait réuni ces deux êtres dissemblables était l'amour de la Patrie, un amour opiniâtre, une confiance inébranlable. Ni l'un ni l'autre ne désespérèrent jamais de la fortune de la France, et c'est là ce qui leur permit d'accomplir ce que l'étranger a appelé « un miracle ».

Avant la campagne de 1870, le général Chanzy était considéré comme un excellent officier supérieur, très au courant de nos affaires en Orient et en Algérie, mais nul ne prévoyait qu'il pût être l'admirable chef d'armée qu'il s'est montré. Il y a là la source d'un grand enseignement pour notre génération et celles qui suivront.

La force réelle d'un pays n'est pas seulement dans quelques hommes faits pour inspirer la confiance et l'enthousiasme; ceux-là partis, l'espoir s'éteindrait, et nous n'aurions plus qu'à mener le deuil de la patrie jusqu'au jour où en surgiraient de nouveaux.

La force et la gloire réelle d'une nation sont dans l'esprit patriotique qui, pendant des générations successives, anime tous les courages et réside au fond des plus pauvres chaumières, des garnisons les plus obscures, quelles que soient d'ailleurs les divergences d'opinion.

« Tout soldat porte dans sa giberne le bâton de maréchal », a-t-il été dit; l'ambition étroite satisfaite par cette espérance ne suffit plus; un sentiment plus large et plus fécond doit remplacer les compétitions personnelles.

Depuis la guerre nos officiers l'ont bien compris, car notre armée est maintenant un foyer d'aspirations généreuses et de labeur acharné, dans lequel nous pouvons avoir confiance. C'est en faisant passer dans l'âme de tous les mêmes sentiments que nous obtiendrons ce terrain bien préparé, dans lequel l'amour de la patrie fera naître peut-être aujourd'hui, peut-être demain, des hommes supérieurs, tels que le général Chanzy.

(Henry Gréville.)

LA BATAILLE DE COULMIERS

os troupes partaient des environs de Cravant et du Bardon, où on les avait massées sur une ligne étendue; elles étaient disposées dans un ordre de bataille qui est resté, pour ainsi dire, celui de la victoire. Elles rencontrèrent devant elles le château de la Touanne, qu'on supposait occupé par les Prussiens. Une batterie est établie; on va bombarder le château, quand on apprend par un paysan que les Prussiens l'ont quitté. On les aperçoit en effet un peu plus loin, à demi dissimulés dans la brume du matin et derrière les arbres.

L'armée française poursuit sa marche sur Baccon. Elle garde, en avançant, la direction qu'elle avait au départ; les divisions se touchent et marchent régulièrement du même pas, du sud-ouest vers le nord-est. Les Prussiens, en effet, ont pris position sur une ligne qui est oblique à la nôtre; ils ont leur front de bataille presque parallèle à cette longue suite de bois qui de Chaingy s'étend jusqu'au delà de Bucy-Saint-Liphard. Ils ont choisi, pour s'y déployer, tout le terrain qui s'offre au regard depuis la ferme de la Renardière, les champs d'Huisseau, les fermes et les petits bois de Coulmiers jusqu'à Rosières et la campagne qui entoure Gémigny.

Les Français rencontrent à Baccon une résistance opiniâtre. Ce sera là que l'ennemi vaincra ou qu'il commencera sa retraite; il a crénelé les maisons et formé des barricades; pas un mur qui ne le protège et qu'il ne défende. Le village de Baccon est bâti sur un mamelon d'où les habitations descendent vers la plaine. De ce point culminant les Prussiens font un feu meurtrier sur nos troupes. En avant! en avant! crient de toutes parts officiers et généraux; et les soldats se jettent sur l'ennemi avec une impétuosité dont ils comprennent eux-mêmes les heureux résultats: il faut tout de suite emporter ce village changé en forteresse. L'artillerie tonne; l'assaut est donné: les Prussiens cèdent.

Là commença le triomphe. L'armée française reprit sa marche, sans désordre et sans hésitation, précédée de ses nombreux canons: dès dix heures, ce ne fut plus qu'une course victorieuse faite par des troupes contenues et dociles. Deux pièces de siège jetaient le bruit de leur tonnerre effroyable au milieu de cette poursuite. Pour la première fois, nos artilleurs avaient de leur côté la supériorité du nombre et du tir; et hier on entendait, à travers les rangs de l'armée entière, les officiers et les soldats parler avec une reconnaissance pleine de fierté de la précision et de l'adresse avec lesquelles nos pièces étaient pointées.

De Baccon on se porta sur la Renardière, en face d'Huisseau. L'ennemi reculait toujours. Il avait le matin brûlé la ferme de Viard, quand elle allait tomber en notre pouvoir avec les approvisionnements qu'il y avait amoncelés. A la Renardière, les Prussiens brûlent une maison à l'aide de fagots; ils emploient l'incendie pour nous arrêter.

Mais M. de Tann se voit vaincu. A midi le feu se ralentit un peu de chaque côté et ceux qui d'Orléans interrogeaient l'écho de ces canons si retentissants craignirent un instant, dans leurs angoisses patriotiques, que les Français eussent perdu le terrain. On changeait les batteries de position. M. de Tann ne soutenait plus la retraite que pour sauver le matériel de son armée, qui gagnait par Ormes la route d'Artenay. Bientôt l'armée française se trouva près de Coulmiers, son objectif. Vers trois heures et demie, M. de Tann tente une manœuvre qui, plusieurs fois dans la campagne a réussi aux Prussiens : il cherche à tourner l'aile gauche de l'armée française. Mais le général d'Aurelle l'a prevenu : ce sont les Prussiens qu'une de nos divisious tourne elle-même à ce moment-là. L'ennemi recule donc. Cependant il essaye encore une fois de nous arrêter dans le bois qui couvre Coulmiers et derrière les maisons du village. Plusieurs bataillons de chasseurs nous attendent. Les médecins qui visitaient hier ces abords du village ne trouvaient que des cadavres dans les fossés et presque au pied de chaque arbre. Les soldats français sautèrent par-dessus les murs d'un château qui attient à ce bois. Ils sortent de cet assaut, victorieux et libres de se reposer.

La bataille finissait. L'artillerie et quelques régiments continuèrent leur marche sur Rosières et Gémigny. Les Prussiens fuyaient. Ils se débandaient en quittant Coulmiers, et dès lors leur retraite se fit en désordre par Boulay, Bricy, Huêtre et Patay, dans la direction d'Artenay. Le général d'Aurelle voulut achever sa victoire : il lança toute sa cavalerie et ses canons les plus légers à la poursuite de l'ennemi. Hier, jeudi, ils n'avaient pas encore fini de sabrer l'arrière-garde des Prussiens et de ramener des prisonniers.

Chose extraordinaire, on s'est battu près de dix heures, et cependant les pertes ne sont pas effrayantes comme on pouvait s'y attendre. Nulle part la plaine ne porte en tas ces mêlées de cadavres qu'on trouvait au combat d'Orléans. Les morts sont semés çà et là sur les sillons, au bord des routes ; funèbre moisson qui recouvre la terre, à peine ensemencée de son blé ! Près des taillis ou derrière les fermes, on ramassait les blessés en plus grand nombre. Mais la bataille n'a pas été une de ces boucheries qu'on a vues à Gravelotte et à Rézonville. C'est qu'elle s'est livrée sur un long parcours, à un ennemi qui de bonne heure a fui ; c'est qu'elle n'a guère été qu'un grand combat d'artillerie dont les points extrêmes étaient à une distance souvent considérable. Et la portée des armes nouvelles explique comment une retraite, s'opérant de plus loin qu'autrefois, est plus facile et moins meurtrière à celui qui l'opère.

(Récit d'un témoin oculaire.)

LETTRE A UNE FEMME

Paris terrible et gai combat. Bonjour, madame.
On est un peuple, on est un monde, on est une âme.
Chacun se donne à tous et nul ne songe à soi.
J'ai payé quinze francs quatre œufs frais, non pour moi,
Mais pour mon petit George et ma petite Jeanne.
Nous mangeons du cheval, du rat, de l'ours, de l'âne.
Paris est si bien pris, cerné, muré, noué,
Gardé, que notre ventre est l'arche de Noé;
Dans nos flancs toute bête, honnête ou mal famée,
Pénètre, et chien et chat, le mammon, le pygmée,
Tout entre, et la souris rencontre l'éléphant.
Plus d'arbres; on les coupe, on les scie, on les fend;
Paris sur ses chenets met les Champs-Élysées.
On a l'onglée aux doigts et le givre aux croisées.
Plus de feu pour sécher le linge des lavoirs,
Et l'on ne change plus de chemise. Les soirs.
Un grand murmure sombre abonde au coin des rues,
C'est la foule; tantôt ce sont des voix bourrues,
Tantôt des chants, parfois de belliqueux appels.
La Seine lentement traîne des archipels
De glaçons hésitants, lourds, où la canonnière
Court, laissant derrière une écumante ornière.
On vit de rien, on vit de tout, on est content.
Sur nos tables sans nappe, où la faim nous attend,
Une pomme de terre arrachée à sa crypte
Est reine, et les oignons sont dieux comme en Égypte.
Nous manquons de charbon, mais notre pain est noir.
Plus de gaz; Paris dort sous un large éteignoir;
A six heures du soir, ténèbres. Des tempêtes
De bombes font un bruit monstrueux sur nos têtes.
D'un bel éclat d'obus j'ai fait mon encrier.
Paris assassiné ne daigne pas crier.
Les bourgeois sont de garde autour de la muraille;
Ces pères, ces maris, ces frères qu'on mitraille,
Coiffés de leurs képis, roulés dans leurs cabans,
Guettent, ayant pour lit la planche de leurs bancs.
Soit. Moltke nous canonne et Bismark nous affame,
Paris est un héros, Paris est une femme;
Il sait être vaillant et charmant; ses yeux vont,
Souriants et pensifs, dans le grand ciel profond,

Du pigeon qui revient, au ballon qui s'envole.
C'est beau : le formidable est sorti du frivole.
Moi, je suis là, joyeux de ne voir rien plier.
Je dis à tous d'aimer, de lutter, d'oublier,
De n'avoir d'ennemi que l'ennemi ; je crie :
Je ne sais plus mon nom, je m'appelle Patrie !
Quant aux femmes, soyez très fière ; en ce moment
Où tout penche, elles sont sublimes simplement.
Ce qui fit la beauté des Romaines antiques,
C'étaient leurs humbles toits, leurs vertus domestiques,
Leurs doigts que l'âpre laine avait faits noirs et durs,
Leurs courts sommeils, leur calme, Annibal près des murs,
Et leurs maris debout sur la porte Colline.
Ces temps sont revenus. La géante féline,
La Prusse tient Paris, et, tigresse, elle mord
Ce grand cœur palpitant du monde à moitié mort.
Eh bien, dans ce Paris, sous l'étreinte inhumaine,
L'homme n'est que Français, et la femme est Romaine.
Elles acceptent tout, les femmes de Paris,
Leur âtre éteint, leurs pieds par le verglas meurtris,
Au seuil noir des bouchers leurs attentes nocturnes,
La neige et l'ouragan vidant leurs froides urnes,
La famine, l'horreur, le combat, sans rien voir
Que la grande patrie et que le grand devoir.

(Victor Hugo.)

LE SACRE DE PARIS

Paris ! c'est la cent deuxième nuit du siège,
   Une des nuits du grand hiver.
Des murs à l'horizon l'écume de la neige
   S'enfle et roule comme une mer.
Mâts sinistres dressés hors de ce flot livide,
   Par endroits, du creux des vallons,
Quelques grêles clochers, tout noirs sur le ciel vide,
   S'éeèvent, rigides et longs.
Là-bas, palais anciens semblables à des tombes,
   Bois, villages, jardins, châteaux
Effondrés, écrasés sous l'averse des bombes
   Fument au faîte des coteaux.

Dans l'étroite tranchée, entre les parois froides,
    Le givre étreint de ses plis blancs
L'œil inerte, le front blême, les membres roides,
    La chair dure des morts sanglants.
Les balles du barbare ont troué ces poitrines
    Et rompu ces cœurs généreux.
La rage du combat gonfle encor leurs narines,
    Ils dorment là serrés entre eux.
Ville auguste, cerveau du monde, orgueil de l'homme
    Ruche immortelle des esprits.
Phare allumé dans l'ombre où sont Athène et Rome
    Astre des nations, Paris !
Vois ! la horde au poil fauve assiège tes murailles !
    Vil troupeau de sang altéré,
De la sainte patrie ils mangent les entrailles,
    Ils bavent sur le sol sacré !
Tous les loups d'outre-Rhin ont mêlé leurs espèces : -
    Vandale, Germain et Teuton,
Ils sont tous là, hurlant de leurs gueules épaisses
    Sous la lanière et le bâton.
Ils brûlent la forêt, rasent la citadelle,
    Changent les villes en charnier,
Et l'essaim des corbeaux retourne à tire-d'aile,
    Pour être venu le dernier.   (Leconte de Lisle).

LE SERGENT HOFF

'ENNEMI avait, depuis le 17 septembre, formé ses lignes d'investissement autour de
Paris. Chaque jour le canon grondait et des escarmouches s'engageaient entre nos
avant-postes et ceux des Allemands. Le 107ᵉ régiment de ligne, appartenant à la
division du général d'Exéa, occupait Nogent, dans le voisinage de la Marne. Pauvre petit
village, si frais, si coquet avec ses charmantes habitations perdues dans le lierre, la vigne
vierge et les lilas, quel spectacle il présentait alors ! Portes arrachées de leurs gonds, croisées
veuves de leurs volets verts qui se détachaient si gaiement sur la blancheur des murs,
jardins défoncés, serres brisées, meurtrières béantes, murailles mouchetées par les balles :
tout disait que la guerre avait passé par là. La 5ᵉ compagnie du 3ᵉ bataillon comptait au
nombre de ses sergents le fameux Hoff, Alsacien de naissance et profondément dévoué à la

France. Le sergent Hoff avait appris avec une douleur profonde les désastres qui nous accablèrent dès le début de la campagne. Quelques jours avant l'investissement, il reçut la nouvelle que son vieux père, coupable de rébellion contre les autorités prussiennes, avait été saisi dans son village d'Alsace et fusillé. C'était heureusement une erreur ; mais le sergent Hoff, bloqué dans Paris, ne pouvait contrôler la nouvelle, et comme elle ne présentait aucun caractère d'invraisemblance, il fut bien forcé de la croire exacte. Profondément blessé dans ses deux plus chères affections, irrité contre les Prussiens comme Français et comme fils, il jura de tirer d'eux une vengeance terrible et tint parole.

La Marne seule séparait les grand'gardes françaises des avant-postes de l'ennemi. Hoff obtint de son capitaine, qui avait pleine confiance en lui, la permission de se battre à sa manière contre les Prussiens, promettant qu'on n'aurait pas lieu de se plaindre, si l'on consentait à le laisser opérer à sa guise.

Comme il était brave, très bon soldat et tireur incomparable, on lui donna carte blanche. Hoff commença alors la série de ses coups de main qui l'ont rendu fameux. Seul, ou accompagné de quelques hommes d'élite qui avaient sollicité et obtenu l'honneur de prendre part à ses périlleuses expéditions, le vaillant sergent dressait des embuscades à l'ennemi, enlevait ses sentinelles, en un mot, laissait rarement passer un jour sans tuer un ou plusieurs Allemands. Parfois il traversait la Marne à la nage, fusil sur le dos et sabre entre les dents. Arrivé sur l'autre rive, il s'embusquait dans les roseaux et restait à l'affût jusqu'au moment où quelque soldat ennemi, venant à passer, tombait sous ses coups. Le froid, la pluie, le vent, la neige ne pouvaient arrêter ce terrible chasseur. Apercevait-il avec sa longue-vue quelque sentinelle isolée, Hoff s'approchait d'elle en rampant et lui plantait son sabre dans la poitrine ; puis il rapportait au camp comme trophée le casque et les armes de sa victime. Il était devenu la terreur des avant-postes prussiens ; les éclaireurs, les vedettes tremblaient à la pensée de se trouver en face de ce tueur nocturne qu'on ne voyait jamais, mais dont on reconnaissait les coups. Son adresse comme tireur était de premier ordre : on l'avait vu un jour, près le viaduc de Nogent, jeter bas du premier coup, à plus de cinq cents mètres, un officier prussien qui avait eu l'imprudence de se montrer à découvert. Cependant le fusil n'était pas l'arme qu'il employait de préférence : il aimait mieux son sabre-baïonnette, dont la lame courte et tranchante frappait mortellement et silencieusement. Il pouvait ainsi tuer plusieurs ennemis, à la faveur d'une nuit claire, sans donner l'éveil. Ce procédé avait, il est vrai, l'inconvénient de l'exposer bien davantage, mais le brave sergent ne comptait pas avec le péril.

Hoff rendit ainsi de tels services, que le gouvernement lui donna la croix de la Légion d'honneur. Ce fut un jour de fête pour tout le régiment, car parmi les camarades du vaillant Alsacien il n'en était pas un seul qui ne l'aimât et ne l'admirât. Le colonel voulut que lecture de l'ordre du jour fût faite aux soldats :

« Le colonel est heureux de porter à la connaissance du régiment que, par décret du 6 novembre, le sergent Hoff a été nommé chevalier de la Légion d'honneur. Jamais le signe de l'honneur n'aura brillé sur la poitrine d'un plus brave soldat ! »

Si l'on songe que Hoff en était alors à son vingt-septième Prussien, comme l'atteste un ordre du jour signé du général Trochu, on pensera sans doute que cette honorable distinction avait été bien méritée par celui qui en fut l'objet.

Aujourd'hui, le modeste héros qui combattit si bien pour la patrie et qui la servirait encore sans les blessures reçues ou les infirmités contractées en 1870, sert de gardien à l'Arc de Triomphe, au monument glorieux qui porte les noms immortels des victoires gagnées par nos pères. Jeunes gens, allez parfois causer avec le vieux sergent, faites-lui conter ses campagnes, ses périlleuses expéditions, demandez-lui de vous apprendre comment il faut aimer et défendre son pays. Hoff ne refusera pas de vous répondre; cet Alsacien a, pour aimer la jeunesse française, des raisons qu'il ne dit point, mais que vous devinerez, n'est-ce pas, vous qui êtes la réserve de l'avenir? Allez voir le vieux soldat, vous dis-je, et puissent vos cœurs battre d'une généreuse et patriotique émotion au récit des exploits de ce brave !

(Georges Duruy.)

LE MARQUIS DE CORIOLIS

Le marquis de Coriolis, d'une vieille et noble famille, avait soixante ans passés lorsque les canons prussiens vinrent se ranger autour des remparts de Paris invaincu. Devant le danger de la patrie, ce gentilhomme s'engagea comme volontaire, et simple soldat à cheveux blancs, il donna l'exemple, s'offrant toujours aux périls les plus grands, le premier à l'attaque, et le combat fini, le dernier à la retraite. Vaincre ou mourir, telle était sa devise. La victoire ne voulut point de lui, mais la mort le prit, la mort du héros. Dans la sanglante journée de Montretout, il tomba, la face tournée vers l'ennemi, qu'il n'avait pu voir fuir, et la dernière parole de sa voix éteinte fut encore :
« Vive la France ! »

HENRI REGNAULT

N autre volontaire mort aussi au champ d'honneur fut Henri Regnault. Grand prix de Rome à vingt-sept ans, libre ,de tout service militaire, riche, heureux, peintre de talent, déjà en possession d'une gloire légitime et enviable, il quitta tout, les siens et le bonheur tranquille et sûr qu'il goûtait en Afrique, pour venir s'enfermer dans ce Paris qu'il aimait tant. Il voulait défendre son berceau, sa jeunesse, car il était né à Paris, contre les barbares et les envahisseurs détestés. Presque à la veille de la paix, lui qui, emporté par son courage, avait entendu tant de fois les balles siffler impunément à ses oreilles et voulait toujours aller en avant, tomba à Buzenval, blessé pour ne plus se relever, dans toute la force de sa jeunesse, au printemps de cette vie qui ne lui promettait que du bonheur et des triomphes.

SAINT-QUENTIN & ANATOLE DE LA FORGE

E 8 octobre 1881, la ville de Saint-Quentin inaugura sur une de ses places un monument magnifique.

C'est un groupe en pierre dû au ciseau du sculpteur Barrias.

Il représente la ville elle-même dans une attitude fière et belliqueuse. Elle soutient un soldat blessé, pendant qu'un ouvrier, représentant l'industrie locale, ramasse le fusil du soldat.

Ce monument est un souvenir de la résistance que cette cité patriotique opposa aux Prussiens, le 8 octobre 1870.

Saint-Quentin avait déjà sa page glorieuse dans l'histoire. En 1557, l'illustre amiral Coligny s'y était jeté avec sept cents hommes pour arrêter l'invasion espagnole. Une armée française, envoyée par Henri II pour le débloquer, ayant été battue, Coligny n'en tint pas moins pendant dix-sept jours avec très peu de munitions et presque sans vivres, ce qui permit au roi de prendre ses mesures contre l'ennemi.

En 1870, la vaillante ville n'avait même plus de remparts; de tous les côtés elle était ouverte à l'ennemi.

Quand les Prussiens occupèrent Laon, le siège de la préfecture de l'Aisne fut transféré à Saint-Quentin. M. Anatole de la Forge venait d'y arriver comme préfet de la Défense nationale, quand on annonça l'approche de l'armée allemande.

C'était un patriote et un brave.

Historien, il avait écrit l'*Histoire de la République de Venise,* où il avait exalté les hauts faits des Vénitiens quand ils défendaient leur indépendance.

Ces qualités qu'il avait louées chez les autres, il allait les mettre en œuvre lui-même.

Dès son arrivée, il encourage la population, déjà décidée à tous les sacrifices. On lui demande un mot d'ordre : « Résistance, » dit-il. Et en effet, à partir de ce moment, il ne vit plus, il ne travaille plus que dans le but de résister à l'ennemi.

Le 7 octobre les Prussiens furent signalés à Saint-Quentin. Ils avaient quitté Laon dans la matinée.

Vers le milieu de la nuit du 7 au 8 une fausse alerte fit battre le rappel. Tous les gardes nationaux se rassemblèrent aussitôt en armes, sous une pluie battante. On put juger de leurs excellentes dispositions par cette première épreuve. Ils ne demandaient qu'à se mesurer avec l'ennemi.

On employa le reste de la nuit à élever en avant du pont, qu'on avait coupé, une immense barricade. Les gardes nationaux se retranchèrent derrière cet obstacle pour attendre les Prussiens.

Le 8 était jour de marché. Les transactions se firent comme de coutume; un calme complet régnait dans la ville. Quelques éclaireurs seulement avançaient sur la route de Laon pour donner l'éveil au premier danger.

A dix heures, les Prussiens furent signalés. Le tocsin sonna aussitôt; tous les gardes nationaux qui n'étaient pas encore aux barricades coururent rejoindre leurs compagnons.

Le préfet les avait déjà précédés. Un revolver d'une main, une épée de l'autre, il enflammait par son exemple l'ardeur de ces soldats citoyens.

Quand les premières lignes des Prussiens parurent à 500 mètres de la barricade, on commença le feu. L'ennemi riposta par le canon et la fusillade.

De nombreux morts jonchèrent bientôt la route. Il y eut comme un instant d'intimidation parmi ces hommes, dont la plupart n'avaient jamais assisté à une bataille. Le préfet se multiplia pour ranimer les courages. « Allons, au devoir! » s'écriait-il, et tous retournaient au feu avec une nouvelle ardeur.

Un garde national, voyant l'ennemi avancer, osa parler de se rendre. M. de la Forge demande à ceux qui l'entourent ce qu'ils pensent de cette proposition : « Comment donc! répondent-ils, voilà seulement qu'on commence à s'échauffer. »

Et la lutte continue, ardente, héroïque. Les Prussiens ne gagnent plus un pouce de terrain; découragés, ils cessent le feu au bout de deux heures, enlèvent précipitamment leurs blessés, et se replient sur Laon en toute vitesse.

Saint-Quentin était délivré de l'ennemi pour cette fois. Voilà ce qu'avait pu faire une population patriotique, dans une ville ouverte, au moment où des généraux faiblissaient dans les places fortes, avec des armées nombreuses et aguerries.

Le soir même le préfet, dans une proclamation affichée sur les murs de la ville, remercia les courageux habitants au nom de la France.

« La ville de Saint-Quentin, disait-il, a su repousser l'invasion prussienne comme autrefois l'invasion espagnole. Elle a bien mérité de la patrie. »

Hélas ! ce beau succès ne produisit qu'un retard dans l'occupation de la vaillante cité. Le 21 octobre, des troupes bien plus nombreuses y arrivèrent, et il fallut se résigner à les subir.

Le colonel von Schladen savait ce dont étaient capables les habitants. A peine entré dans la ville, il ordonna la remise immédiate de toutes les armes, jusqu'aux cannes à épée.

L'inquiétude des Prussiens ne se calma que quand la population désarmée fut absolument sans défense. Alors seulement l'ennemi commença ses réquisitions.

Saint-Quentin a donné un grand exemple à la France. Elle a montré que, pour résister à l'envahisseur, il y a quelque chose qui vaut mieux que les remparts les plus solides et les armes perfectionnées : l'amour de la patrie, le culte de l'indépendance, le courage des habitants et la valeur des soldats. (A. LORRAIN.)

FAIDHERBE

L E 18 janvier 1871, on se battait du côté de Vermand, et les Prussiens étaient repoussés. Le soir, devant la commission municipale, Faidherbe, *digne comme un stoïcien* (le mot a été dit par M. Malézieux, président de la commission), disait froidement à peu près ce qui suit :

« Demain je donnerai ou plutôt j'accepterai la bataille. Gambetta l'ordonne, et il faut faire une diversion, car Paris tente une sortie (c'était, on le sait, la sortie de Buzenval). Mon armée est une masse, mais une masse faible. Je serai battu, mais battu glorieusement. Les Prussiens pourraient nous repousser en deux heures ; je les arrêterai toute la journée. »

Le 19 au matin, les Prussiens attaquaient, et jusqu'à trois heures de l'après-midi, moment où entrèrent en ligne des masses ennemies venues de la Fère, de Laon, de Paris, nos soldats résistèrent bravement. Ils combattaient dans la neige, la boue collant aux pieds, les talons enfonçant dans la glaise : ce temps boueux était le même à Montretout et à Saint-Quentin. Le combat fut presque tout entier d'artillerie et livré dans un vaste espace. Sur ces coteaux ou plutôt ces plaines aux ondulations légères, la canonnade faisait rage.

Le terrain bouleversé, creusé, trépigné, labouré par les obus, témoigne encore de l'acharnement des hommes. Au *Moulin de Tout-Vent*, à la place où la plus terrible et la plus meurtrière des batteries françaises avait tonné, la terre tourmentée semble, après un an passé, sentir toujours la tuerie.

Le vice capital des positions de Faidherbe, c'était la situation prise sur les deux rives de la Somme. Son armée se trouvait, pour ainsi parler, *à cheval* sur les deux côtés du canal de Saint-Quentin et la rivière, c'est-à-dire partagée en deux, divisée par les marais, qui rendaient ses mouvements difficiles et la communication des régiments entre eux, et même des officiers d'ordonnance, presque impossible d'une rive à l'autre. Comment, en effet, se mouvoir dans des marais? Comment manœuvrer sur cet impraticable terrain et entre ces deux cours d'eau? A dix heures et demie du matin, la bataille commencée, l'armée française, formée en demi-cercle, tenait, en s'appuyant sur Saint-Quentin, tout le terrain qui va de Mesnil-Saint-Laurent à Rocourt. Les batteries, fortement établies entre Neuville-Saint-Amand et Gauchy, à droite, allaient battre bientôt à gauche, lorsque la bataille changea de terrain, le bois de Savy, où, durant cette journée du 19, les pertes des Prussiens furent considérables.

L'armée allemande, puissante, soutenue par une cavalerie nombreuse (nous avons dit déjà que Faidherbe manquait absolument de cavaliers et pouvait à peine disposer de deux escadrons), cette armée, dont le nombre s'augmentait d'heure en heure, occupait Seraucourt, Essigny-le-Grand, Gérisy, et n'engageait qu'avec une prudente avarice ses réserves accumulées le long des routes de la Fère et de Chauny. En outre, prêt à soutenir ses fantassins, qui combattaient à Itancourt, ou ses batteries, qui tonnaient devant Urvillers, le général von Gœben abritait derrière les maisons de ces villages des régiments entiers de dragons ou de chasseurs à cheval prêts à charger. Ces masses sombres de cavalerie apparaissent sur le plan de la bataille comme de formidables menaces, et semblent dissimulées derrière les villages comme autant de pièges.

Faidherbe se tenait à Rocourt, suivant les mouvements de cette longue bataille.

Le 22ᵉ corps français, placé à l'aile droite de l'armée, résistait avec une fermeté grande à l'ennemi. Malheureusement, le 19ᵉ régiment allemand, nous attaquant vers l'aile gauche, parvint à déborder les soldats qui défendaient la gare et s'empara de ce point décisif. Le 23ᵉ corps allait bientôt se mettre en retraite et entraîner avec lui le 22ᵉ, qui se battait avec tant d'énergie.

Durant tout le jour, au surplus, l'ennemi avait reçu de divers points des renforts importants. Ils arrivaient de la Fère ou de Laon, ou même de Paris. Des régiments descendaient de chemin de fer pour entrer en ligne. C'est encore là un exemple de l'étonnante organisation militaire de la Confédération. Nous avons vu qu'à Spickeren (Forbach) les Allemands avaient fait de même. Cette entrée en ligne de troupes fraîches vers la fin de toutes ces terribles journées est un des triomphes de leur tactique. Le soir de la bataille de Saint-Quentin, les troupes ennemies qui occupèrent la ville venaient de sortir de wagon. Elles contrastaient étrangement, par leur tenue correcte, la propreté de leurs vêtements et de leurs armes, fusils luisants, bottes cirées, avec les autres régiments allemands, engagés depuis le matin.

Notre artillerie, placée au Moulin de Tout-Vent, avait fait un grand carnage des ennemis. Elle devait, lorsque la bataille fut perdue, contenir encore les assaillants.

Le soir de ce jour funèbre, les soldats fuyaient, traversaient Saint-Quentin par la place de l'Hôtel-de-Ville ou par le faubourg Saint-Jean, poussés par les Prussiens et s'arrêtant encore pour tirer leurs derniers coups de feu. Quelques-uns, au bas de la rue d'Isle, ébauchèrent une barricade, à l'endroit où la garde nationale s'était défendue le 8 octobre; mais la résistance était inutile, impossible. Les bataillons fuyaient pêle-mêle; c'était, sur la place et dans les rues, le défilé hideux, l'égrènement ou le torrent de la déroute. On jetait ses équipements, on jetait ses armes, on buvait en hâte quelque verre de vin que tendait une main sortant d'une porte entr'ouverte; on changeait de vêtements, on se cachait, on se blottissait dans les caves. Des blessés tombaient parfois inanimés sur le pas des portes.

Cependant l'artillerie, après avoir protégé la retraite, se retirait intacte. D'autres héros inconnus faisaient jusqu'à la fin bonne contenance. Ce sont ceux-là que l'histoire oublie, et qui, à l'heure où tout succombe, où la panique et le désordre jettent leurs cris farouches, restent calmes, combattent encore et font leur devoir jusqu'au bout. Être fidèle au drapeau vainqueur, le beau mérite! Il vous enveloppe dans son rayonnement. Mais la vraie gloire est de demeurer attaché au drapeau vaincu et de sourire encore à ses haillons. On retrouva, le lendemain, dans un angle de rue, le cadavre d'un marin, troué de coups de baïonnettes et couché sur un tas de Prussiens qu'il avait immolés à coups de hache.

La nuit était venue. L'armée s'écoulait vers Cambrai. Encore une fois l'ennemi entrait dans la ville. Le sabot de ses chevaux retentissait sur la grand'place. Ordre d'allumer des lumières, lanternes ou bougies, aux fenêtres des maisons; on tirerait sur chaque maison qui restait sombre. Ordre de livrer les armes, de dénoncer les soldats réfugiés. Réquisitions partout.

Cette bataille de Saint-Quentin pouvait amener la destruction totale de l'armée du Nord. L'ennemi n'osa point poursuivre Faidherbe. Le vainqueur, qui avait 5000 hommes hors de combat, se contentait de ramasser nos traînards; nous avions perdu 5000 hommes.

(Jules CLARETIE.)

LE COLONEL ACHILLI & LE GÉNÉRAL ROBERT

2 février 1871

LE général Clinchant, qui avait pris le commandement de l'armée de l'Est après Bourbaki se vit dans la dure nécessité de franchir les frontières.

Le colonel Achilli, du 44ᵉ de marche, fut chargé de défendre les derniers défilés et voyant que quelques-uns de ses soldats murmuraient : « Qu'avez-vous donc? dit-il, vous restez en France, les autres passent en Suisse, et vous vous plaignez? — C'est qu'ici, nous allons nous faire tuer, colonel! — *Eh bien! c'est ce que je vous disais! Vous resterez en France!* » — Le mot est sublime. Une heure après, le colonel Achilli tombait, frappé d'une balle au ventre.

Blessé à quatre heures du soir, il expira quelques heures après. Il mourut avec deux blessures encore saignantes, outre sa blessure mortelle : il avait reçu la première, au pied, à Juranville ; la seconde, à la cuisse, à Villersexel, et quoiqu'elles ne fussent point guéries, il combattait encore.

Le 44e de marche avait d'ailleurs eu déjà à sa tête un brave, c'était le colonel Robert, qui le commandait avant le colonel Achilli. Général, le 1er février, à la Cluse, il guidait au combat sa brigade, la dernière qui résistât.

Vers trois heures, le feu cessa du côté des Prussiens. Les Français s'arrêtèrent en même temps, par instinct. Un officier supérieur allemand se détache alors et s'avance. Le général Robert en fait autant, et lorsque ces deux hommes sont l'un près de l'autre : « Général, dit le Prussien, vous êtes cernés, il ne vous reste plus qu'à vous rendre. — Pardon, monsieur, répondit simplement le général Robert, il nous reste encore à mourir honorablement. »

Ce sont de pareils traits et de tels sacrifices qui vengent, aux yeux de l'avenir, l'honneur meurtri des nations vaincues.

(Jules Claretie.)

JEANNE BERNIER

Eanne Bernier habitait une ferme de la Champagne pendant l'invasion de 1870-71. Son frère avait été tué par les Prussiens, mais les trois autres hommes de la famille, le père, l'époux et l'enfant, s'armèrent, se joignirent à des francs-tireurs, et marchèrent à la rencontre de l'ennemi. Tous les trois périrent. Lorsque cette nouvelle fut annoncée à Jeanne Bernier, elle ne se désola pas, ne versa aucune larme. Il lui sembla qu'elle avait mieux à faire. Elle prit le fusil de son frère, revêtit des habits d'homme, quitta sa ferme et partit. Elle partit seule. Il faut avoir un cœur bien fort ou bien désespéré pour se risquer la nuit, dans des bois remplis d'ennemis qui veillent, pour triompher de la fatigue, du manque de nourriture et de sommeil, pour ne pas succomber avant de s'être vengée. Pendant cinq jours Jeanne Bernier erra dans la campagne, cherchant les sentinelles écartées, les éclaireurs, les uhlans. Elle en tua quatre. Puis, jugeant qu'elle avait versé assez de sang pour sa famille et pour sa patrie, elle se résolut à mourir. Elle tira sur un général ennemi chevauchant à la tête d'une troupe de soldats, qui la tuèrent d'une balle en pleine poitrine. Que le grand exemple qu'elle nous a légué nous console de sa mort !

(Jules Guy.)

MADEMOISELLE DODU

ADEMOISELLE Dodu était directrice d'un bureau télégraphique dans une ville du centre qui tomba au pouvoir de l'ennemi.

Le général allemand installe un Prussien dans le bureau et se tient en communication avec son chef, le prince Frédéric-Charles, au moyen de fréquentes dépêches. Mlle Dodu, qui continue à habiter la maison où fonctionne l'appareil télégraphique, attache dans le plus grand secret au fil principal un nouveau fil qui intercepte le courant électrique et fait jouer un petit appareil qu'elle possède elle-même dans sa chambre. Si bien que les télégrammes partis du rez-de-chaussée de la maison à destination d'Orléans s'arrêtaient au second étage. Tant qu'ils furent sans importance, Mlle Dodu ne les arrêta au passage que pour les transmettre aussitôt, car elle ne voulait pas éventer la ruse et perdre ainsi l'occasion de rendre quelque service signalé au pays. Mais un jour une dépêche adressée au général en chef de l'armée allemande signale la p sition d'un corps français, indique le nombre des soldats et le moyen de les surprendre. Cette fois Mlle Dodu n'hésite pas à intercepter le télégramme ; puis elle envoie un émissaire prévenir en toute hâte le général français des projets de l'ennemi. Cette intelligente et énergique initiative épargna sans aucun doute à notre armée de la Loire quelque sanglant échec. Cependant les Prussiens, furieux de se voir frustrés d'une victoire qu'ils croyaient sûre, procèdent à une enquête sévère et, à force de réfléchir sur la cause mystérieuse de leur déconvenue, finissent par soupçonner la vérité. On ordonne une perquisition dans l'appartement de mademoiselle Dodu. On découvre l'appareil télégraphique, et la malheureuse jeune fille est emmenée prisonnière. Un conseil de guerre s'assemble aussitôt, et rend une sentence de mort. L'armistice qui survint quelques jours après le jugement put seul sauver la vaillante jeune femme.

Quand la paix eut été signée, M. Thiers, grand patriote autant que grand homme d'État, voulut récompenser par une distinction insigne ce bel acte de dévouement au pays : il donna la croix de la Légion d'honneur à Mlle Dodu. (GEORGES DURUY).

LE SERGENT JANAUX

'Arc de Triomphe a pour gardiens le sergent Hoff et le sergent Janaux. Tous les Français connaissent Hoff.

On sait moins que le sergent Janaux a aussi sa petite page dans l'histoire du siège de Paris. Janaux est un vieux blessé des guerres de Crimée, il occupe son poste actuel depuis plus de vingt ans.

La guerre l'y trouva et l'y laissa bien malgré lui, mais le biscaïen russe qui lui avait enlevé la moitié de la jambe à Sébastopol ne lui permettait pas de reprendre sa place de bataille. Cependant, le 28 février au soir, quand Janaux apprit que les Prussiens devaient entrer le lendemain dans Paris, il résolut d'empêcher l'ennemi de défiler sous les voûtes du monument confié à sa garde.

A la tombée du jour, il prit une bêche et une pioche et il se mit à creuser une longue tranchée dans la neige amoncelée en avant de l'Arc de Triomphe. Le brave Janaux travailla toute la nuit, et si au matin le fossé n'était ni bien large ni bien profond, la route n'en était pas moins devenue impraticable.

C'est ainsi qu'à son entrée dans Paris, l'armée victorieuse dut se contenter de passer autour du monument, et que l'insulte d'un défilé triomphal fut épargnée à Paris par l'inspiration patriotique d'un vieux troupier.

Ce même Janaux, à qui un officier prussien demandait si l'on ne graverait pas le nom de Sedan sur son Arc de Triomphe, répondit tranquillement en lui montrant tour à tour tous les piliers couverts d'inscriptions glorieuses : « Vous voyez bien qu'il n'y a plus de place. »

(Armand Goupil.)

LES FEMMES D'ALSACE-LORRAINE

E patriotisme des femmes d'Alsace et de Lorraine a été au moins égal à celui des hommes, et leur noble ressentiment contre nos ennemis a trouvé parfois, pour les frapper au cœur, des armes plus sûres que les chassepots et les canons.

Voici un fait dont je puis garantir l'authenticité. Une dame de Strasbourg logeait chez elle deux officiers prussiens. Ces messieurs se plaignirent, comme des maîtres se plaignent, de ne pas avoir accès dans les salons de cette dame, et insistèrent pour être engagés à ses

25

réunions d'amis. Le lendemain ils reçoivent une invitation. Ils arrivèrent à huit heures ; le salon était assez obscur, et, à la lueur de la lampe unique qui l'éclairait, ils entrevirent dix femmes vêtues de noir et assises au fond. La maîtresse de la maison, les voyant entrer, va à eux, les amène à la première de ces dames et, la leur présentant : « Ma fille, qui a eu son mari tué pendant le siège. » Les deux Prussiens pâlissent. Elle les amène à la seconde dame : « Ma sœur qui a perdu son fils à Frœschwiller. » Les deux Prussiens se troublent. Elle les amène à la troisième : « Madame Spindler, dont le frère a été fusillé comme franc-tireur. » Les deux Prussiens tressaillent. Elle les amène à la quatrième : « Madame Brown, qui a vu sa vieille mère égorgée par les uhlans. » Les Prussiens reculent. Elle les amène à la cinquième : « Madame Coulmann, qui.... » Mais les deux Prussiens n'ont pas la force de la laisser achever et, balbutiant, éperdus, ils se retirent précipitamment, comme s'ils eussent senti tous ces crêpes de deuil tomber sur leur tête. Connaissez-vous une plus terrible et plus patriotique vengeance ?

(E. Legouvé.)

PAYS CONQUIS

'évêque de Nancy ayant, dans un mandement resté célèbre, comparé l'Alsace et la Lorraine à Sion qu'on reverrait, le curé d'une paroisse de la Moselle, l'abbé Demnise, fit suivre la lecture du mandement de quelques paroles patriotiques. Il fut, avec vingt-cinq autres prêtres, poursuivi ; mais, moins heureux que d'autres, il fut condamné. Peu lui importait. Il attendait le jugement de la cour d'appel de Metz pour faire entendre aux conquérants le libre accent d'un patriote.

Le 7 mai 1874, cette cour d'appel jugeait le curé de Lucy. La foule était grande au tribunal ; tous les cœurs messins tressaillirent en écoutant les paroles de cet homme qui avant tout était Lorrain et par conséquent Français.

« Mon Dieu, disait-il (sa plaidoirie a été publiée), je sais bien que la France, dans cette guerre néfaste, a donné plus d'un scandale ; j'ai déploré tout le premier cette légèreté insouciante qui ne s'est pas donné la peine de compter avec ses moyens, l'habitude de vaincre ! J'ai couvert de mon indignation ces ambitions honteuses qui n'ont pas rougi de se faire un trône avec des ruines, ces calculs misérables qui ont troqué l'épée du soldat contre la plume du diplomate.

« Mais à part cette légèreté dont je doute encore qu'elle soit corrigée, ces ambitions et ces calculs qui, en définitive, ne se sont pas étendus au delà de certaines personnalités, avouez, messieurs, que la France s'est toujours retrouvée elle-même, jalouse de son indépendance, ardente sur le champ de bataille, généreuse envers l'ennemi tombé entre ses mains ! J'ai dit : ardente sur le champ de bataille, les cuirassiers de Reichshoffen seront un jour une légende ! *Et puis, que voulez-vous ? nous l'aimons ainsi, avec ses imperfections et ses faiblesses !* »

L'auditoire tressaillait, palpitait, pleurait tandis que l'accusé revendiquait, au nom de tous les Lorrains « *le respect de nos douleurs* ». Les juges allemands, eux, s'occupaient à ricaner. Un des leurs, le plus jeune, s'étant amusé à crayonner la caricature de l'accusé, ils se passaient de main en main le bout de papier et comparaient la *charge* à l'original.

L'abbé Demnise continuait.

« N'espérez pas, disait-il, nous séduire par un bien-être quelconque ; je le veux bien, votre main sera douce, votre parole affectueuse, votre sollicitude attentive et constante : vous ne nous surchargerez pas d'impôts, vous viendrez au secours de nos misères, vous nous traiterez comme des frères qu'on vient de retrouver. Vains efforts ! L'Indien ne peut se passer de ses forêts ; l'Arabe de son désert ; le Lorrain ne peut se passer de la France vaincue ! »

Ici, le président arrêta le curé de Lucy, dont la robuste parole, la voix vibrante de paysan lorrain faisait frissonner l'assemblée.

« La défense ne peut continuer dans cet ordre d'idées !

— Elle sera cependant ce qu'elle est, répondit l'accusé, ou ne sera pas du tout. »

Après en avoir délibéré, la cour confirma le jugement qui condamnait M. Demnise à trois mois de forteresse.

Mais le Lorrain était content. Il avait pu, devant la justice de l'empereur d'Allemagne, jeter ce cri d'amour à son pays :

« France, ô ma patrie, agrée ce gage de mon dévouement. Je serai heureux si, porté à tes pieds sur les ailes du souvenir, il peut sécher une de tes larmes ! A toi ma liberté ! à toi ma vie ! Je t'aime surtout quand je juge et compare ! Oh ! sans doute, s'il me fallait choisir entre Dieu et toi, je choisirais Dieu ; mais après Dieu, c'est toi ! »

Encore un coup — et nous le redisons avec joie en achevant ces pages — les Alsaciens et les Lorrains nous sont demeurés, nous demeureront fidèles.

Les exilés, les annexés, les spoliés, restent attachés énergiquement à la patrie.

La France n'est pas de ces mères qu'on renie. Comme elle a donné son amour, on lui garde un dévouement éternel. « Nous l'aimons avec tous ses défauts ! » Le cri même de tous les fils de l'Alsace-Lorraine !

« Si l'on ouvrait mon cœur, disait Marie Tudor, on y trouverait gravé ce nom : Calais !

Si l'on ouvrait le cœur de l'Alsacien et du Lorrain, on y trouverait gravé ce nom, ce beau nom, ce cher et bien aimé nom : France !

(Jules Claretie.)

LE CANONNIER DELDROUX

Il y avait, parmi les canonniers de la marine, un vieux Breton, pointeur des grosses pièces, amoureux de son canon comme le mécanicien l'est de sa machine, comme le cavalier l'est de son cheval. Il l'aimait, ce dogue de bronze qu'il chargeait de gargousses pour lui faire cracher du fer sur l'ennemi. Il le frottait, le parait, veillait sur lui, fumait sa pipe à côté, et on l'avait vu, un jour qu'il pleuvait, on avait vu le vieux pointeur étendre sa vareuse sur le canon pour que la pièce ne fût pas mouillée, comme si elle eût vécu, senti et souffert. Depuis des mois et des mois, le canonnier marin l'astiquait, le pointait, l'aimait, son canon.

Quasimodo sur sa cloche n'était pas plus heureux d'entendre vaguement la voix du clocher que le marin breton le rugissement de son compagnon. Et un jour on vint dire à François Deldroux — il s'appelait François Deldroux :

« Mon pauvre vieux, c'est fini, tu sais ! Nous quittons les remparts, nous rentrons en ville ! On reprend la mer, mon matelot ! — La mer ?.... Les remparts ?... Mais le canon ? — Quel canon ! — Mon canon donc ! Mon camarade ! Ma belle pièce de marine que j'ai si souvent pointée sur les lignes noires, là-bas !

— Eh bien ! ton canon, mon vieux François, il faut le laisser aussi, ton canon ! Tu en retrouveras d'autres à bord. Tu sais que la peine ne nous manque pas à nous autres !

— Oui dà ! Alors, c'est bon ! Rentrez en ville, matelots. Moi, je reste sur les remparts avec ma pièce. Il me semble que si je la laissais, ils la prendraient, les Prussiens !

— Voyons, tu es fou, camarade ! Rester là ! Et si on te porte comme déserteur?

— Moi? Qu'est-ce qui déserte? Ceux qui laissent là leurs armes ou ceux qui les gardent? »

Les canonniers et fusiliers marins — ces braves gens, ces beaux, forts, alertes, superbes gars que nous vîmes, au Bourget, bondir sur la suifferie, la hache à la main — faisaient déjà leurs paquets et ramassaient leurs hardes dans leurs mouchoirs à carreaux.

François Deldroux s'éloigna un peu.

— Où vas-tu, vieux frère? Qu'est-ce que tu veux?

— Eh donc ! l'embrasser une dernière fois !

— Qui ?

— Elle ! ma pièce de marine ! »

En rang, silencieux, les marins attendaient, prêts à rentrer dans Paris, qu'on leur dit.
arche !

Un coup de feu sur le rempart. On a tiré? Qui a tiré ?

« Mais c'est du côté de François ! Eh ! Deldroux ! Eh ! canonnier ! »

Le canonnier ne répondait pas.

On courut, on le trouva, le front troué, couché sur le canon qu'il avait chargé tant de fois. Son pistolet fumait près de son talon, François Deldroux respirait encore. Il eut le temps de dire :

« J'aime mieux ça !... Je ne voulais pas la savoir dans les pattes de l'ennemi ! Voilà !... »

Il était mort quelques heures après.

(Jules Claretie.)

LA DEVISE DE BELFORT

Le 5 novembre 1870 les Prussiens vinrent à bout d'achever l'investissement de Belfort. Grâce à la belle défense des positions extérieures par le colonel Denfert, c'est un mois après seulement, jour pour jour, le 5 décembre, qu'ils purent ouvrir le feu contre la place. Aussitôt le préfet du Haut-Rhin, M. Grosjean, qui s'était jeté dans Belfort pour prendre sa part du péril et aussi de l'honneur de la résistance, adressa à la population civile la proclamation suivante :

« Citoyens,

« L'heure du péril est venue et avec elle l'heure des dévouements.

« Je connais trop votre patriotisme pour avoir besoin de lui faire un suprême appel. La population civile et la population militaire, unies par les liens d'une entière et légitime confiance, seront dignes l'une de l'autre dans la lutte qu'elles sont appelées à soutenir.

« L'histoire dira un jour que la lâcheté et les trahisons de Sedan et de Metz ont été rachetées par le courage de Belfort; elle dira qu'il ne s'y est rencontré ni un soldat ni un habitant pour trouver, au jour du danger, les sacrifices trop grands ou la résistance trop longue; elle dira enfin que tous, sans hésitation et sans défaillance, nous avons serré nos rangs au pied de votre château : c'est pour nous aujourd'hui plus qu'une forteresse, c'est la France et l'Alsace, c'est deux fois la patrie. »

Le langage du digne compatriote et collègue d'Edmond Valentin, l'héroïque préfet de Strasbourg, ne pouvait pas ne pas être entendu. Donc, à côté de l'intrépide colonel Denfert et de ses braves lieutenants les de la Laurencie, les Thiers, les Degombert, les Chapelot, les Perrin, les Quinivet, les Brunelot, les Journet, les Choulette, les Krafft, les Bornèque, les Belin, les Blot, les Porret, les Gérard, etc., vinrent se ranger, le maire de Belfort, M. Mény, M. Stéhelin avocat, M. Duquesnay, capitaine de pompiers, les médecins MM. Vautrain et Petitjean, les gardes nationaux sédentaires et toute la population de Belfort. La courageuse petite ville avait pris sa résolution : *Quand même !*

Alors les Prussiens purent dresser batteries sur batteries contre les remparts, les villages fortifiés, les faubourgs, les forts, la ville et le château…. On tint *quand même !*

Ils purent cribler de projectiles l'hôtel de ville, l'église, remplis de malades et de blessés, les hôpitaux, les ambulances, lancer jusqu'à 450 000 obus sur les positions françaises et prolonger pendant soixante-treize jours le plus épouvantable bombardement dont l'histoire fasse mention…. On tint *quand même !*

Toutes les maisons étaient trouées, éventrées, les cheminées abattues, les toits effondrés, le théâtre, une partie des faubourgs et de la ville incendiés…. On tint *quand même !*

Les Prussiens mirent à la sortie des vieillards, des femmes et des enfants auxquels la Suisse offrait la plus généreuse hospitalité, des conditions inacceptables…. On tint *quand même !*

L'armée de l'Est, commandée par le très brave, mais tout aussi incapable Bourbaki, disparut en emportant avec elle l'espérance de secours qu'avait fait concevoir le bruit de son canon…. On tint *quand même !* Paris tomba…. On tint *quand même !* On fut exclu de l'armistice…. On tint *quand même !* Et les portes ne s'ouvrirent que le 18 février, sur l'ordre du gouvernement français.

Hier, le 31 août, dans sa légitime fierté, la ville de Belfort dressait, en présence de 40 000 personnes parmi lesquelles nombre d'Alsaciens habitant le pays annexé, une magnifique statue de Mercié, symbole et souvenir de cette glorieuse résistance. L'artiste s'est heureusement inspiré de la proclamation de M. Grosjean. Une Alsacienne debout, la tête haute, et lançant à l'ennemi un regard splendide d'indignation et de défi, soutient de la main droite un malheureux soldat qui s'affaisse épuisé de fatigue et de blessures tandis que de la main gauche elle saisit le fusil échappé au mourant. Aux pieds de l'Alsacienne on lit : *Quand même !*

Que la devise de Belfort devienne aussi la nôtre ! Travaillons sans trêve, sans repos, à notre régénération politique et sociale ! Et nous retrouverons, avec nos frères aujourd'hui séparés, la vieille Patrie française !   (Aug. Marais.)

LE COLONEL DENFERT

I

Il y a des contrastes douloureux pour le cœur des patriotes. Bazaine vit et porte encore, à l'étranger, le titre de maréchal de France ; Denfert-Rochereau n'est plus, et il est mort simple colonel !

Cependant la défense de Belfort reste une des plus belles pages de notre histoire nationale, et l'homme qui a organisé cette défense glorieuse est un des nobles caractères de notre temps.

Après avoir fait plusieurs garnisons obscures, il eut la bonne fortune d'être désigné pour l'expédition de Crimée. Là, il se conduisit déjà en héros. Tous ceux qui l'ont vu au feu sous Sébastopol en parlent encore avec admiration. Grièvement blessé à l'épaule pendant l'attaque du Mamelon-Vert, Denfert-Rochereau resta sur le champ de bataille, ralliant ses soldats et les ramenant sans cesse à l'assaut. Une seconde blessure l'atteint, et cette fois le force de renoncer à la lutte. Denfert avait la cuisse brisée. Il lui fallut pour se remettre un an de soins et de convalescence.

Denfert était né à Saint-Maixent (Deux-Sèvres), en 1823. A la suite d'excellentes études à Toulouse, à Poitiers et à Paris, il entrait, en 1842, à l'École polytechnique. Au sortir de cette école, qui a donné à la France tant d'ingénieurs éminents et d'officiers distingués, Denfert fut admis à l'École d'application de Metz où il resta deux ans. Lorsqu'il la quitta, avec le numéro 1, on l'envoya comme lieutenant du génie à Montpellier.

Nous le retrouvons un peu plus tard en Algérie occupé de travaux de colonisation.

A la fin de l'année 1863, Denfert arrivait à Belfort avec le grade de capitaine du génie. Dès son entrée en fonction, il s'inquiéta de l'état dans lequel se trouvait la place. Rien n'était prêt pour la défense de cette importante ville frontière. Sans doute il y avait des canons luisant dans toutes les embrasures, sans doute les talus étaient bien gazonnés, tout paraissait prêt pour la parade et les inspections officielles ; mais rien alors n'avait été fait en vue d'une résistance efficace.

Denfert s'occupa énergiquement de mettre en état de défense les faubourgs de Belfort et d'exécuter les travaux indispensables. Il disait un jour à l'un de nos amis : « *Si nous avions été attaqués après Sadowa, nous n'eussions pas tenu vingt-quatre heures.* »

Heureusement, Belfort se trouvait en meilleur état lorsque la guerre éclata. Cette place forte, de l'avis de Denfert, aurait pu devenir facilement un camp retranché de premier ordre. Mais l'effarement troublait tous les cerveaux du monde officiel. Chose à peine croyable et vraie pourtant, au lendemain de la déclaration de guerre, on détachait une partie considérable de la garnison pour l'envoyer surveiller des grèves ouvrières à Mulhouse et aux environs! Le général Cambriels dut, sur l'ordre du maréchal de Mac-Mahon, quitter la ville avec la moitié de ses troupes. Aussi, quand l'investissement commença, il ne restait dans Belfort que quelques milliers de mobiles et un très petit nombre de soldats de l'armée régulière.

C'est avec cette poignée d'hommes que le commandant Denfert devenu, par suite du départ de ses chefs, le plus haut gradé de la place, allait entreprendre une défense qui, même en Prusse, est jugée comme un des beaux faits d'armes de notre histoire militaire.

II

Denfert-Rochereau ne pensait pas, comme quelques généraux, qu'une troupe assiégée doit attendre derrière ses casemates l'approche de l'ennemi. S'inspirant du stratégiste russe Totleben, il fit exécuter en avant de la place des travaux dont il confia la garde à ses plus jeunes soldats. Le commandant Denfert savait bien que ces travaux improvisés ne seraient pas une protection définitive; mais il pensait avec raison qu'il aurait toujours le temps de se retirer dans la place.

Lorsqu'après une série de combats honorables il fut réduit à cette extrémité, Denfert se proposa deux choses : premièrement, forcer, s'il le pouvait, les Prussiens à lever le siège; secondement, leur tuer, en tout cas, le plus de monde possible. Il multiplia dans ce but les sorties nocturnes, les attaques, les alertes, les combats d'avant-garde. Grâce à ce procédé, Belfort devint, suivant une expression prussienne, *une fabrique de cadavres*. Quand on voulait punir un soldat allemand, il était envoyé dans les régiments qui assiégeaient la place. Ainsi défendue, cette place résista, malgré un bombardement furieux, jusqu'à la signature de la paix. En ces jours d'épreuve, il advint une chose unique dans notre histoire : tandis que la France entière, ayant ses vaillantes armées dispersées, décimées ou prisonnières, se courbait sous l'étreinte du vainqueur, une seule ville restait encore debout et résistant, — c'était Belfort !

Après des prodiges de valeur, Paris avait dû capituler. L'assemblée de Bordeaux avait autorisé les négociations avec l'ennemi, et cependant le drapeau tricolore, protégé par le canon de Belfort, flottait toujours, criblé de balles, déchiré de mitraille, sur la ville restée française! Là les soldats intrépides de Denfert ripostaient sans cesse aux attaques acharnées des soldats de la Prusse.

Au début du siège, sommé par le général Treskow de se rendre, le commandant Denfert-Rochereau avait répondu : « Nous connaissons toute l'étendue de nos devoirs envers la France et rien ne nous empêchera de les remplir. »   (ANATOLE DE LA FORGE.)

THIERS

HIERS et Gambetta ont été à certains moments les chefs de la France, et par suite de ses armées. Leur nom devait être inscrit dans ce livre d'or des soldats.

Le 3 septembre 1877, Thiers mourait à Saint-Germain. Cet homme, politique habile, grand orateur, historien illustre, fut aussi et surtout un admirable patriote. A la veille de la campagne de 1870, ce fut lui qui signala l'imprudence coupable de l'empire, lui qui montra la catastrophe prochaine et inévitable.

Pendant cette guerre néfaste, il parcourut l'Europe, essayant d'intéresser les puissances au sort de la nation vaincue ; malgré sa persévérance et son dévouement vraiment héroïques, il ne rencontra partout que des fins de non-recevoir. Chargé de négocier la paix, il lutta avec une vaillante opiniâtreté, contre les cruelles exigences de Bismarck, et, disputant chaque lambeau de la terre française, il parvint à nous garder Belfort. La guerre finie, la paix conclue, il mit tous ses soins à délivrer au plus tôt la France de l'occupation étrangère.

M. Thiers, depuis la première heure jusqu'à la dernière a toujours été un patriote. Il a aimé son pays avec passion, non pas le pays rétréci par les partis, mais le pays de tous les temps, de tous les régimes, le pays de Condé, de Vauban, de Turenne, aussi bien que de la Révolution et de Napoléon.

Il aimait la France en homme tout plein du sentiment de ses traditions et de ses intérêts. Il avait défendu la grandeur nationale avec orgueil dans les bons jours; il la défendait avec une généreuse et ardente opiniâtreté dans les mauvais jours, et le souvenir de ses efforts désespérés pour préserver notre patrie de ses derniers malheurs, donnait je ne sais quelle autorité touchante et pathétique à son dévouement après les catastrophes qu'il avait prévues.

Nous reproduisons, pour terminer, l'opinion exprimée sur M. Thiers par Henri Martin, dans son discours de réception à l'Académie. « Dans cette dernière phase de la vie où la plupart des hommes voient s'affaiblir les sentiments et décroître leurs facultés en descendant vers la tombe, il n'avait cessé de croître en force, en élévation, en dévouement à la patrie. C'est quand il disparaît du milieu de nous que la France le connaît tout entier. L'homme éminent est devenu un grand homme; i. restera grand homme dans l'histoire. »

La noble épitaphe qu'il s'était choisie résume cette glorieuse existence. Les historiens de l'avenir qui en feront le récit à nos enfants n'auront qu'à montrer sa devise en action :

Il a aimé sa patrie
Il a cherché la vérité.

LES FEMMES DE BITCHE

BITCHE, en Lorraine, résista à l'armée prussienne même plus longtemps que Belfort : La ville proprement dite, bombardée pendant onze jours, fut détruite, mais la citadelle, placée au sommet d'un roc, restait intacte. Un blocus de sept mois commença, héroïquement soutenu par toute la garnison. Enfin la place fut évacuée, à la condition que les défenseurs auraient les honneurs de la guerre.

Les femmes ne perdirent point courage. Au moment où leur ville tombait sous la domination de l'Allemagne, elles « convinrent, dit un témoin, de broder un drapeau qui serait confié au commandant de la place chargé de le remettre au chef de l'État, avec prière de le déposer au musée d'artillerie, jusqu'au jour où il pourrait être rapporté à Bitche par une armée française triomphante ». En quelques jours le drapeau fut terminé et apporté à la citadelle.

Le 15 mars 1871, le maire de Bitche remit ce drapeau au lieutenant-colonel, chef de la garnison. « Je vous offre ce drapeau, dit-il, travail de nos enfants. En vous serrant les mains au nom de notre population si française par le cœur, je ne vous dis pas adieu, mais au revoir. » La voix du maire fut étouffée par ses larmes.

Le drapeau porte cette inscription : *La ville de Bitche à ses défenseurs* (5 août 1870 — 12 mars 1871). Il se trouve au musée d'artillerie, à l'hôtel des Invalides. C'est ainsi que ces vaillantes femmes ne désespéraient pas, même alors, de revenir un jour à la mère patrie. Espérons que leur vœu sera exaucé. En attendant, le drapeau, symbole de leur foi et de leur patriotisme, est déjà prêt pour la revanche. (JULES GUY.)

LETTRES D'UN PETIT FRANÇAIS
ALFRED BLAIS

LES lettres si vaillantes et si naïves, si touchantes et si sincères que nous publions aujourd'hui sont déjà vieilles de plus d'une année. Le bon petit Français qui les a écrites n'en écrira plus d'autres. Il n'entendra pas, au retour, le cri qu'il attendait de nous : « Vive l'infanterie de marine ! Vivent les soldats de la France ! »

Alfred Blais, engagé volontaire à dix-huit ans, est mort au Tonkin pour le service de sa Patrie.

Nous inscrivons respectueusement ici le nom de ce jeune et vaillant patriote.

aimait véritablement la France. Souvenons-nous de lui ; regrettons-le et honorons-le.

PAUL DÉROULÈDE.

« Hanoï, 24 avril 1882.

« Mes chers parents,

« Vous savez qu'il a été envoyé des troupes de renfort à Hanoï et il en résulte qu'au moment où je vous écris, il y a 600 hommes, les officiers non compris, prêts à combattre pour conquérir le royaume d'Annam pour la France. Je vous assure que votre fils fera son devoir et qu'il s'acquittera bien de la tâche que la Patrie lui impose. Sa première pensée sera pour la victoire et la gloire des armes, sa dernière pour les deux êtres qui lui sont les plus chers, car je me sens fort et prêt à combattre. M. le lieutenant Roger, officier du premier peloton, dont je fais partie, vient de nous recommander d'être braves, de défendre chèrement notre vie et de bien travailler pour la France. Je me promets bien de faire tout cela. C'est demain, 25 avril, que nous prendrons nos dispositions de combat, l'heure et le moment de l'attaque ne sont pas encore indiqués, mais il est certain qu'au moment où cette lettre vous informera de ce qui se passe à Hanoï, je serai en train de me battre, vaillamment, je l'espère.

« En attendant, je suis et serai toujours votre très dévoué fils qui vous aime. A. BLAIS.

« P. S. — Si je suis tué, ce qui n'aura peut-être pas lieu, mais il faut tout prévoir, je voudrais bien que vous nommiez héritier de vos biens le président de la Société des Sauveteurs du Havre, quel qu'il soit. »

« Hanoï, 29 avril 1882.

« Mes bien-aimés parents et amis, je me fais un devoir de vous informer par la présente des faits qui suivent :

« Le 25 avril, à quatre heures du matin, les clairons sonnaient le réveil ; à quatre heures et demie nous prenons le café ; à six heures et demie frugal déjeuner, à sept heures nous étions prêts. C'est alors que les clairons ont sonné le branle-bas du combat. Les compagnies se sont formées et à sept heures et demie le commandant supérieur, M. Rivière, a donné le signal du départ. Le feu a été commencé par la canonnière *la Fanfare* à huit heures. A partir de ce moment, toutes les troupes ont pris leurs dispositions de combat sous le commandement de M. le capitaine de vaisseau Rivière, et de nos commandants, MM. Berthe de Villiers et Chanu. La prise de la citadelle a réussi complètement. Le bombardement a duré jusqu'à onze heures du matin, les troupes se sont battues jusqu'à la même heure, et à midi, après avoir poussé une charge à la baïonnette, les clairons ont fait entendre la sonnerie de « cessez le feu » ; les troupes se sont rassemblées autour de leurs chefs respectifs ; un quart d'heure après, la porte nord de la citadelle a sauté, et c'est par cette même porte que ma compagnie a fait son entrée triomphale. L'ennemi a eu pas mal de tués, mais, Dieu merci, nous n'avons eu, nous, que quatre blessés. Maintenant vous pouvez dire que l'expédition du Tonkin est commencée. Quant à votre fils, il a reçu le baptême du feu en faisant son devoir, et il est heureux de se voir dans les rangs des braves qui se sont battus pour la gloire de la France. Quand nous serons un peu tranquilles, je vous donnerai un détail plus complet du fait d'armes accompli par une poignée de braves contre une fourmilière de lâches.

« Je souhaite que ma lettre vous trouve en aussi bonne santé que moi.

« Votre dévoué fils.

A. BLAIS. »

PAVILLONS NOIRS

Hanoï, 21 mars 1883.

« Mes bien-aimés parents,

« Je viens d'apprendre que la 50ᵉ compagnie du 4ᵉ régiment dont je fais partie, a reçu l'ordre de se tenir prête à partir.

« Le *Pluvier* est parti d'Hanoï pour Nam-Dinh, avec la section des tirailleurs annamites que nous possédions ici depuis le 5 avril de l'année dernière. Il avait aussi à bord notre détachement d'artillerie de marine, à l'effectif d'une batterie, soit : vingt-cinq hommes, deux brigadiers, deux maréchaux de logis et un sous-lieutenant.

« Leur but est d'aller prendre part au bombardement de Nam-Dinh en attendant les renforts destinés à donner l'assaut. Soyez sûrs que votre fils fera son devoir.

« Je puis vous dire qu'ici l'état moral des troupes est satisfaisant. Tous sont partis de bonne volonté et accueillent avec aisance la nouvelle qui les invite à aller combattre pour l'intérêt de la mère patrie.

« Vivent la France et ses soldats !

« J'attends de vos nouvelles. Je vous embrasse de tout mon cœur tous les deux.

« Celui qui vous aime : ALFRED BLAIS. »

« Mes bien-aimés parents,

« C'est fait. Je suis sauf, et nous avons pris Nam-Dinh le 27 mars. La citadelle est en notre pouvoir ; tout le monde a fait son devoir. Vive la France !

« Nous avons quatre blessés. Notre lieutenant-colonel Carreau, aussi brave qu'excellent, a été atteint aux deux pieds par un boulet ennemi qui lui a fait d'horribles blessures. L'amputation du pied gauche a été nécessaire ; quant au droit, il a été passablement broyé. Les trois autres blessés, plus ou moins grièvement, sont trois soldats de l'infanterie de marine. Il n'y a pas de morts. Nous voilà encore une fois victorieux ; nous espérons que la France en sera fière. Ma plume est incapable de vous rendre compte de cette heureuse journée, et de vous dépeindre la manière d'agir des chefs et des soldats. Tout ce que je sais, c'est que chacun de nous a fait son devoir et n'a pensé qu'aux intérêts de la mère patrie.

« Je vous assure que vous pouvez crier : Vive le soldat français !

« Je suis votre dévoué fils pour la vie. Le caporal : BLAIS. »

« Nam-Dinh, 22 mai, 8 heures du soir.

« Mes chers parents,

. . . .

« Ces jours derniers, le commandant Rivière, accompagné de plusieurs officiers et avec la valeur d'une compagnie en qualité d'escorte, était allé en reconnaissance. Au moment où ils passaient entre deux digues, endroit où le chemin est très encaissé, ils furent tout à coup attaqués, et, avant de pouvoir prendre la défensive, un bon nombre des nôtres tombèrent tués et blessés.

« Parmi les morts, on compte M. Rivière, commandant supérieur des troupes du Tonkin ; commandant Berthe de Villers, un capitaine, un enseigne de vaisseau, un lieutenant, un sous-lieutenant ; caporaux, trois ; sergent, un ; soldats, vingt-trois morts et vingt et un blessés.

« Vous voyez, chers parents, qu'après un coup de torchon pareil, il ne se peut pas que la France laisse plus longtemps une poignée de braves sans secours ni renforts, car si vraiment on avait eu les troupes nécessaires à mettre en face des pirates, on aurait évité tout ça.

« Tous ces braves sont morts victimes du devoir.

« En attendant le plaisir de vous lire, je suis, avec amour, mes chers parents, votre tout dévoué fils, qui vous aime de tout son cœur.   ALFRED BLAIS.

P. S. — Il y a bien longtemps que je n'ai reçu de vos nouvelles. C'est si bon une lettre ! En cas de mort de ma part, n'oubliez pas le post-scriptum de ma lettre du 25 avril 1882.

LE COMMANDANT RIVIÈRE

I L aurait pu choisir pour devise celle dont l'empereur César nous a gratifiés : *Rem militarem et argute loqui.* Il sut écrire et se battre — pour la France.

Il écrivait pour elle, lorsqu'en 1868, 1869 et 1881 il publia ses fortes études sur les derniers marins du règne de Louis XIV, la guerre de course et la guerre d'escadre, Forbin et Duguay-Trouin ; — sur la marine française au Mexique et sur notre établissement colonial de la Nouvelle-Calédonie. Que n'aurait écrit l'auteur de tant de nouvelles charmantes : *Pierrot, Caïn,* la *Main coupée,* la *Possédée,* les *Méprises du cœur,* et bien d'autres ! Il nous eût au moins raconté l'histoire de cette campagne du Tonkin si brillamment commencée, — si brusquement interrompue.

Rivière eut le pressentiment de sa fin prochaine. « C'est peut-être mon dernier voyage, disait-il en partant à M. J. Claretie, j'ai envie de revoir la mer. » Il la revit en effet ; — mais il ne devait plus revoir son Paris où il était né et qu'il aimait comme l'incarnation de la patrie ; il nous quitta sans esprit de retour, lui qui n'eut toute sa vie que deux nostalgies, celle de son navire et celle du boulevard. Et pourquoi serait-il revenu de ces contrées lointaines avec un si faible souci de la mort ? « Dites-vous bien qu'il est plus difficile d'écrire un roman que de prendre une *citadelle* et de faire de l'histoire à coups de fusil. Qu'est-ce qu'on risque à se battre ? De *mourir* : au moins il n'y a personne pour vous siffler. »

Pauvre Rivière ! trop vaillant et trop modeste, il ne s'est pas douté que sa mort pourrait laisser d'aussi unanimes regrets, que la Société des gens de lettres, sa *Société,* s'occuperait d'honorer grandement sa mémoire, — qu'une Chambre française, trop lente à le secourir, se déciderait à le venger, — que le ministre de la marine mettrait à l'ordre du jour de ses troupes ces simples mots : « La France vengera ses glorieux enfants. »

Le plus glorieux de ces enfants, c'était lui. — Il est né parmi nous le 12 juillet 1827 ; — il entra à l'École navale en 1843, fut aspirant de marine en 1845, enseigne de vaisseau en 1849, lieutenant en 1856, et capitaine de frégate en 1870 : — quarante ans de service, vingt ans de navigation. Il prit part à l'expédition du Mexique et à la répression de la révolte des Canaques en Nouvelle-Calédonie. Il eut même dans notre colonie l'ingénieuse idée d'incorporer les déportés de la Commune, — et cette armée marcha parfaitement à la victoire. Il ne vit jamais en France que des Français.

Au commencement de l'année dernière, on l'envoya au Tonkin, et voici dans quelles circonstances. L'expédition de Francis Garnier, en 1874, eut pour résultat la signature d'un traité avec Tu-Duc, empereur d'Annam. La navigation du fleuve Rouge fut rendue libre, — mais cette liberté ne fut qu'une illusion tout orientale. Des pirates, les Pavillons Noirs ne cessèrent leurs incursions et leur pillage sur les rives du fleuve; — le gouvernement français s'en émut; ses plaintes furent entendues sans être écoutées. — Rivière partit alors de France, prit à Saïgon deux navires; le *Drac* et le *Parceval*, deux cents hommes d'infanterie de marine, une section d'artillerie de montagne, et un peloton de tirailleurs annamites. Il débarqua à Haï-Phong et se dirigea en chaloupe vers Hanoï.

A son arrivée, la stupeur des Annamites fut grande. Ils ne perdirent pourtant pas courage et firent des travaux de fortification. — Rivière les somma vainement de les interrompre, et dut se résoudre à prendre la citadelle d'assaut. On se heurta à une vive résistance ; on embossa des canonnières sur le fleuve Rouge, on bombarda durant une heure, — trois colonnes s'élancèrent et enfoncèrent les portes de la place. Les deux mandarins qui l'avaient défendue s'étaient conduits en braves, — et vaincus se suicidèrent pour ne pas tomber entre nos mains.

Rivière pouvait occuper tout le Tonkin, — il en conçut le projet, — demanda des renforts et n'en obtint pas. Il lui fut dès lors difficile de conserver son prestige; — ses troupes étaient trop peu nombreuses pour inspirer longtemps la crainte. Il fut bientôt cerné par les Pavillons Noirs. — On lui expédia quelques soldats par le vaisseau *la Corrèze*, en quantité insuffisante. Il était devenu nécessaire de frapper un second coup, sinon pour conquérir, du moins pour terrifier. Il s'y décida et s'empara de Nam-Dinh. On se rappelle l'émotion que causa parmi nous cette nouvelle.

Ce succès aurait dû néanmoins être considéré comme un cri d'alarme.

Le jour même où Nam-Dinh était attaqué, la petite garnison qui gardait Hanoï avait à réprimer une insurrection; il était impossible de tenir. Entouré de toutes parts par les pirates, fallait-il encore prendre l'offensive. Rivière tenta une sortie et fut tué à la tête de ses marins.

Je voudrais voir sur sa tombe cette simple épitaphe : « Ci-gît un Franc de France. » Il avait bien la bravoure française, — insouciante et gaie.   (*Chasseur à pied.*)

LA-BAS

Tu marches soucieux, mon pauvre capitaine,
Par les noirs défilés d'une sierra lointaine,
Bien au delà des mers, dans un pays perdu ;
Une larme parfois roule au creux de tes joues,
Tandis que, grelottant de fièvre, tu secoues
Ton caban lourd de pluie et par les vents tordu.
Simple comme un héros des antiques légendes,
Jeune homme vénéré de ceux que tu commandes,
Tu sais qu'à ton exemple ils vont résolument.
Avec ton geste sobre et ta parole brève,
Un éclair de tes yeux les charme et les enlève,
Car il jaillit d'un cœur pur comme un diamant.
Tu marches soucieux, mon pauvre capitaine,
Harcelant, nuit et jour, la victoire incertaine,
A la crête d'un pic, dans le fond d'un ravin ;
Car ce n'est pas toujours le plus brave qui gagne,
Dans cette guerre aveugle, en pays de montagne,
Où souvent deux ou trois se heurtent contre vingt.
Si de tels jeux sanglants à ton cœur ne vont guère,
Tu songes qu'après tout, la guerre c'est la guerre ;
Les plus graves penseurs n'y peuvent rien changer.
Sur la pauvre planète orageuse où nous sommes
Sans doute on se battra tant qu'elle aura des hommes ;
Et tu fais ton devoir en pays étranger.
Sans arrière-pensée, où la France t'envoie
Tu marches. — Ton drapeau n'est qu'un chiffon de soie
Écharpé, noir de poudre : il n'en est que plus beau.
Ce cher débris flottant, pour toi c'est la patrie.
Si loin d'elle, on s'attache avec idolâtrie,
Des regards et du cœur, à ce dernier lambeau !
Implacable et nombreux, l'ennemi t'enveloppe. —
Tu ne reverras plus tes grands chênes d'Europe,
Ni ta fraîche rivière, et l'antique maison
Où les tiens se pressaient à la haute fenêtre
Le jour de ton départ, quand on vit disparaître
L'or de ton épaulette au bord de l'horizon !   (André Lemoyne.)

A SON-TAY

On leur avait dit, en montrant la place :
  « Garçons, ouvrez l'œil et soyez prudents !
« Les Pavillons-Noirs cachent bien leur trace ;
« Au Dragon chinois ont poussé les dents.
« Gare à l'arroyo comme à la rizière,
« Où le guet-apens est silencieux !
« Songez à Garnier, à Berthe, à Rivière,
« A tous les héros trop audacieux ! »
Mais c'est temps perdu que parler prudence
A des enragés hurlant : *En avant !*
Dès que le clairon a sonné la danse.
Autant essayer d'arrêter le vent !
L'ennemi détale à grande vitesse,
Lâchant ses abris partout emportés ;
Il a disparu dans la forteresse....
Mais nos casse-cous, là, sont arrêtés.
Ah ! Son-Tay n'a pas le visage aimable ;
Il crache le feu tout autour de lui,
Et montre, farouche, un front formidable
Qui rend confiance au lâche qui fuit !
Il faut, malgré tout, garder ses distances,
Et les plus malins font halte devant
Ce mur de bambous tailladés en lances,
Puissamment plantés, pointes en avant.
Bêtise ! Vraiment, ça ferait trop rire
Les fumeurs d'opium et leurs mandarins !
Qu'importe, qu'au jeu la main se déchire,
Hardi ! les marsouins et les mathurins.
Carabine au dos, arrachez ; ça presse !
Et laissez pleuvoir l'averse de fer....
Tous n'entreront pas dans la forteresse :
Plus d'un roulera, là, le ventre en l'air !
C'est fait ? Maintenant à la dynamite !
Son-Tay, mon mignon, l'on va t'édenter !
Gare, les garçons ! déguerpissez vite :
La porte maudite enfin va sauter !
L'effet est superbe et le sol en tremble ;
Le bois et le fer passent dans le vent,
Et tous les clairons éclatent ensemble,
Sonnant *la Casquette* aux cris d'*En avant !*

Le torrent humain, par la brèche ouverte,
Roule, et les remparts ont cessé leurs feux....
On croirait vraiment la ville déserte....
Qui donc fait ainsi le vide en ces lieux ?
Aurait-on vaincu, vaincu sans bataille ?...
Tout à coup dans un infernal fracas
Passe un ouragan chargé de mitraille,
Broyant d'un seul coup les rangs des soldats !
Dix canons masqués ont troublé la fête,
Et, comme la Mort, promènent la faux.
Déjà l'on a fait sonner la retraite,
Pour lancer encor de nouveaux assauts.
Deux fois matelots, soldats de marine,
Reculent devant leurs illusions ;
Deux fois les turcos, fronçant la narine,
Ont vu se briser leurs bonds de lions !
Pourtant, dans un coin, personne ne bouge,
On tue et l'on meurt, sans se déranger....
C'est d'un régiment à pantalon rouge.
— Oui, du régiment qu'on nomme étranger !
— Çà, des étrangers ? s'écrie un vieux maître.
En avant, les gars ! car c'en est assez !
Moi, je vous le dis et crois m'y connaître,
Ces étrangers-là, c'est des fiers Français !
Les voilà lancés, la rage aux entrailles,
Jetant les canons sur les artilleurs ;
Et l'on aperçoit bientôt aux murailles
Briller les drapeaux et leurs trois couleurs !
Quand il eut crié, Hourrah ! pour la France !
Et qu'il eut fêté la victoire assez,
Le vieux maître alla faire, à l'ambulance,
Un tour pour causer avec les blessés :
— D'où donc êtes-vous, que je t'interroge,
Gars du régiment qu'on nomme Étranger ?
— Nous sommes, l'ancien, d'entre-Rhin et Vosge
Et ce nom est fait pour nous enrager !
— Je l'avais bien vu, tantôt dans la plaine !
On vous nommera, foi de mathurin !
Le fier régiment d'Alsace-Lorraine !... —
Et l'on fait ainsi, là-bas, au Tonkin.

(ÉDOUARD SIEBECKER.)

LES HÉROS DE BAC-LÉ

E 11 mai 1884 une convention était signée à Tien-Tsin, entre le commandant Fournier, représentant la France, et un plénipotentiaire chinois. Cette convention *nous accordait pleine et entière possession du Tonkin jusqu'aux limites de la* Chine, Laobang et Lang-Son au nord et à l'est, Las-Kay au nord-ouest. Dès le milieu de juin, des colonnes furent envoyées sur ces différents points pour en prendre possession.

La colonne envoyée pour occuper Lang-Son sous le commandement du colonel Dugenne fut inquiétée dès les premiers jours de sa marche par des rôdeurs isolés. Le 17 juin, une reconnaissance partie de Cau-Son, où la colonne s'était arrêtée, essuya plusieurs coups de feu. Ces coups de feu semblaient partir d'un véritable corps de francs-tireurs; leurs vêtements peu luxueux contrastaient avec la magnificence ordinaire des troupes régulières. On passa outre. Le lieutenant Lombard eut son cheval tué sous lui, percé de part en part au ventre par une balle tirée à moins de 200 mètres. Comment supposer un guet-apens? Il eût fallu, malgré le traité signé, se mettre devant les yeux l'audacieuse et naïve fourberie qui est le trait caractéristique du Chinois, prévoir la cauteleuse diplomatie du Céleste-Empire qui ne recule pas devant le faux pour légitimer le guet-apens. Quand, se croyant protégé par une convention solennelle, le Français s'avance confiant, comment le Chinois résisterait-il à la tentation de l'attaquer, mille contre un, et de savourer une sournoise et hideuse vengeance? Il en sera quitte pour faire des ratures au traité et pour reverser impudemment son propre déshonneur sur l'armée française. Après avoir joui de son crime, il en triomphera ; il invoquera, en face des puissances étrangères, la foi des traités. L'assassin se posera en victime.

Le 22 juin, dans l'après-midi, le colonel Dugenne, commandant de la colonne, deux compagnies, 550 soldats environ, suivait la rive gauche du Song-Thuong. La route s'étalait d'un jaune-ocre aveuglant, sous le ciel bleu. C'était en plein pays de montagnes ; à gauche de la route se dressaient des rochers dont les anfractuosités, les creux, les cachettes propices aux trahisons disparaissaient sous une couche moutonnante de verdure entremêlée de lianes tombantes. Les soldats de l'infanterie de marine, la face pâlie sous le casque blanc, poussaient leurs pas mornes, entêtés, infatigables, avec la sérieuse lenteur du fantassin qui a longtemps marché sous l'écrasant soleil des tropiques. Brusquement des coups de feu éclatèrent, dirigés sur le colonel lui-même. Le tir avait de la précision.

Le 23 juin, au matin, la colonne atteignit Bac-Lé. Ce petit village chinois est situé à l'entrée de véritables gorges. Il était évacué ; mais un blockhaus assez fortement construit et en état de parfaite conservation témoignait que les Chinois occupaient Bac-Lé depuis longtemps et qu'ils l'avaient précipitamment quitté, à notre approche, pour laisser croire que les postes échelonnés sur la route de Lang-Son étaient abandonnés, et le chemin libre.

Au delà de Bac-Lé, la colonne rencontra la rivière, le Song-Thuong qui barrait la route. Les pluies torrentielles, vraies nappes d'eau qui tombent d'un jet, ravinent le lit des rivières les eaux coulent, rapides, profondes, d'un cours d'orage. Au prix des plus grandes difficultés, le passage fut franchi.

C'est là que nous attendaient les Chinois. La fusillade éclata, partie des profondeurs des brousses. Un tirailleur tonkinois tomba dans les rangs qui se refermèrent sur lui; la marche continua. Cette fois, on n'en pouvait douter, c'était aux réguliers qu'on avait affaire. On le vit bientôt.

Le capitaine de Lapérine, à la tête de quinze cavaliers, marchait en avant, en éclaireur.

Vers midi, la colonne eut à traverser une nouvelle rivière, un affluent du Song-Thuong. La troupe régulière chinoise apparut. Le luxe des soies chatoyantes, l'éclat brillant des fusils, l'éclair des larges sabres ne permettaient plus de douter qu'on ne fût en face d'une véritable armée. Le passage de la rivière n'était pas encore terminé.

Une dizaine de Chinois, la plupart âgés, des mandarins militaires sans doute, marchaient vers l'avant-garde Française. Ils étaient vêtus de fine soie bleu de ciel : ils étalaient à leur ceinture de somptueux revolvers. Un porte-étendard les précédait, arborant un grand drapeau blanc, semé de caractères chinois. On les fit avancer. Le commandant d'état-major Crétin avait eu soin d'amener avec lui des interprètes chinois; on entra en pourparlers. Les chefs chinois nous firent savoir qu'ils étaient envoyés par leur gouvernement pour défendre les approches de Lang-Son. Attendant, disaient-ils, les ordres de Pékin, ils resteraient à leur poste. Ils demandaient un délai de six jours.

Cependant nos soldats, qui continuaient à passer la rivière à gué, avec de l'eau parfois jusqu'à mi-corps, pouvaient, trempés d'eau et de vapeur, voir, à cent mètres en avant, les lignes nettes et reluisantes de l'armée chinoise. Proprement parés, porteurs de leurs immenses coupe-coupe, avec lesquels ils tranchent dextrement la tête des soldats français qui tombent, vivants, blessés ou morts, entre leurs mains, fastueusement et surabondamment équipés, armés d'admirables fusils à tir rapide, système Winchester, Peabody, Berdanet, Remington, munis de cartouchières bien garnies, ils montrent une attitude narquoise qui ne leur est pas familière au feu. Ils ont un air tranquille, vainqueur et méprisant de regarder nos pauvres vaillants troupiers qui se battent avec les flots rapides du torrent, les pieds dans l'eau courante, froide même en ces chaudes régions, le crâne dissous par la chaleur de fournaise qui tombe d'aplomb. Il est une heure, l'heure où sur les nattes, derrière les vérandas aux volets à jour, se fait la sieste.

Le gros de la colonne a passé. Elle peut à loisir maintenant contempler l'armée chinoise, solide et superbe. Si nous avions au moins une pièce de canon! Mais emporte-t-on des canons quand on va occuper des postes qu'un traité nous concède et d'où toute troupe chinoise a dû disparaître?

Les parlementaires chinois sont renvoyés; deux seulement sont gardés comme otages. On attend que les parlementaires aient franchi la ligne de leurs avant-postes, et la colonne française continue sa route.

« Ne tirez pas le premier, » tel est l'ordre donné par le colonel Dugenne au capitaine Buquet qui commande, à l'avant-garde, la 21ᵉ compagnie d'infanterie de marine. En avant, marche!

La route s'encaisse, ravinée par des ruisseaux qui la traversent par intervalles. D'un côté, de gigantesques rochers presque à pic ; on les appelle « les montagnes de marbre ». Les épaisses touffes d'arbres qui s'y éparpillent ont des aspects d'embuscade. Une grêle de balles s'abat sur l'avant-garde ; le tir est bien dirigé ; les coups, bien ajustés, portent. Nos soldats, à découvert sur la route, sont une cible. Les Chinois sont invisibles ; il est impossible à l'œil le mieux exercé, même armé d'une puissante lorgnette, de voir d'où partent exactement les coups. A chaque minute, le capitaine voit tomber autour de lui quelqu'un de ses braves troupiers. Nos soldats sont forcés de tirer au jugé dans la direction d'où tombe sur eux, de 200 mètres de haut, cette fusillade meurtrière. Les Chinois doivent être au nombre de quatre mille hommes, tous armés de fusils à longue portée,

La situation devenait intenable ; le colonel envoie l'ordre de cesser la marche en avant. La 21ᵉ compagnie, qui forme l'avant-garde, s'arrête et prend position sur la route, à l'abri d'un taillis épais. Le capitaine monte à cheval et rallie ses hommes. Cependant les balles chinoises continuent à siffler, au-dessus des têtes cette fois ; les branches fracassées par la fusillade volent autour d'eux ; puis la retraite commence en bon ordre. Des morts durent être provisoirement abandonnés dans ce mouvement rétrograde. Vers cinq heures et demie du soir, des Chinois se glissèrent sur la route derrière nous et, suivant leur habitude, mutilèrent les morts. Quelques groupes assez considérables tentèrent même de nous tourner et de nous attaquer de front, pendant que les tirailleurs embusqués sur les hauteurs continuaient leur feu plongeant ; mais, dès que les grands chapeaux des soldats chinois émergèrent sur la route, un feu de salve bien nourri les accueillit ; on les voyait donc enfin, les Chinois ! A peine quelques-uns d'entre eux furent-ils tombés, qu'on ne les voyait déjà plus.

Il était six heures ; nous avions à ce moment une vingtaine de soldats blessés. Le sang-froid de notre petite troupe en avait imposé aux Chinois. Nous avions retraversé le passage le plus périlleux de la gorge ; les rochers s'éloignaient graduellement de la route. Les Chinois ne pouvaient plus tirer dans le tas, à coup sûr ; néanmoins ils ne cessaient de nous harceler d'une fusillade ininterrompue, retranchés dans deux fortins taillés en plein roc et inexpugnables.

Vers sept heures, le capitaine Maillard reçut l'ordre de se replier à 500 mètres en arrière de l'avant-garde, sur un mamelon, le seul point qui émergeât au milieu de la plaine embroussaillée et noyée, entre la route à gauche et la rivière à droite. Seul refuge ! Nous nous y fortifions à la hâte. On voyait le Song-Thuong, aux eaux torrentielles, rouler les cadavres français décapités. Ils flottaient à la façon des bouteilles cachetées jetées à la mer. Une collerette de bambous les maintenait, portant en guirlande, à fleur d'eau, les nez, les oreilles et d'horribles dépouilles innommables. Du haut du mamelon où nous étions retranchés, nous suivions des yeux cette ironie puérile et sanglante d'une petite flotte de déchets humains, semblable à quelque joujou d'enfants atroces, et qui dansait à chaque flot.

Le capitaine Jeannin, avec une section de la 22ᵉ compagnie, envoyé pour soutenir la 23ᵉ compagnie, épuisée, alignait sa compagnie pour la déployer et pour s'établir en avant du camp, dans le prolongement de la ligne occupée par la 23ᵉ compagnie à l'avant-garde, quand il reçut une balle au milieu du ventre. Relevé et transporté à l'ambulance, il mourut dans la nuit.

Cette nuit fut terrible. Les blessés, au nombre de soixante-dix à quatre-vingt, grelottaient la fièvre ardente des pays chauds ; les médicaments manquaient ; l'eau manquait. Pour ne pas faire redoubler sur le camp le feu de l'ennemi, ordre avait été donné d'éteindre les feux. Pas une lumière ; les infirmiers pansaient les blessés à tâtons.

Dans le mouvement de retraite, tous les blessés avaient pu être emmenés, au prix d'héroïques efforts ; par un dur sacrifice, on avait dû laisser les morts. Le capitaine Buquet, de la 21ᵉ compagnie, ne prit pas sa place au camp avant d'avoir été chercher lui-même, escorté de quelques-uns de ses fidèles troupiers, les cadavres de nos tués. Leur tête était déjà tranchée. La lugubre besogne se fit sous la fusillade chinoise.

Toute la petite armée était rentrée au camp, où les soldats, toujours occupés, soit à se battre, soit à relever et à enterrer les morts, n'avaient pas eu le temps de manger. Ils n'avaient pu allumer le feu pour cuire le riz. Ils commençaient à prendre une maigre pitance, quand la fusillade, qui avait un instant cessé, éclata de nouveau avec violence. Nos soldats reprirent les armes ; faute d'espace, ils durent se masser en carré. Heureusement, ils avaient mis devant eux comme barrière vivante plusieurs rangées de mulets et de chevaux. Le tir chinois, malgré la nuit noire, tombait sur le camp avec une impitoyable précision ; l'ennemi, on le voyait trop, connaissait très bien les lieux. Chevaux et mulets s'ébrouèrent dans des mares de sang ; leurs corps firent rempart ; peu de soldats furent atteints. A la nuit tombante, le colonel Dugenne appelle le lieutenant Bailly, chef du service télégraphique. Cernés de toutes parts, comment donner connaissance au quartier général de notre situation désespérée ? Comment communiquer avec le poste laissé derrière nous à Bac-Lé ? Le lieutenant Bailly ne demanda que quinze hommes. A quoi bon en prendre davantage, puisque nous sommes en face d'une armée entière ? La folie de l'héroïsme est ici la sagesse même. Il ne dégarnira pas la petite troupe qui doit faire le coup de feu et dont chaque homme centuple de prix. La nuit est tombée. On voit le lieutenant Bailly, avec sa petite escorte, s'approcher des lignes chinoises et disparaître. Qu'adviendra-t-il de lui ?

Toute cette nuit du 23 au 24 fut employée à creuser des tranchées autour du petit camp, pour se préparer contre une attaque de nuit qui pouvait être meurtrière ; les Chinois, quatre mille contre quatre cents, n'osèrent pas attaquer. Si du moins nous avions pu les considérer de près ! Mais, comme dit tristement le soldat français, on reçoit leurs balles, on ne les voit presque jamais.

A ce moment, vers trois heures du matin, quand s'infiltrèrent au camp les premières lueurs verdâtres de cette aurore déjà lourde des pays chauds et qui ressemble à un couchant, quand se découvrit ce paysage merveilleux d'une verdure surhumaine, écrasant de beauté calme, la fusillade reprit, couvrant de son crépitement sonore le chant strident et jamais apaisé des mille oiseaux qui peuplent les brousses. Les soldats, éreintés d'une nuit d'angoisse et d'insomnie, se dressèrent, allègres pourtant, dans ce sursaut de fièvre qui met sur pied les plus abattus.

De toutes parts, excepté du côté des roches où le camp français était appuyé, les balles convergeaient sur notre petite troupe. Bientôt il parut évident que les Chinois, masqués un moment par la mince fumée flottante des coups de feu, se préparaient à nous tourner et à occuper la route sur nos derrières, du côté de Bac-Lé. La retraite allait nous être coupée ; pas d'autre chemin ; des deux côtés, des rochers ; entre la chaussée surélevée et les rocs touffus, des pripris, mares profondes à épaisses floraisons où tout s'engloutit. Cachés dans les ravins, les Chinois, tranquilles, pouvaient tirer nos soldats l'un après l'autre, comme, à la chasse à l'affût, le chasseur, bien à l'aise, tue le lièvre au sortir du gîte. Une demi-heure plus tard, la colonne entière était paisiblement dépecée par les merveilleux coupes-coupes des fantassins chinois, ces artistes élégants en boucherie humaine. D'un coup d'œil ferme le colonel Dugenne juge la situation. Un dernier effort pour recueillir les blessés qui peuvent encore être sauvés ; puis la retraite, sans regarder derrière soi. Il faut, en quelques heures, mettre la rivière entre nos troupes et l'avalanche toujours grossie des Chinois. Le colonel donne ordre à une compagnie de se développer en tirailleurs. La tête de la colonne doit aller s'accoter en arrière, à l'endroit guéable du Song-Thuong, qu'il s'agit de repasser. Les derniers hommes touchent la partie du camp où se trouve l'ambulance. Ils protègent le mouvement de va-et-vient, sous le feu de l'ennemi, entre l'ambulance et la rivière. A cinq reprises, le capitaine de Lapérine, commandant le détachement de cavalerie annexé à la colonne, fait ce terrible trajet. Les cavaliers restants sont démontés et les chevaux servent à transporter les blessés, deux sur chaque cheval, le moins blessé soutenant l'autre. Les chevaux manquant, on dételle les mulets du train, en abandonnant la plus grande partie du convoi administratif, des quantités considérables de biscuit, de farine, de boîtes de viande de conserve, des barils de vin et de tafia.

Le camp est abandonné ; nous nous ressaisissons de la route de Bac-Lé ; bravement, devant les Chinois déconcertés d'une telle audace, la colonne se met en marche. Plus de répit ; chaque minute compte. Il n'est plus temps de s'arrêter à recueillir les soldats qui tombent blessés à mort. Malheur surtout aux affolés ! Chacun est fait maître de sa destinée. Le sang-froid seul du désespoir sauve nos héros.

Un malheureux soldat du train s'est obstiné à vouloir sauver des caisses de biscuit. L'ordonnance du capitaine de la 21ᵉ compagnie d'infanterie de marine, le soldat Ratel, s'occupe, près de lui, à sauver les fonds de la compagnie. Il regagne en hâte la colonne avec son précieux dépôt et laisse derrière lui son camarade. En retournant la tête il le voit, criant, dressé par la terreur ; en quelques secondes, le coupe-coupe d'un fantassin chinois s'est abattu sur son épaule avec la précision d'une monstrueuse lancette que dirigerait quelque fantastique anatomiste ; l'épaule se détache, le corps mutilé reste debout, et l'opération, promptement conduite, se termine par la tête, qui tombe proprement décollée.

Les Chinois nous voyaient distinctement sans être vus, du haut des rochers, à travers les branches des brousses qui, à cet endroit, bordaient la route. Ils continuaient leur entêtée et meurtrière fusillade, en nous suivant à petite distance, à l'abri derrière les inextricables fourrés. Un moment même, ils nous débordèrent à plus de 400 mètres en avant. On donna aux chasseurs d'Afrique et à l'infanterie de marine l'ordre du tir rapide à volonté. Le nuage épais de fumée que souleva ce tir mené avec un entrain superbe dérouta le tir plus lent de l'ennemi. Les balles continuaient à tomber sur la colonne, mais peu d'hommes furent atteints.

Le capitaine d'infanterie de marine Clémenceau, parti au Tonkin en volontaire, photographe de la colonne et qui photographia tous les grands épisodes de la guerre depuis le 28 mars 1885, véritable artiste et vaillant officier, avait pris le commandement de la 22ᵉ compagnie après la mort du capitaine Jeannin. Au moment où il rassemblait sa compagnie, après un feu de tirailleur à volonté exécuté contre les Chinois embusqués, il reçut une balle qui lui traversa le crâne. Le mouvement se précipitait; il dut être abandonné râlant sur la route.

Cependant la fumée s'était dissipée derrière la 22ᵉ compagnie d'infanterie de marine. La route apparaissait de nouveau, éclatante sous le soleil; à ce moment les blessés passaient, jetés en travers sur les mulets, escortés des médecins. Avec une nouvelle précision, la fusillade chinoise balaya la route. Le médecin du bataillon, Dᵣ Chassérian, fut atteint au bras; le médecin en chef, Dᵣ Gentil, reçut deux balles, à l'épaule et dans le dos; un autre médecin et le lieutenant d'infanterie de marine Delmotte, détaché aux tirailleurs tonkinois, furent aussi blessés. En quelques secondes, trois médecins blessés sur quatre, un capitaine tué, un lieutenant blessé!

La 24ᵉ compagnie d'infanterie de marine, d'arrière-garde, a la pénible tâche de ramasser les blessés qui tombent ensemble avec les mulets qui les portent. Il faut décharger les mulets morts, recharger et surcharger leurs camarades moribonds qui trébuchent tout sanglants ou s'embourbent dans des ornières de près d'un mètre de profondeur.

Enfin la colonne a repassé le Song-Thuong; elle atteint Bac-Lé; elle y prend position; les Chinois ont renoncé à l'inquiéter.

Bac-Lé est un petit village chinois composé d'une dizaine de cases en paille et d'un petit blockhaus en bambous. Il servait de poste avancé et de douane aux Chinois, avant notre arrivée. Nous y avions laissé un sous-lieutenant et les malades de la colonne qui n'avaient pu suivre.

Quand la 21ᵉ compagnie d'infanterie de marine, d'avant-garde, entre à Bac-Lé, il est une heure de l'après-midi. Le soleil de plomb fait bouillir les cerveaux épuisés par l'insomnie, par la faim et par cette longue hallucination de la lutte à mort. C'est alors que l'insolation manifeste ses foudroyants effets. Plusieurs soldats tombent comme assommés. Le médecin en chef Dᵣ Gentil, malgré ses deux blessures à l'épaule et dans le dos, donne, sans pouvoir bouger, ses consultations et dirige les soldats indemnes qui font le métier d'infirmiers. On fouette le corps des insolés, on leur inonde la tête. La plupart meurent dans la soirée. Les chevaux arabes eux-mêmes, dont le terrible soleil de l'hivernage tonkinois a pénétré comme une flèche subtile la boîte osseuse, s'ébrouent et se débattent un moment dans l'agonie. Les chétifs petits chevaux tonkinois, d'une merveilleuse résistance et d'une sobriété de chameau, résistent mieux, comme aussi nos secs et jaunes petits troupiers de l'infanterie de marine, corps émaciés, passés à la filière de toutes les fièvres, visages flétris et flambés au feu de tous les soleils.

Telle fut cette héroïque retraite, glorieuse pour nos soldats à l'égal des plus éclatantes victoires, où une petite colonne française lutta pendant deux jours et deux nuits contre un corps de 6000 Chinois, admirablement armés.

Quelques combats furent encore livrés aux environs de Bac-Lé. Puis les renforts arrivèrent. Le lieutenant Bailly avait réussi à traverser les lignes chinoises, avec ses quinze hommes, et à installer sur une colline ses appareils de télégraphie optique. Le général Millot avait appris l'état désespéré du colonel Dugenne. Il avait envoyé au secours de la colonne le général Négrier. Le 27 juin, le général Négrier arrivait à Bac-Lé et serrait la main aux officiers survivants : « Vous vous êtes, leur dit-il, tirés glorieusement et à bon compte du guet-apens tendu par les Chinois, grâce à votre sang-froid, à votre énergie et à l'excellent moral que vous avez su communiquer à vos troupes. »

Braves soldats qui révélez, sous un climat meurtrier, loin de la patrie, les merveilleux trésors d'énergie que recèle le cœur de la France, à vous tous, héros inconnus, dévouements anonymes, nous ne pouvons vous envoyer qu'un souvenir reconnaissant. Vos souffrances et vos agonies font ici de la fierté et de la force. Vos peines ne sont pas perdues.

Le 16 octobre, une dépêche officielle apprenait à la France que ces braves avaient pris leur revanche. Le général Négrier était blessé, mais trois mille Chinois restaient sur le champ de bataille avec leur généralissime. Gloire au colonel Donnier, au général en chef Brière de l'Isle. La victoire de Chu a vengé le guet-apens de Lang-Son.

(Un témoin oculaire.)

LES

BATAILLONS

SCOLAIRES

 Jeunes enfants, petits soldats,
  Salut à vous, notre espérance!
  Marchez! Sur vous compte la France,
Pour revoir ses fils de là-bas,
Leur apporter la délivrance,
O vainqueurs des futurs combats;
Pour consoler les morts rigides
Qui dorment sur les bords du Rhin,
Pour rendre enfin aux Invalides
Nos drapeaux qui sont à Berlin,
En y joignant, nouvelles gloires,
Témoins des nouvelles victoires,
Plusieurs nouveaux pris aux Prussiens,
Que nous mettrons près des anciens....
Jeunes enfants, notre espérance,
Salut à vous, vive la France!

AU SOLDAT FRANÇAIS

Voici vingt siècles rapidement parcourus. Que de héros ! que d'héroïnes ! Nul pays n'est plus riche en gloire pures et patriotiques. Que d'existences sacrifiées pour cet amour du sacré sol natal, depuis le paysan jusqu'aux chefs de la France, depuis le soldat jusqu'au général, depuis le matelot jusqu'à l'amiral. Ces existences devaient-elles s'absorber dans l'immortalité de quelques noms? Ce serait une suprême injustice.

Certes, les hommes obscurs qui firent si simplement de si grandes choses n'attendaient pas les récompenses de l'histoire. En mourant, ils ne songeaient guère à la postérité, ils ne regardaient que la patrie. Ils faisaient leur devoir, ils en étaient fiers. Cela leur suffisait.

Cela ne doit pas nous suffire, à nous qui leur devons tant. Si nous honorons les généraux, souvenons-nous aussi de ceux qui sont restés confondus dans les rangs, héros anonymes, qui, en échange de leur nom, nous ont laissé des victoires.

Quel qu'ait été le gouvernement de notre pays, malgré tous les changements de la fortune, il y a quelqu'un en qui se sont conservées, à travers les âges, la vaillance, la générosité, la gaieté de la France; quelqu'un qui a combattu à Bouvines, à Rocroy, à Denain, à Fontenoy, à Valmy, à Austerlitz, sur les bords de l'Isly, à Sébastopol et aux bords de la Loire, sous Chanzy; quelqu'un qui a fait notre gloire et qui reste notre espérance; à qui nous avons dû la France grande, et de qui nous attendons la France consolée et reportée jusqu'au Rhin; quelqu'un qui s'appelle modestement — et glorieusement — *le soldat français*.

C'est lui que nous saluons et à qui nous dédions ce livre, en le dédiant à nos élèves, aux enfants qui seront dignes de continuer cette tradition du *soldat français*.

VIII

18 . . . .

LE CHANT NATIONAL

Un chant sortit de toutes les bouches; on eût pu croire que la nation entière l'avait composé; car au même moment il éclata en Alsace, en Provence, dans les villes et dans la plus misérable chaumière. C'était d'abord un élan de confiance magnanime, un mouvement serein, la tranquille assurance du héros qui prend ses armes et s'avance; l'horizon, lumineux de gloire, s'ouvre devant lui. Soudainement le cœur se gonfle de colère à la pensée de la tyrannie. Un premier cri d'alarme, répété deux fois, signale de loin l'ennemi. Tout se tait; on écoute, et au loin on croit entendre, on entend sur un ton brisé les pas des envahisseurs dans l'ombre; ils viennent par des chemins cachés, sourds; le cliquetis des armes les annonce en pleine nuit, et, par-dessus ce bruit souterrain, vous discernez la plainte, le gémissement des villes prisonnières. L'incendie rougit les ténèbres. Un grand silence succède, pendant lequel résonnent les pas confus d'un peuple qui se lève; puis ce cri imprévu, gigantesque, qui perce les nues : « Aux armes! » Ce cri de la France, prolongé d'écho en écho, immense, surhumain, remplit la terre!... Et, encore une fois, le vaste silence de la terre et du ciel; et comme un commandement militaire à un peuple de soldats! Alors la marche cadencée, la danse guerrière d'une nation dont tous les pas sont comptés. A la fin, comme un coup de tonnerre, tout se précipite. La victoire a éclaté en même temps que la bataille.   (Edgar Quinet.)

Que les paroles d'un des meilleurs Français de ce siècle soient vraies, et que la victoire éclate en même temps que la bataille en 18.....!

LE SONNEUR DE CLAIRON

En avant! en avant! C'est le dernier combat!
Qui des deux va périr, — de la horde germaine?
De la race française? Allons, chacun se bat,
Disant : « Victoire ou mort! » O lutte plus qu'humaine!
Tous accourent; debout et contre tous uni,
O peuple, tu comprends ce dilemme tragique.
L'Allemagne se rue, énorme.... C'est fini....
Non, elle a triomphé notre France héroïque.
Regarde, ô fier sonneur de clairon, ses enfants
Excités par ta voix ardente, triomphants,
O Deroulède, vois! L'Alsace et la Lorraine
Que torturèrent des bourreaux remplis de haine,
Pâles, cessent enfin leurs sanglots étouffants,
Et pleurent de revoir le drapeau tricolore
Flotter à l'horizon, que le soleil colore
De mille rayons d'or comme si pour ce jour
Lui-même aurait voulu fêter notre retour,
Sur Metz qui te salue et sur Strasbourg qui t'aime....
Ainsi soit exaucé bientôt ton vœu suprême!

TROMPETTE D'ARTILLERIE

LA REVANCHE

Oui, si ce peuple veut et si tout son passé
De folie et d'erreur est un jour effacé,
Si de son ignorance enfin il se délivre,
S'il apprend à choisir la parole et le livre,
S'il cherche le progrès logique et régulier,
S'il se plie à la loi, s'il sait répudier
La révolution dont le monde s'effraie
Et, prenant le chemin de la liberté vraie,
Qui n'est que le respect de soi-même et d'autrui,
S'il répare et maudit ses fautes d'aujourd'hui,
Il reprendra sa place à la tête du monde.
Certe, avant de fonder la paix bonne et féconde
Il lui faudra combattre encore, il lui faudra
Une guerre où l'Europe entière tremblera ;
Car il n'est pas de joug qu'enfin l'on ne secoue.
Il ne peut pas garder ce soufflet sur la joue.
Mais pour cette œuvre sainte il n'a qu'un seul moyen,
C'est de faire un soldat de chaque citoyen,
De la patrie entière une famille armée
Et du seul sentiment du devoir enflammée.
Où le riche bourgeois coudoiera l'artisan,
Où le noble sera l'égal du paysan ;
Car dans le régiment la nation se mêle :
On partage la tente, on mange à la gamelle,
On se voit, on se parle et l'on devient amis ;
Et quand tous ces soldats à de vrais chefs soumis
S'estimant, et montrant, dans le même service,
Un même dévouement, un même sacrifice,
Contents du travail fait et du fusil porté
Unis par les liens de la fraternité,
Marcheront, dans les rangs, calmes, forts, sans murmure,
O mon pays en deuil, la chose sera mûre,
Et poussant vers le ciel ton cri de conquérant,
Tu pourras les répandre alors comme un torrent,
Et planter glorieux les trois couleurs altières
De notre vieux drapeau sur nos vieilles frontières.

(Fr. Coppée.)

CE QUE J'ATTENDS

Quand un peuple gisant se voit le flanc ouvert,
Avril peut rayonner, le bois peut être vert,
L'arbre peut être plein de nids et de bruits d'ailes ;
Mais les tas de boulets, noirs dans les citadelles,
Ont l'air de faire un songe et de frémir parfois,
Mais les canons muets écoutent une voix
Leur parler bas dans l'ombre ; et l'avenir tragique
Souffle à tout cet airain farouche sa logique.
Quoi ! vous n'entendez pas, tandis que vous chantez,
Mes frères, le sanglot profond des deux cités !
Quoi ! vous ne voyez pas, foule aisément sereine,
L'Alsace en frissonnant regarder la Lorraine !
O sœur, on nous oublie ! on est content sans nous !
Non, nous n'oublions pas ! nous sommes à genoux
Devant votre supplice, ô villes ! Quoi ! nous croire
Affranchis, lorsqu'on met au bagne notre gloire,
Quand on coupe à la France un pan de son manteau,
Quand l'Alsace au carcan, la Lorraine au poteau,
Pleurent, tordent leurs bras sacrés, et nous appellent,
Quand nos frais écoliers, ivres de rage, épellent,
Quatre-vingt-douze, afin d'apprendre quel éclair
Jaillit du cœur de Hoche et du front de Kléber,
Et de quelle façon, dans le siècle où nous sommes,
On fait la guerre aux rois d'où sort la paix des hommes !
Non, remparts, non, clochers superbes, non, jamais
Je n'oublierai Strasbourg et je n'oublierai Metz.
L'horrible aigle des nuits nous étreint dans ses serres,
Villes ! nous ne pouvons, nous Français, nous vos frères,
Nous qui vivons pour vous et par qui vous vivrez,
Être que par Strasbourg et par Metz délivrés !
Toute autre délivrance est un leurre ; et la honte,
Tache qui croît sans cesse, ombre qui toujours monte,
Reste au front rougissant de notre histoire en deuil,
Peuple, et nous avons tous un pied dans le cercueil ;
Et pas une cité n'est entière, et j'estime
Que Verdun est aux fers, que Belfort est victime,
Et que Paris se traîne, humble, amoindri, plaintif,
Tant que Strasbourg est pris et que Metz est captif.

O nos soldats, lutteurs infortunés, phalange
Qu'illumina jadis la gloire sans mélange ;
L'étranger à cette heure, hélas ! héros trahis,
Marche sur votre histoire et sur votre pays ;
Oui, vous avez laissé ces reîtres aux mains viles,
Voler nos champs, voler nos murs, voler nos villes,
Et compléter leur gloire avec nos sacs d'écus ;
Oui, vous êtes captifs, oui, vous êtes vaincus ;
Vous êtes dans le puits des chutes insondables ;
Oui, c'est votre destin d'en sortir formidables.
Mais vous vous dresserez, mais vous vous lèverez,
Mais vous serez ainsi que la faux dans les prés ;
L'hercule celte en vous, la hache sur l'épaule,
Revivra, vous rendrez sa frontière à la Gaule,
Vous foulerez aux pieds, Fritz, Guillaume, Attila,
Schindermann et Bismarck, et j'attends ce jour-là !   (Victor Hugo.)

CONCLUSION

A MARC BONNEFOY

Vous fûtes un modeste et vaillant capitaine,
Toujours debout, toujours au sacrifice offert,
Toujours l'air riant, mais toujours l'âme hautaine ;
Froid, faim, balles, obus, vous avez tout souffert.

Et maintenant parfois, quelque vieille blessure
Se rouvre et vous avez le front triste et songeur.
Mais qu'importe le mal ! il faut qu'on vous rassure,
Que vous vivrez assez pour être encor vengeur.

Vengeur de cette année aux terribles défaites,
Soldat tranchant d'un coup le traité de Francfort,
Héros de la revanche et des superbes fêtes
Qui suivront le suprême et titanique effort

Où la France, forçant la Victoire infidèle
A suivre enfin les siens avec leurs trois couleurs,
Planera dans les cieux d'un immense coup d'aile.
Ainsi nous oublierons les anciennes douleurs.

Vous qui luttez toujours, autrefois par l'épée,
Maintenant par la plume, ô poète de cœur,
Votre espérance, non, ne sera pas trompée,
Et vous verrez encor notre drapeau vainqueur.

Nous préparons, tous deux, la future revanche,
Rappelant aux enfants les héros, nos aïeux,
Et me souviens des vers lus ensemble un dimanche ;
Je les transcris ici, ne pouvant dire mieux :

« Comme un fils qui rassemble en une galerie
Les portraits vénérés de ses nobles aïeux,
Ainsi j'ai réuni dans ce livre, ô Patrie !
Les héros qui t'ont fait le front si glorieux.

Et ce n'est pas toujours le nom le plus sonore
Que ma Muse a jugé digne d'être loué :
Non : celui qu'avant tous elle admire, elle honore,
C'est le plus vertueux, c'est le plus dévoué.

Des hommes ont passé qui remplissaient le monde,
Semblables à l'idole, aux flancs stériles, creux,
A quoi sert leur éclat? Leur gloire est inféconde.
Et mon âme jamais n'aura d'accents pour eux !

Pas plus que pour tous ceux dont le faux héroïsme
Servit l'ambition, fut un déguisement,
Et qui surent cacher leur savant égoïsme
Sous le masque épaissi du plus beau dévoûment!

Non, j'ai pris des héros à la mémoire pure,
Que l'Histoire les ait ou non glorifiés ;
De ces cœurs dévoués sans calcul, sans mesure,
Qui, martyrs du Devoir, se sont sacrifiés !

Leur vertu n'était pas une vaine apparence :
Pour sauver le Pays quand ils se sont offerts,
Ils n'avaient qu'un seul but : le salut de la France,
Et la France a guéri des maux qu'ils ont soufferts.

De ces types d'honneur l'auréole est sans tache :
Ils laissèrent au monde un nom immaculé ;
Nom humble quelquefois que le passé nous cache,
Et j'aurai du mérite à l'avoir révélé ;

Car je les ai choisis, ces modèles sublimes,
Avec un soin sévère, où je les ai trouvés ;
Prenant mon idéal dans les classes infimes,
Comme je le cherchais dans les rangs élevés.

C'est pourquoi j'ai dépeint l'audace, la bravoure
De nos fiers paysans, de nos preux villageois ;
Dessinant à côté du héros qui laboure,
L'admirable profil d'intrépides bourgeois.

C'est pourquoi dans mon livre une héroïne obscure,
Mais digne du grand jour, apparaît tout en deuil,
Derrière Jeanne d'Arc, ravissante figure,
Et près de l'autre Jeanne au front brillant d'orgueil.

C'est pourquoi dans mes vers soldat ou capitaine,
Occupent tous les deux le même piédestal ;
C'est pourquoi l'on y voit l'épaulette de laine,
Le casque du guerrier, l'habit du général.

Que m'importent les rangs ; ils ont tous l'âme grande.
Leurs cœurs ont pour la France également battu ;
Pour elle de leur sang ils ont tous fait l'offrande :
Que m'importent les rangs, s'ils ont même vertu !

Aussi je leur élève en ma reconnaissance,
Incapable architecte, un humble monument,
Édifice sans art et sans magnificence,
Mes héros n'y sont pas honorés dignement.

J'aurais voulu pouvoir leur ériger un temple
Vaste, resplendissant d'éternelles beautés,
Comme ces Panthéons où la Grèce contemple
Les antiques débris de ses Divinités !...

Si seulement encore, évoquant leur mémoire
En ces jours d'égoïsme où nous nous affaissons,
J'inspirais le désir de lire leur histoire,
Pour nous vivifier de leurs fortes leçons.

Oh ! oui, si les Français, espérance suprême,
Auprès de ces grands cœurs apprenaient le Devoir ;
Si la mère à son fils enseignait elle-même
Leurs vertus, qu'il importe avant tout de savoir,

Que nous feraient alors vos impuissantes haines,
Ennemis triomphants et cependant jaloux ?
Loin de nous irriter par des menaces vaines,
Vous seriez trop heureux d'être en paix avec nous !

La France deviendrait de nouveau le modèle
De ces peuples créés pour ne jamais finir.
La Victoire et la Paix resteraient auprès d'elle,
Lui montrant le chemin d'un sublime avenir ;

Et moi, de tes douleurs ayant l'âme guérie,
Avant de m'endormir de mon dernier sommeil,
Je te verrais encore, ô ma belle Patrie !
Parmi les nations briller comme un soleil !... »

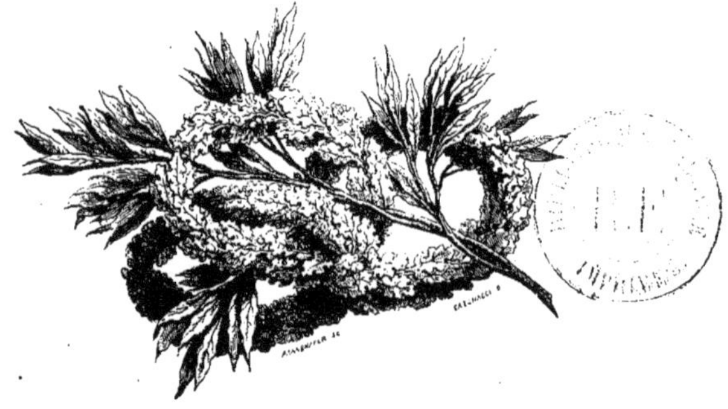

TABLE DES MATIÈRES

Préface de M. Anatole DE LA FORGE, député de la Seine, président de la Ligue des Patriotes, page i.

I. LA FRANCE

IV. L'ARMÉE

V. HÉROINES, HÉROS (de 50 av. J.-C. à 1789)

VI. HÉROINES, HÉROS (de 1789 à 1870)

VII. HÉROINES, HÉROS (1870-1884)

VIII (18..)